KB165782

건축의 표정

건축의 표정

영국의 우아한 도시 풍경은
어떻게 탄생했는가

송준 지음

글항아리

미래 건축의 화두
'행복 건축'

행복 건축이란?

건축의 빅뱅 시대가 열렸다. 하루가 다르게 첨단 빌딩들이 솟아오르고, 창졸간에 도시의 스카이라인이 춤을 춘다. '폭발적 인구 증가에 따른 공간의 수요 폭발'이라는 관점에서 건축의 빅뱅은 어쩌면 불가피한 현대 문명의 요구인지도 모른다. 그러나 몇 가지, 우리가 무심하게 놓쳐버리는 화두가 있다. 좋은 집, 아름다운 설계, 사람을 행복하게 하는 건축…… 즉 '건축의 질'에 관한 관점이다.

머리가 복잡해진다. 토론으로 답을 얻기도 어렵다. '좋다'와 '아름답다'는 지극히 주관적 개념이기도 하고, 시대적 요구와 문화적 감수성의 차이도 무시할 수 없다. 그러나 '주관'의 문제로만 비켜가기에 건축은 치명적이다. 건축이 '삶의 질'에 끼치는 영향은 의외로 크다. 좋은 건축은 사람들에게 생동감을 부여하고, 상상력과 영감을 일깨워준다. 반면 무뚝뚝한 건축은 위압감을 주고 사람을 피곤하게 한다. 지나치게 높은 건물을 올려다볼 때의 압박감, 너무 넓은 건물을 걸어서 지나갈 때의 지루함, 아주 강렬한 이미지의 건축이 주는 불안감, 그리고 몹시도 화려한 건축이 주는 위화감 등이 또한 그러하다.

문제는 기준이다. '너무 크다'와 '너무 넓다' 따위의 느낌은 건물의 입지, 주위 건물, 건축 용도에 따라 제각각이다. 기준도 없고, 정답도 없다. 그러나 느슨하지만 '적당한 지혜' 또한 존재한다. 적정 규모, 적절한 스타일, 절묘한 공간감에 대한 감탄이 분명 있다. 전문가가 아닐지라도 우리는 몸이 감지하는 건축의 행복과 불편을 느낄 수 있다. 그 이야기를 하고 싶었다, 우리를 즐겁게 하는 건축과 피곤하게 하는 건축.

얼마 전의 일이다. 지하철을 기다리고 있는데 옆줄에 서 있던 60대 초반의 아저씨 네 분의 목소리가 와랑와랑 울렸다. 서로 외국에 다녀온 경험을 신나게 이야기하던 중이었다. 한 분의 이야기가 귀에 걸렸다. "외국 가서 보니 지하철은 영 시원찮더만. 우리나라 지하철이 최고더라니까. 크고 시원시원해." 속으로 살짝 어깃장이 들었다. '클수록 좋은 건가?' 여러 해 전에 미국·영국·독일·프랑스 등 이른바 선진국들의 지하철을 타볼 기회가 몇 차

건축의
표정

레 있었다. 확실히 한국의 지하철은 크고 시원시원하다. 바꿔 말하면 깊다. 그런데 깊어도 지나치게, 쓸데없이 깊다.

출퇴근 때마다 오르내리며 '너무 깊다'는 생각들을 안 해보셨는지? 절름절름 힘들게 걸음을 옮기는 노인들 모습이 눈에 밟히지 않으셨는지? 그나마 에스컬레이터는 보수공사에 에너지 절약에 어쩌면 그리도 자주 휴업을 하는지?

거두절미하고 이건 관급 공사의 폐해다. 대표적 토건국가인 일본이 과거 수십 년간 온몸으로 입증한 파행 시스템이다. 공사 대금은 국민 세금, 발주 집행자는 공무원과 정치인, 그리고 관급 공사를 수십 년 도맡아온 손꼽히는 건설 회사들. 계약 단계에서 공사의 적정 규모를 입증하기란 불가능에 가깝고, 공사 규모가 클수록 시공사의 이익은 커지며 발주자의 업무 역량도 더 크게 인정받는다. 물밑 로비가 아니어도, 이미 누이 좋고 매부 좋은 '짝짜꿍 메커니즘'이다.

안타까운 건 애먼 시민들이다. 서울만 예를 들어도, 매일 출퇴근길에 수백만 명이 지하철을 타러 땅속 '더 깊이' 내려갔다가 올라오는 공연한 수고를 반복해야 한다. 여기에 하루 동안의 이용객 수를 추산하고, 다시 전국의 지하철 수를 합산하면, 승객 전체가 수십 년간 땅속으로 '더 깊이' 오르내리는 데 허비하는 시간의 양은 어마어마해진다.

한창 유행하는 눈부신 초고층 유리 빌딩들에도 보기와는 달리 애매한 속사정이 숨어 있다. 유리는 열효율이 나쁘기로 손꼽히는 건축 재료다. 여름철 찜통 같은 태양열을 시종 에어컨으로 진압해야 한다. 냉방병과 여름 감기는 보너스다. 한반도의 혹한은 보일러와 히터로 온종일 커버할 수밖에 없다. 매년 에어컨 전기료와 보일러 가스비까지 건축비로 환산한다면, 어쩌면 세상에서 가장 비싼 '벙어리 건축'일지도 모르겠다.

도시 속의 작은 미래, '압축도시'

얼마 전 징한 경험을 했다. 인사동에서 후배와 만나 함께 문상을 갈 일이 있었다. 장례식장은 수원 영통. 저녁 6시 반, 약속 시간이 문제였다. 퇴근 러시아워에 걸려 꼬박 세 시간을 도로에 갇혀 있다가 식장에 도착한 시각은 밤 9시 40분. 무릎이 시큰한 게 런던에서 비행기 이코노미석으로 막 귀국한 기분이랄까. 고생담을 토로하자 주위 여러 사람이, 경기 이남에서 서울로 출퇴근하는 사람 상당수가 편도 두세 시간씩은 도로에 쏟아붓는다고 입을 모았다. 새벽 1시 귀가에는 채 30분도 걸리지 않았다.

출퇴근 교통 정체는 19~20세기 인류가 발명한 문명의 자충수다. 그 전에는 출퇴근 정체가 아예 존재하지 않았다. 군대와 선교사, 선원 같은 특수 직업을 제외하고는 주거지와 일터가 대체로 일치했다. 산업혁명 이후 공장과 사무실 등 집단 근무 체제가 일상화되면서 전 세계가 교통 문제로 몸살을 앓게 된 것이다.

불과 100여 년 사이에 세계 도시들은 폭발적인 팽창을 거듭해왔다. 도시는 진공청소기처럼 주변 농어촌의 인구를 빨아들였고, 폭발하는 인구를 수용하고자 팽창을 거듭했다. 철근·콘크리트 공법과 철골·유리 조합을 토대로 한 하이테크 고층 건축은 도시의 수직 풍경을 밀어올렸고, 석유 에너지와 자동차 공업의 발달은 도시의 수평적 빅뱅을 가속화시켰다. 도시가 팽창할수록 사람들은 더욱 도시로 몰렸고, 마침내는 베드타운과 위성신도시·특성산업단지 등이 탄생했다. 자동차를 기반으로 한 도시 팽창은 잦은 교통사고와 스모그 등의 문제를 불러왔다. 특히 출퇴근길의 정체에 대해서는 속수무책이었다.

그러다가 1990년대 들어 새로운 변화가 일기 시작한다. 도로 정체 문제를 원천봉쇄하는 동화랄까, 몽상이랄까. 미국과 유럽의 대도시를 중심으로 이전과는 판연한 도시 르네상스Urban Renaissance 움직임이 동시다발적으로 생겨난 것이다. 변화의 골자를 말하자면 "도심 재생 사업을 통해" "도보 혹은 자전거로 5~10분 거리 안에" "관공서와 상업 공간, 교육·문화·의료·유통·휴식 공간 등을 집약적으로 (재)배치하여" "도시 내부에 효율성과 쾌적함을 극대화한 친환경 고밀도 공간을 만들자"는 것이다.

쉽게 말해 걷거나 자전거를 타고서 출퇴근·등하교 및 일상생활을 영위할 수 있도록 주거지와 은행·병원·세무서·극장·체육관 등 활동 공간이 함께 존재하는 '압축Compact'된 미니 복합

도시를 만들자는 이야기다. 완구나 팬시, 디지털, 빵·초콜릿 공장 같은 중소규모 친환경 사업장까지도 수용함으로써 어느 정도는 고용의 자체 해결을 도모하자는 아이디어도 눈에 띈다. 이렇게 자생적인 미니 '압축도시Compact City'를 지속적으로 늘려감으로써 대도시의 체질을 유기적으로 변화시키자는 발상이다.

휴먼 신도시로도 불리는 이 도시 르네상스는 '스마트 성장' '슬로 시티' '신도시주의' '어반 빌리지Urban Village' 등 다양한 이름으로 전개되고 있다. 그런데 신기하게도 꿈 타령 같은 진보적 건축가들의 희망 사항이 어찌된 셈인지 1990년대 중반부터 급물살을 타기 시작한다.

미국 플로리다 주의 보카 레이턴 시는 중심 시가지를 새로 만들었고(마이즈너 파크Mizner Park), 캘리포니아 주의 산호세 시는 메인스트리트를 신개념으로 개조했다(더 크로싱The Crossing). 뉴욕 주 롱아일랜드 섬에는 처음부터 '압축 도시'의 철학에 기반하여 설계한 도시가 들어섰다(가든 시티Garden City). 이와 함께 시사이드Seaside, 셀레브레이션Celebration, 빌리지 홈즈Village Homes, 라구나 웨스트Laguna West 등 신개념 도시들은 비슷한 입지의 구개념 도시에 비해 두 배 이상의 부동산 가치를 인정받고 있다. 현재 미국에서만 200개 정도의 휴먼 신도시 프로젝트가 추진되고 있다.

몽상 같은 신개념이 갑자기 뚝딱 생겨난 것은 아니다. 도시가 팽창하면서 도심에는 행정·사무·상업 공간이 확대되었고, 부유층은 널찍한 교외로 주거를 옮겼다. 이런 와중에 전혀 예기치 못한 골칫거리가 생겨났으니, 바로 도심의 공동화都心空洞化였다. 부유층이 떠난 도심의 주거공간은 노동자들의 주거가 되었다가, 노후화로 인해 차츰 도시 빈민과 부랑자의 차지가 되면서 슬럼화된다. 영화 「스파이더맨」이나 「데어데블」 같은 슈퍼 히어로의 활동 무대가 바로 이렇게 공동화된 도심의 슬럼가다.

도심 공동이 슬럼으로 전락하자 다시 상전벽해가 이뤄진다. 낙후와 더불어 크게 하락한 지대地代에 착안하여 본격적인 도심 재개발이 일어나는 것이다. 이렇게 낙후된 도심에 고급 상업 및 주거지역이 새로 형성되는 것을 '젠트리피케이션Gentrification'이라 한다. 우리말로 옮기면 '도시 고급화' 내지 '도시 재활성화'쯤 될 것이다.

영국의 사회학자 루스 글래스는 1960년대에 런던 도심 낙후 지역의 주택들을 중산층이 사들이는 현상을 발견하고 이를 '젠트리피케이션'이라 명명했다. 이 현상은 유럽과 미국의 대도시들에서 꾸준히 증가하고 있는데, 대체로 예술가·학자·교육자 등 전문가 집단이 많았다. 미국의 사회학자 데이비드 레이는 이들을 신중간 계층이라 부른다. 신중간 계층의 유입은 낙후된 도심에 활기를 불어넣었고, 오래지 않아 뉴욕의 소호나 런던의 섀드템스, 이스트엔드와 같은 명소들을 탄생시킨다.

그러자 젠트리피케이션의 눈부신 변신을 지켜보던 개발업자와 거대 자본이 손을 잡고는 본격적으로 도심 재개발을 추진하기 시작한다. 이 과정에서 원주민이 생활 터전에서 쫓겨나 디아스포라가 되는 새로운 사회 문제가 발생한다. 바로 이 부분, 젠트리피케이션의 폭력성에 대한 대안으로 시작된 도심 재생 프로젝트가 휴먼 신도시 운동인 것이다.

왜 영국인가

서울은 세계 대도시 가운데 젠트리피케이션이 가장 활발하게 벌어지는 도시 가운데 하나다. 뉴욕, 런던, 파리, 로마, 베를린 등에서 1990년대 초중반부터 휴먼 신도시 르네상스가 시작되었으니, 사실상 젠트리피케이션의 광풍은 벌써 그 전에 한바탕 불고 지나간 터였다. 그걸 다 지켜보고 뒤늦게 도시 재개발에 불을 붙인 서울의 선택은, 휴먼 신도시가 아니라 '용산 참사'(2009)라는 젠트리피케이션의 극단적인 폭력 모델이었다.

　그 반대편에 영국이 있다. 북반구의 반대쪽이기도 하고, 우리나라 건축 철학의 대척점이기도 하다. 영국 건축은 단순히 유럽 여러 나라의 건축 가운데 하나가 아니다. 휴먼 신도시 운동, 도시 르네상스의 맨 앞에 영국이 있다. 영국 건축은 세계 건축의 전위를 달리고 있으며, 미래 건축에도 강렬한 유전적 영향을 끼치고 있다. 영국은 '하이테크 건축'이라는 첨단 사조의 선두를 차지하고 있으며, 동시에 생태건축에서도 앞장서 있다. 문화유산과 자연환경을 배려하는 도시 미관 차원에서도 영국은 모범 사례로 꼽힌다. 특히 사람들에게 편안함을 느끼게 해주는 '휴먼 스케일Human Scale'이라는 관점에서 영국 건축은 훌륭한 멘토로 꼽을 만하다.

역설적이게도 영국 건축의 장밋빛 유전자는 맹렬한 근대사의 핏빛 폭력성으로부터 기인한다. 잔혹한 인클로저 운동으로 인한 농촌 분해, 도시로 쫓겨난 농민들, 폭발적으로 팽창한 런던, 넘쳐나는 잉여 노동과 그로 인한 살인적인 저임금, 참혹한 주거환경, 대대적인 콜레라 창궐……. '근대'라는 소용돌이는 지구촌 전체를 들썩거리게 하며 예외 없는 격동과 고난을 선사하지만, 영국은 '근대'의 소용돌이를 앞장서서 통과하며 눈부신 전화위복의 지혜를 보여준다. '런던 콜레라'의 참상을 겪으며 본격적으로 상하수도 시스템을 개선하고, 그린벨트라는 신개념을 창안하며, 집집마다 정원이 딸린 영국식 주택을 탄생시킨다.

저 유명한 '영국식 주택'이 지구의 4분의 1을 식민지로 경영한 대영제국의 지배력을 타고 전 세계로 퍼져나간다. 미국과 캐나다, 호주와 뉴질랜드, 인도와 아프리카 등지로 대영제국의 건축 양식은 경계를 모르고 확산된다. 북아메리카의 대륙횡단 철도 개통과정에서 생겨난 엄청난 양의 목재가 새로운 풍경을 낳는다. 빅토리아 양식이라 불리는, 영국식 주택을 변형한 미국의 목조주택 양식이 그것이다.

빅토리아 여왕과 그 아들 에드워드 7세 때 대영제국은 국가 건축 양식의 전파에도 열성적이었다. 여왕 시대의 양식을 '빅토리아 고딕'이라 부르고 아들이 다스리던 때의 양식을 '에드워드 바로크'라 부르는데, 이들 양식은 우리에게도 낯설지 않다. 서울역사와 서울시청사, 한국은행 본관, 그리고 지금은 사라진 조선총독부 건물 등 일제강점기에 지어진 일본식 석조건물 대부분이 대영제국의 건축 양식을 직간접적으로 인용한 것들이다.

시인 윌리엄 블레이크는 시집 『밀턴』의 서시에서 영국의 초기 산업화 과정을 '악마의 맷돌'이라 불렀다. 참 얄미운 영국. '악마의 맷돌'을 앞장서서 돌려놓고는 어느새 먼저 정신을 차리고 돌아서서 환경과 공생을 외치는 나라다. 문득 저 얄밉지만 미워할 수 없는 나라의 이야기를 들어보고 싶었다. 그들이 일궈낸 풍광의 건축적·문화적 매트릭스를 여행자의 눈길로, 산책자의 호흡으로 읽어보고 싶었다.

런던 르네상스의 훈훈한 성과들, 서펜타인 파빌리온이며 테이트 모던의 '터빈 제너레이션turbine generation'처럼 문화적 상상력이 넘쳐나는 프로그램들이 눈부시다. 산업혁명 이후의 대안적 실험들, '미래형 공동주택'이며 '에덴 프로젝트'와 '대안기술센터CAT' 같은 친환경 실험도 궁금했다. 세계 최고의 녹지율을 자랑하는 영국의 공원과 정원도 함께 걸어보고 싶었다. 그리고 거리 구석구석에 배어 있는 영국의 문화를 좀더 톺아보자는 의도도

살그머니 들켰으면 좋겠다. 시중에 친절한 여행서는 많지만, 문화와 역사의 숨은 이야기를 꼼꼼히 읽어주는 책은 찾기 쉽지 않다. 그 빈틈도 조금은 메워주는 역할을 했으면 싶다.

건축 글쓰기에 열중하던 시절, 예기치 않은 제안이 날아들었다. 한 달 정도 영국을 돌아보는 건축 기행으로 무크지를 만들어 달라는 기획이었다. 불감청고소원不敢請固所願! 계약을 마친 뒤 만사를 제치고 영국에 빠져 살았다. 두어 달 책과 인터넷을 뒤지며 영국 속으로 심취해 들어갔다. 마지막 한 달은 전화기와 키보드를 붙들고 런던 현지 시각에 맞춰 살았다. 다행히 런던에서 활동 중인 한국인 건축가가 의외로 많아서, 다양한 이야기를 들을 수 있었다. 현지 건축 사이트를 소개해주고 자기 아이디와 비밀번호까지 알려주신 분도 있었다. 크고 작은 도움을 주신 분들께 이 자리를 빌려 감사의 인사를 올린다.

기행 당시 현지 가이드와 통역과 건축 자문을 겸하여 영국 일주에 동행해준 이재혁 건축가, 민박집의 인연으로 런던과 에든버러에서 두 번이나 가이드를 자청해준 이규홍 유리공예가, 그리고 지구 반대편에서 날아온 생면부지 동양인에게 진심 어린 환대로 현장을 함께 돌아준 건축가 애덤 리처드, 앨리슨 블라미어, 크리스토퍼 플랫, 팀 브루스딕에게도 깊은 감사를 전한다.

집필에만 꼬박 2년이 걸렸다. 다른 연재와 대학 강의, 이런저런 기획회의 등으로 시간이 분절되기도 했지만 사실상 에너지의 대부분을 영국 기행에 바쳤다. 글을 쓰는 동안 신기하게도 지난 기억들이 플래시백처럼 떠올랐다. 쓰다보니 새로 기억이 나고, 새로 떠오른 기억을 반영하느라 원고를 고쳐 쓰고, 그 사이에 또 갈피에 묻혀 있던 이야기가 다시 피어나곤 했다. 비행기 값도 안 들이고 공짜로 영국 일주를 한 번 더 즐긴 셈이다.

'가장 행복한 삶'을 조합한 우스갯소리가 있다. 독일 회사에 다니면서 미국 연봉을 받고 영국 저택에서 일본 부인과 프랑스 요리를 먹으며 사는 것이라 한다. '가장 불행한 삶'은 북한급 연봉을 받으며 일본식 주택에서 미국 부인과 영국 요리를 먹으며 사는 것이라 한다. 영국 저택과 영국 요리, 오랜만에 다시 실감난다.

꿈꾸는 런던,
상생의 건축

1장

참 희한한 영국,
참 엉뚱한 영국

미래의 키워드는 '도시'다. 구체적으로 말하면 '좋은 도시'다. 밀레니엄을 기점으로 세계는 좋은 도시의 새로운 패러다임을 놓고 전면전에 가까운 경쟁에 돌입했다. 이미 전원은 도시의 반대말이 아니다. 도시의 일부다. 초대형 고층과 최첨단 기술만능주의는 더 이상 좋은 도시의 충분조건이 아니다. 승용차를 바탕으로 한 거대 도시 프로젝트의 시대는 끝났다. 좋은 도시의 핵심은 '휴먼'이다. 사람이 편하게 느끼는 스케일, 사람이 쾌적해지는 설계, 사람이 행복을 추구할 수 있는 커뮤니티가 도시의 관건이 되었다.

그런 점에서 2012년 런던올림픽은 흥미로운 분수령이었다. 무엇보다 주목할 만한 관전 포인트는 올림픽 경기보다도 뉴욕,

런던, 마드리드, 파리가 대놓고 치고받은 개최 경쟁이었다. 미국은 상원의원이던 힐러리 클린턴과 전설의 복서 무하마드 알리를 앞세웠고, 영국은 토니 블레어 총리와 축구 스타 데이비드 베컴 부부를 급파했다. 프랑스는 자크 시라크 대통령과 육상의 마리조세 페레크 선수가 파리 유치를 호소했고, 스페인은 소피아 왕비와 축구의 라울 곤살레스 선수, 그리고 후안 안토니오 사마란치 전 IOC 위원장까지 홍보대사로 나섰다. 결선 투표까지 치르는 경합 끝에 런던이 앞서가던 파리를 간발의 차로 추월했다. 특히 런던과 파리의 경합은 두 국가의 수장이 침 튀기는 설전을 벌일 정도로 뜨거웠다. 올림픽 역사상 가장 치열한 유치전이었다.

그런데 사실 영국은 '올림픽 따위'에 그리 열광하는 나라가 아니었다. 1908년과 1948년에 일찌감치 올림픽을 개최하고는 이내 무심해져서, 심지어 1996년 애틀랜타 올림픽 때는 순위가 36위까지 나동그라질 정도로 시큰둥했다. 그러던 영국이 올림픽에 덤벼들었다. 그렇다면 저 난데없는 올림픽 유치 열기의 진짜 정체는 무엇이었을까.

숨은 키워드는 바로 건축이었다. 올림픽 개최의 포인트는 '스포츠'가 아니라 '도시 르네상스'였다. 밀레니엄을 전후하여 유럽과 미국의 대도시들은 새 화두에 심취했다. 도시 재생Regeneration 혹은 도시 리노베이션Renovation이라 부르는 메가 프로젝트다.

엄청난 인구와 비대해진 도시. 언제부터인가 도시 자체가 인간을 피곤하게 만드는 원인이 되어왔다. 새로운 차원의 도시 인프라 구축이 미래의 발전 여부를 좌우하는 관건으로 떠오르고 있었다. 신개념의 도시 인프라에는 어마어마한 비용이 요구되는데, 올림픽이야말로 그에 대한 안성맞춤 프로젝트였던 것이다. 런던 올림픽은 런던과 파리, 뉴욕 등이 도시의 미래를 걸고 맞붙은 세기의 올림픽이었다.

런던은 '친환경 문화올림픽'을 주요 테마로 내걸었다. 근대와 현대를 통과하면서 파괴와 상실에 대해 뼈저리게 느낀 대안이 바로 '문화'와 '친환경'이다. 그래서 올림픽 주경기장부터 철저하게 친환경적이었다. 단순히 첨단 시설과 호화 조경으로 청결한 이미지를 홍보하는 차원이 아니었다. 부지 선정에서부터 치밀한 계산이 깔려 있었다. 올림픽 주경기장이 들어선 곳은 런던 동북부의 스트랫퍼드 지역으로, 10년 전까지만 해도 폐허로 버려진 공장들과 산업 폐기물이 방치되었던 쓰레기 매립지였다.

런던 시는 이곳에 약 2.5제곱킬로미터(약 76만 평) 규모의 부지를 마련해 각종 경기장과 부대 시설이 들어서는 '퀸 엘리자베스 올림픽 공원'을 조성했다. 축구장 357개를 합친 넓이라 한다. 제대로 된 친환경 생태공원을 만들려면 오랫동안 중금속으로 오염된 토양 문제부터 해결해야 했다. 주최측은 약 200만 톤에 달하는 흙을 파내서 초대형 자석으로 금속 물질을 뽑아내고, 다시 물에 씻어 화학 물질을 제거했다. 낡은 공장 건물을 철거하면서 발생한 철근과 콘크리트 폐기물의 95퍼센트가량은 경기장 건설에 재활용했다. 주차장은 아예 만들지 않았고 오직 대중교통을 활용했다. 공원 내 이동 수단으로는 전기자동차를 개발했다.

올림픽 프로젝트는 올림픽 '이후'를 염두에 두고 철저히 미래를 위해 설계되었다. 영국이 올림픽 유치 경쟁에 뛰어든 본심이 바로 런던 르네상스에 있었다. 런던은 밀레니엄을 기점으로 미래형 런던을 향해 차근차근 변신해나갔다. 밀레니엄 삼총사로 불리는 런던아이, 밀레니엄 브리지, 밀레니엄 돔에 이어, '쥐며느리'라는 별명의 새 런던 시청사가 템스 강변에 건축되면서 '런던 르네상스'는 큰 걸음을 떼기 시작한다.

먼저 중심가인 센트럴 런던의 풍광이 바뀌고, 이어서 고질적 할렘가로 방치되다시피 했던 서더크와 섀드 템스 지구가 고급 주택들과 갤러리·카페가 어우러진 명소로 변신한다. 동쪽에는 대형 선박을 수리하던 초대형 독dock 밀집 지역이 유령도시처럼 버려져 있었다. 이 도클랜드가 꿈의 워터프론트Waterfront 1 카나리 워프로 다시 태어난다. 동남쪽의 그리니치 파크도 유네스코 세계문화유산 지정과 함께 손꼽히는 명소로 떠오른다.

런던은 발전 지역과 후진 지역의 차이가 뚜렷한, 대표적인 불균형 도시다. 이를 해소하고 런던 전역의 균형 발전을 도모하는 것이 '런던 르네상스'의 핵심 과제였다. 지도를 보면, 강 위쪽의 서북 지역이 런던의 심장부다. 버킹엄 궁전과 웨스트민스터 사원,

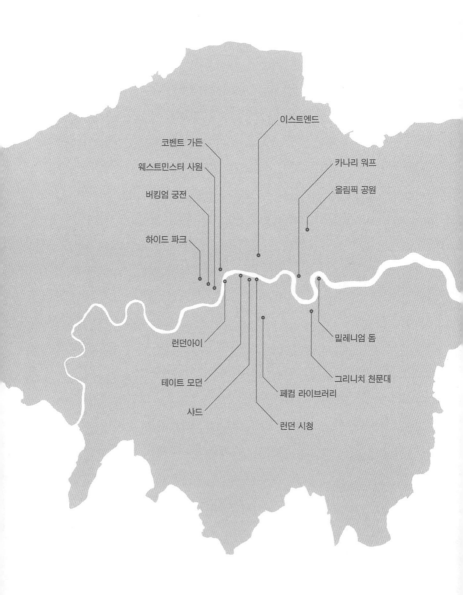

코벤트 가든

이스트엔드

카나리 워프

웨스트민스터 사원

올림픽 공원

버킹엄 궁전

하이드 파크

런던아이

밀레니엄 돔

테이트 모던

페컴 라이브러리

그리니치 천문대

샤드

런던 시청

건축의
표정

세인트 폴 대성당, 그리고 세계 금융의 메카인 센트럴 런던 등이 모두 서북쪽 지구에 집중되어 있다. 그 아래, 강 남쪽 6~8시 방향이 한때 할렘가로 방치되었던 서더크와 사우스 뱅크 지구이며, 동남쪽으로는 도클랜드와 그리니치 공원이 보인다. 그러고 나면 1~3시 방향의 동북부 지역이 남는다. 이곳이 바로 올림픽 공원이 들어선 쓰레기 매립지, 스트랫퍼드 지역이다. 런던 시가 올림픽 유치에 얼마나 목을 맸을지 간절함이 묻어나는 대목이다.

기행을 준비하면서 자료와 선입견으로 만나본 영국은 여러 면에서 참 희한했다. 셰익스피어와 아서 왕, 피터 팬과 해리 포터의 나라. 축구의 종주국. 증기기관차와 수세식 변기, 진공청소기, 미끄럼틀과 페니실린 등 수많은 발명품의 탄생지. 공원과 정원의 천국. 무료 진료와 교육을 자랑하는 의료·교육 복지. 그러면서도 다른 쪽에는 어두운 이미지를 숨기고 있다. 영국은 스모그와 광우병 같은 산업 재해의 진원지이고, 아동 노동 착취의 초기모델이었으며, 20세기 지구촌을 식민지 쟁탈전으로 몰고 간 전쟁광이기도 했다.

두 얼굴의 영국. 그러고 보면 소설 『지킬과 하이드』가 영국에서 태어난 것이 우연만은 아닌 듯하다. 영국은 「반지의 제왕」「나니아 연대기」 등 판타지 영화의 고향이면서, 경험론·공리주의·계몽주의 철학의 본거지이기도 하다. '악마의 맷돌'이라 명명된 '착취 자본주의'가 태동한 곳도 영국이고, 존 러스킨이 '따뜻한 자본주의'를 갈파한 곳도 바로 이 나라다. 한때는 여왕이 손수 해적 면허증을 발급해가며 공식으로 해적 함대를 운영하다가 어느 날 갑자기 해적 소탕령을 내리는가 하면, 흑인 노예를 앞세운 삼각무역을 주도하다가 갑자기 노예무역을 불법으로 규정하고 맹렬하게 반대 운동을 펼친다.

언뜻 두 얼굴로 보이는 영국의 엉뚱한 행보는 기실 상황과 변화에 대응하는 적극적이고 노골적인 생존 전략에 다름 아니다. 영국은 머뭇거리지 않는다. 필요하면 싸우고, 점령하고, 발명하고, 반대한다. 그 기민함과 단호함은 매우 독특한 영국의 역사와 관련이 있다. 그리스·덴마크·이집트·프랑스 등 대부분의 역사는 민족사의 성격을 띠곤 하는데, 잉글랜드의 역사는 좀 다르다. 브리튼^{Britain}이라는 섬의 지역사 성격이 강하다. 영국의 역사는 늘 새로 흘러든 민족이 무력으로 원주민을 내쫓거나 지배하는 승자독식의 반복이었다.

20만 년 전 최초의 구석기인으로부터 기원전 4000년경의 신석기인 이베리아 족과 기원전 2000년경의 청동기인 비커 족, 기원전 700년경의 철기인 켈트 족까지 차례로 섬의 주인이 바뀐다. 서기 43년에는 클라우디우스 황제가 보낸 로마군이 템스 강 중류, 지금의 타워 브리지 부근 늪지대에 론디니움^{Londinium}이란 기지를 세운다. 이것이 오늘날 런던의 시원이 된다.

켈트 족은 로마군에 밀려 아일랜드와 스코틀랜드 등지로 이주했고, 로마인들은 남은 켈트 족(브리튼 족이라 불린다)을 구슬려 가면서 400여 년 동안 브리타니아^{Britannia}(브리튼 섬의 고대 로마식 이름)를 통치한다. 로마인들의 도시 건설능력은 브리타니아에서도 유감없이 발휘된다. 각지에 로마식 도시와 도로들이 세워졌는데, 오늘날 영국 도로 체계의 근간을 이룰 정도다. 런던은 브리타니아에서 가장 큰 상업도시로, 요크는 최고 행정도시로, 온천지인 배스는 휴양지로 발전한다. 맨체스터나 윈체스터처럼 −chester/−cester가 붙는 도시들은 로마군 수비대가 주둔했던 곳이다.

서기 395년 동서 로마의 분열로 혼란해진 틈을 타 도끼를 휘두르는 문맹 야만 앵글로색슨 족이 들이닥치며 브리타니아를 접수한다. 이들을 현재 영국인^{English}의 직계 조상으로 본다. 잉글랜드라는 명칭도 이로부터 유래한 것이다. 앵글로색슨은 브리튼의 동부와 중서부에 여러 소왕국을 건설하면서 10세기까지 번성하다가 바이킹의 일족인 데인 족의 거듭된 침략으로 급격히 쇠락한다.

침략 전쟁의 와중에 영국 역사상 유일하게 대왕^{the Great}으로 불리는 앨프리드 대왕이 등장한다. 전쟁 중 사망한 형의 뒤를 이어 871년에 즉위한 22세의 젊은 왕 앨프리드는 와신상담 끝에 878년 데인 족을 굴복시키고, 일대 문예부흥을 도모한다. 행정

체계를 정비하고, 사법 체계를 통일하며, 학교를 세우고 앵글로색슨어를 단일 언어로 확정하여 역사를 가르친다. 피에 굶주렸던 약탈자들도 언제 그랬냐는 듯 앵글로색슨의 언어와 법을 수용하면서 결혼을 통해 잉글랜드에 동화되어간다. 이 같은 앨프리드의 치세에 힘입어 비로소 잉글랜드라는 정체성이 싹을 틔우게 된다.

그러나 이들은 끝내 잉글랜드의 주인이 되지 못한다. 980년부터 재차 바이킹의 파상 공세에 시달려야 했고, 1016년부터는 30년 동안 북해제국 크누트 대왕의 통치를 받게 된다. 우여곡절 끝에 1042년 덴마크의 통치를 벗어나지만 이번에는 '정복자 윌리엄'이 기다리고 있었다. 프랑스 북부 노르망디 공국의 윌리엄 공작은 1066년 700여 척의 배를 몰고 도버 해협을 건너 잉글랜드를 점령한 뒤 윌리엄 1세로 즉위, 노르만 왕조를 연다.

윌리엄의 즉위는 영국사의 성격을 180도 바꿔놓는다. 윌리엄 이후 영국은 더 이상 외부의 침략을 받지 않는다. 총체적인 체질 개선으로 바야흐로 공격하는 싸움꾼으로 바뀐다. 가장 두드러진 변화는 돌로 쌓은 석조건축술의 도입이다. 해자垓子에 둘러싸인 난공불락의 성채와 수도원·성당 등이 대부분 윌리엄 이후에 지어졌다. 윌리엄의 궁전인 런던탑[2]이 대표적인 건물이다. 이 과정에서 당시 유럽의 로마네스크 건축을 주도하던 노르망디의 첨단 기술이 영국에 이전되어, 영국 로마네스크의 싹을 틔운다.

특히 캔터베리 성당과 더럼 성당의 로마네스크 기법은 향후 수백 년 동안 유럽 건축 문화를 지배하게 될 고딕 건축의 핵심 기술인 리브 볼트^{rib vault} 3 기법의 효시로 언급된다.

윌리엄은 노르만 귀족들에게 봉토를 나눠주며 '봉건제'를 실시한다. 동서고금에 전무후무한 강력한 중앙집권 봉건제였다. 250명도 안 되는 노르만 왕족과 귀족이 200만 명의 앵글로색슨족을 다스리는 중세 시대가 시작되었다. 잉글랜드 토지의 태반을 왕과 귀족이 차지했고, 4분의 1은 수도원에 돌아갔다. 앵글로색슨인에게 허용된 것은 전체 토지의 8퍼센트에 불과했다. 이 토지 소유 형식이 훗날 인클로저 파동을 불러일으켜 영국 산업혁명에 불을 지피는 역사의 아이러니로 작동한다.

한편 윌리엄 입장에서는 대륙 북부의 노르망디가 본가인 셈이고, 새로 얻은 잉글랜드는 별장쯤 되는 성격이었다. 반면 프랑크 왕국 입장에서 노르망디 공국은 센 강 유역을 약탈하던 해적 무리였으니, 두 입장 차가 결국 백년전쟁(1337~1453)으로 발화하고 만다. 우여곡절 끝에 다 이긴 전쟁에서 난데없는 잔 다르크의 등장으로 영국은 대륙의 영지를 모두 상실했고, 이후 섬나라 경영에 전념하면서, 우리가 익히 알고 있는 '영국식' 역사를 펼치기 시작한다.

영국사의 전반부를 휘뚜루마뚜루 살펴봤는데, 에피소드가 하나 더 남아 있다. 410년 로마군이 떠난 뒤 브리타니아를 접수한 앵글로색슨 족은 이해할 수 없는 엉뚱한 고집을 부린다. 당시 로마인들이 거주했던 빌라$^{villa\ 4}$는 튼튼하고 설계에서도 색슨 족의 집보다 월등히 진화한 것이었다. 로마군이 철수하면서 건물을 파괴한 것도 아닌 터라, 빌라에 그냥 들어가서 살기만 하면 되는 상황이었다. 그런데 앵글로색슨족은 로마식 건물을 전혀 사용하지 않는다. 적의 문명이라 하여 파괴한 것도 아니었다. 대신 로마식 빌라 옆에 훨씬 더 초보적인 원시 구조물을 지었다. 그렇게 앵글로색슨족은 로마식 런던을 수백 년이나 방치해둔 채 거의 원시적인 자신들만의 방식으로 살았다.

빌 브라이슨이 쓴 『거의 모든 사생활의 역사』에 따르면, 앵글로색슨 족은 브리튼 점령 후 200년 동안 그루벤하우스^{Grubenhaus}라 부르는 작은 구덩이 집을 짓고 살았다. 1미터도 채 안 되는 경사진 구덩이를 파고 그 위에 작은 오두막을 세운 구조물인데, 구덩이의 용도는 지금도 미스터리로 남아 있다. 1921년 그루벤하우스를 처음 발굴했던 옥스퍼드 애시몰리언 박물관의 에드워드 설로 리즈는 이 시대착오적인 건축물에 대해 논문에 이렇게 적었다. "이들은 부서진 뼈와 깨진 그릇 같은 잡동사니 한가운데서, 음식 찌꺼기를 오두막 한구석에 던져놓고 거의 원시적인 환경에서 살았다."

그런데 이런 반^4 혈거인 생활 방식의 그루벤하우스가 훗날 '홀^{hall}'이라는 독특한 건축 양식으로 발전한다. 헛간 같은 공간

중간에 화로를 두고 지붕에 난 조그만 창을 통해 연기가 빠져나가도록 만든 단순한 구조였는데, 통풍이 시원치 않아 항상 연기가 자욱한 홀 안에서 주인 내외와 자식, 하인 등 구성원 모두가 함께 지냈다. 식탁 문화는 갖추지 못한 채 포크도 없이 나이프를 공동으로 사용하는 정도였다고 한다.

이들 가족 혹은 가솔 10~30단위가 기본 공동체인 village를 이루었는데, 그런 마을에는 지금도 이름 끝에 −ing/−ingham/−ington 따위의 접미사가 붙어 있다. Hampshire, Yorkshire처럼 주州 단위(−shire)로 지방 행정을 나누었으며, 지역의 중심에는 부족 소유의 장원인 tun이 있었는데 이것이 훗날 town으로 발전한다. 앵글로색슨은 이 공동체 양식을 중세가 끝날 때까지 유지했다.

앵글로색슨은 언어에 관해서도 고집스러웠다. 로마의 지배를 받았던 민족들은, 이를테면 스페인어나 프랑스어처럼 라틴어를 자기네 식으로 발전시켰는데, 앵글로색슨은 로마와 켈트 문화를 수용하는 데 관심이 없었다. 이들은 라틴어의 영향을 전혀 받지 않은 채 독자적인 고대 영어를 고집했다. 저렇게 더디게 출발한 원시 색슨어가 오늘날 세계 공용어가 된 것이다.

앵글로색슨의 옹고집은 확실히 유별난 유전적 특성으로 보인다. 대영제국 시절 영국의 외교 전략은 고립주의였다. 강대국과 동맹을 맺는 대신 실리주의 독자 노선을 고집했는데, 다르게 보면 오스트리아 합스부르크·프랑스·프러시아 등 대륙 황제국들의 혈연성 네트워크로부터 짐짓 왕따를 당한 데 대한 반발이기도 했다. 영국인들은 이를 '위대한 고립Splendid Isolation'이라 불렀다. "힘이 없어 고립된 것이 아니라, 힘을 바탕으로 스스로 고립의 길을 간다"는 주장이었다. 유럽 통합 과정에서도 영국은 밀고 당기기를 거듭했고, 유로화의 '옵트 아웃Opt-out[5]'을 선언하며 파운드화를 고집하더니, 급기야 2016년 '브렉시트Brexit' 사태를 불러 지구촌 경제를 울렁거리게 만든다.

이 옹고집들이 다른 한편으로는 영연방 시스템이라는 노련한 변신을 보여준다. '해가 지지 않는' 지구촌 식민 제국이 제2차 세계대전 이후 도미노처럼 독립의 물살을 타자, 대영제국은 기민하게 변신한다. 군사력에 의한 식민 지배가 아니라, 독립 희망국이 자발적으로 독립 대신 영연방의 회원국으로 남도록 유도하는 방식이다. 영국이 지구촌에 구축한 글로벌 네트워크와 막강한 경제력·군사력을 공유하자는 황홀한 미끼가 거절하기 힘든 유혹이 된다. 영국은 UN 안보리 상임이사국이자 G8과 NATO 회원국으로, 세계에서 네 번째로 많은 군사비를 지출하며 세계 5위의 군사력을 자랑한다. 핵무기와 항공모함과 토마호크 미사일을 보유하고, 전 세계 곳곳에 80여 개의 군사기지를 운영하고 있다. 변신 전략은 주효했다. 언제부턴가 거꾸로 회원국이 늘더니 이제는 영연방 국가가 54개국에 달한다. 심지어 이들 가운데 영국의 지배를 받은 적이 없는 나라도 둘이나 된다.

출국을 앞두고 자못 궁금했다. 자료로 살펴본 영국과 실제로 맞닥뜨릴 영국 민낯의 차이. 드러난 지킬의 표정과 감춰진 하이드의 내면 사이. 영화 「코요테 어글리」에서 주인공 바이얼릿이 싱어송라이터가 되기 위해 고향 마을을 떠나려 할 때, 카페 주인이 주인공에게 툭 던지는 대사가 생각난다. "Good girls go to Heaven, Bad girls go to London!" 티셔츠 디자인으로도 익숙하게 봤던 경구인데, 그 느낌을 만져보고 싶었다. 배드 걸의 기분으로 런던을 걸어보고 싶었다.

'런던 르네상스'의 심장, 쥐며느리

타워 브리지[6] 끝에서 남쪽을 살펴보면 바로 오른편으로 갸웃하게 둥근 유리 건물이 있다. 친환경 하이테크 건축의 1번지이자 런던 르네상스의 사령탑인 런던 시청 건물이다. 알쏭달쏭한 외모를 한 45미터 높이의 10층 건물로서, 외부가 전부 유리로 된 동글동글한 외양 덕분에 '쥐며느리Wood Louse' '유리 불알Glass Testicle' '다스베이더 헬멧' 등의 별명으로 불린다. 섹시한 외모 때문에 2002년 7월에 개관하고도 한참 동안 많은 시민이 시청사를 호텔로 착각했다고 한다.

런던 쥐며느리의 매력은 무엇보다 슈퍼 울트라 에너지절약형 친환경 하이테크에 있다. 외양이 온통 유리로 되어 있으니 일단 '태양은 가득히'다. 게다가 저렇게 둥근 형태는 육면체에 비해 건물 전체의 표면적을 25퍼센트가량 줄임으로써 에너지효율을 극대화한다. 곡면은 건물의 모든 각도에서 태양열을 흡수하기 쉽게 해준다. 유리의 단점인 열 손실도 중요한 문제였다. 그래서 전망에 필요한 부분을 제외하고는 모두 유리 패널 아래쪽에 단열판을 설치했다. 컴퓨터와 조명 등이 뿜어내는 열기를 건물 자체적으로 모아서 재사용하는 장치도 갖추었다. 이 기술들이 건물 유지에 필요한 열에너지의 70퍼센트를 대체해준다고 한다.

여름에는 어떨까? 유리창 하나 열리지 않는 유리 외관 건물에서 냉방병 걱정을 해본 사람이라면 제일 먼저 떠오를 질문이다. 의외로 런던 시청은 한여름에도 거의 에어컨 냉방을 하지 않는다. 자세히 보면 건물이 남쪽으로 지그시 기울어 있다. 이 기울기는 한여름 정오의 태양을 향해 직선이 되도록, 그리하여 건물 표면이 직사광선으로부터 최소한이 되도록 만든 것이다. 환기는 100퍼센트 창을 열고 자연통풍을 할 수 있도록 디자인됐다. 유리창이 없어 보이는 것도 사실은 모든 유리가 열리는, 온몸이 유리창인 까닭이다. 덕분에 같은 크기의 건물에서 소비하는 에너지의 4분의 1만으로 유지가 된다고 한다. 70~75퍼센트의 에너지 절약 효과는 녹색 빌딩Green Building 캠페인을 주창한 런던 시청으로서 솔선수범의 면모를 제대로 보여준 셈이다.

건물 외관을 유리로 결정한 데에는 템스 강의 환상적인 조망과 동시에 시 행정의 투명성을 상징화하려 한 건축가 노먼 포스

런던 시청 내부

터Norman Foster 7의 의도가 깔려 있다. 노먼은 원래 건물 내부에 유리 플라스크 모양의 의사당을 지으려 했는데, 컴퓨터 시뮬레이션에서 음향의 울림 문제가 발견되어 나선형 회랑回廊으로 대체했다고 한다. 시청 입구에 들어서자마자 허공중에 보이는 나선형 회랑은 10층 꼭대기까지 빙빙 돌며 이어져 있다. 방문객은 회랑을 따라 올라가며 밖으로는 높이에 따라 달라지는 템스 강의 조망을, 안으로는 시청 직원들이 일하는 모습을, 저 아래 의사당

건축의
표정

에서는 시 의원들이 회의하는 모습을 바라볼 수 있다. 통로 끝인 10층에는 '런던의 거실'로 불리는 시청 회의실과 전시실, 그리고 전망대가 자리잡고 있다.

런던 시청은 시공상으로도 보통 난공사가 아니었다. 외부 전체가 곡면으로 되어 있는 데다 남쪽으로 비스듬히 기울어져 통상적인 공법으로는 해결할 수 없었다. 노먼은 기울기와 무게중심, 곡면과 직사광선의 굴절 및 반사, 곡면 패널 제작 문제 등을 풀기 위해 컴퓨터 시뮬레이션과 애니메이션 프로그램을 활용했다. 유리 패널도 곡률曲率이 제각각이다보니 모든 패널을 컴퓨터로 작동하는 기계로 잘라서 일일이 바코드를 붙인 뒤 현장에서 조립하는 공법으로 시공했다.

놀라운 것은 이 첨단 공법과 미끈한 감각이 신세대 전위 건축가가 아닌, 당시 63세였던 노장의 손길에서 탄생했다는 점이다. 노먼 포스터는 세계적인 하이테크 건축의 거장이다. 하이테크 건축은 특수유리·알루미늄·텅스텐 같은 첨단 재료와 최신 기술을 결합하여 최첨단 공학을 디자인하는 사조다. 하이테크 추종자들은 흔히 특수유리로 둘러싸인 밀폐 공간을 만들고 조명·환기·냉난방 등을 컴퓨터 시스템으로 컨트롤하는 방식을 선호하지만, 노먼은 달랐다. 기술 만능의 방식을 거부하고 자연광과 자연통풍, 실내정원 등을 하이테크와 결합하는 친환경 건축을 추구했다. 단순하고 합리적인 디자인으로 인간과 자연의 조화를 꿈꾸는 노먼 포스터는 21세기 '런던 르네상스'의 지휘자 역할을 하고 있다.

런던 시청의 '깊은 뜻'은 현재의 부지를 선택한 고도의 전략에서 더욱 빛을 발한다. 원래 런던 시청은 웨스트민스터 다리를 사이에 두고 국회의사당과 왕궁이 마주 보이는, 지금의 런던아이London Eye 바로 뒤 건물에 있었다. 그런데 왜 그렇게 목 좋은 터를 버리고 청사를 '불모지'로 옮긴 것일까.

그 이유는 런던의 고질과 관련 있다. 런던은 지역별 빈부격차가 극심한 도시다. 시의 중추가 온통 템스 강 서북쪽 일대에 편중되어 있다. 버킹엄 궁, 트래펄가 광장, 영국박물관 등 랜드마크들도 모두 서북쪽에 몰려 있다. 런던 시는 33개의 자치구borough로 구성되어 있는데, 가장 부유한 구가 바로 왕궁이 있는 웨스트민스터와 세인트 폴 대성당이 있는 시티오브런던이다. 두 부자동네와 강을 사이에 두고 마주 보는 지역이 서더크 구인데, 한강으로 치면 한남동 건너편의 압구정동 같은 지형이다. 그런데 우리와는 정반대로 강남 서더크는 런던에서 가장 가난한 자치구다.

강이 굽어 흐르는 지형이 어쩌다 버려진 슬럼가가 되었을까. 의문은 의외로 쉽게 풀린다. 런던은 천혜의 항구도시였다. 런던 항에는 예부터 대형 화물선이 드나들었고, 타워 브리지 양옆의 서더크와 섀드 템스 지구에는 자연스레 대형 창고들이 들어섰다. 새 런던 시청을 기준으로 서쪽과 남쪽 일대가 서더크이고,

동쪽이 섀드 템스다. 산업혁명이 본격화되면서 리버풀·맨체스터 등지로 생산 기지와 화물 물량이 옮겨가고, 빅토리아 황금기(1837~1901)가 지나면서 해상무역이 사양길로 접어들었으며, 템스 강에서는 점차 무역선이 자취를 감추었다. 제2차 세계대전 이후 대형 컨테이너가 주요 운송 방식으로 자리 잡으면서, 용도 폐기된 도심 구석의 물류창고는 골칫거리가 되었다. 한때 런던에 번영을 안겨주었던 서더크와 섀드 템스의 창고 시설들은 버려진 채 우범지대가 되어갔다. 이미 부두 노동자와 뜨내기들이 터를 잡았던 곳이라 손보기도 쉽지 않아서 이러구러 부랑자와 범죄자가 들끓는 슬럼가로 전락했던 것이다.

그러던 곳에 변화가 찾아들었다. 한때 세계 최대 규모의 차^{tea} 저장고였던 낡은 창고들이 1980년대 들어 본격적으로 재개발되었다. 창고의 원형은 손대지 않고, 내부 리모델링과 외부 이미지 손질만으로 공간들이 탈바꿈했다. 몇 걸음만 나가면 펼쳐지는 템스 강변의 환상적인 풍광이 사람들을 불러들였다. 레스토랑·카페·기념품 가게가 문을 열고, 소규모 갤러리와 아틀리에, 디자인 사무실 등이 입주했다. 뒤이어 고급 주택가도 들어섰다.

런던 시가 이 변화를 주목한다. 타워 브리지 북단에는 정복자 윌리엄이 지은 런던 최고의 요새 런던탑이 있다. 영화 「천 일의 스캔들」로 유명한 왕비 앤 불린이 갇혀 있다가 목이 잘린 그 탑이다. 그동안 관광객들은 런던탑을 둘러보고 타워 브리지 2층

의 박물관까지 관람한 뒤, 다리 끝에서 발걸음을 돌려 북단으로
돌아가곤 했다. 남단 쪽으로는 관광객의 눈길을 끌 만한 랜드마
크가 없었던 것이다. 런던 서북쪽에 편중된 관광지를 서둘러 챙
겨 보고는 하루 이틀 만에 떠나버리는 관광객의 패턴도 런던 시
로서는 풀어야 할 숙제였다. 바로 이 지점에 런던 시청이 베팅을
한 것이었다.

이제 런던탑 강 건너 맞은편에 쥐며느리를 닮은 랜드마크가
생겼다. 그동안 타워 브리지에서 발길을 돌리던 관광객들이 건
물 외관을 보고는 자연스레 남단으로 건너온다. 런던 시청은 내
친김에 타워 브리지 남단에 포터스 필즈 공원을 만들고, 강변을
따라 '런던아이'까지 연결하는 산책로 퀸즈워크를 열었다.

서더크 서쪽의 사우스 뱅크 지역에는 1950~1970년대에 지

런던 시청의 외관

어진 성냥갑 스타일의 거친 콘크리트 건물들이 버려져 있었다. 런던 시는 콘크리트 건물들을 재건축하고, 새로 공원을 만들고, 조명과 시설물·바닥 재료 등을 교체했다. 탈태환골이 일어났다. 런던탑-런던 시청-서더크 성당-셰익스피어 극장-테이트 모던 갤러리-런던아이-런던 아쿠아리움으로 이어지는 퀸즈워크가 꿈의 산책로로 급부상했다.

변화는 또 다른 변화를 불러들인다. 런던 시청이 일으킨 신선한 충격은 퀸즈워크의 관광 효과에 그치지 않고, 서더크 지역을

개발시키는 촉매 역할을 하고 있다. 런던 시청의 뒤를 이어 다른 랜드마크 건축들이 앞다투어 들어서고 있는데, 대표적인 것이 2012년 4월 3일 유럽에서 가장 높은 건물로 등극한 더 샤드^{The Shard}다. 거장 렌조 피아노^{Renzo Piano}가 설계한, 높이 310미터, 87층 규모의 더 샤드는 런던 브리지 옆에 솟은 타워라고 해서 '런던 브리지 타워'라고도 불린다.

런던 스카이라인의 꽃, 거킨 타워

런던 르네상스에 빠뜨릴 수 없는 건축이 또 하나 있다. 퀸즈워크를 따라 걸으며 강 북쪽을 바라보면 런던탑 뒤편으로 삐죽이 고개를 내밀고 있는 빌딩 거킨Gherkin이다. 런던 시청을 설계한 노먼 포스터가 2004년 완공한 건물로, 역시 독특한 생김새 덕분에 '오이지Gherkin' '섹시 오이지Erotic Gherkin' '미사일' '총탄' '시가' 등의 별명으로 불린다. 정식 명칭은 건물 주소를 따서 30 St. Mary Axe Building이라 부르기도 하고, 최초 건축주인 스위스 르 보험사의 이름을 따서 스위스 르 타워라고도 한다. 2007년 독일 부동산 회사 IVG이모빌렌에 6억 파운드(약 1조 원)에 매각되었다 한다.

거킨은 환경 문제를 진지하게 반영하여 지은 런던 최초의 고층 건물로 꼽힌다. 흔히 고층 건물은 교통 체증을 야기하고, 주변의 일조권을 침해하며, 도시 경관과 스카이라인을 훼손하는 등 부정적 외부 효과를 끼치기 십상이다. 먼로효과Monroe effect **8**처럼 멀쩡한 날씨에 갑자기 여성의 스커트가 뒤집히는 피해도 생겨났다. 노먼 포스터는 고심 끝에 절묘한 해법을 마련한다. 길쭉한 타원형의 모양을 택함으로써 40층 상공에 휘몰아치는 바람의 저항을 최소화하고, 주변 건물에 대한 일조권 피해를 줄였으며, 고층 빌딩이 주는 위압감도 현저히 낮추었다. 옆으로 비틀리게 돌려 지은 공법 덕분에 자연적으로 공기 순환 효과를 얻고 스커트 문제도 예방했다. 열효율도 높았다. 런던 시청처럼 자동으로 개폐되는 유리창 시스템으로 바람과 온도를 조절하여, 비슷한 규모의 건물에 비해 40퍼센트가량의 에너지 절약 효과를 얻었다.

노먼 포스터는 거킨 설계로 2004년 '건축의 오스카'라 불리는 스털링상을 수상했다. 2006년 BBC가 실시한 여론조사에서 거킨은 '런던을 상징하는 최고의 현대 건축물'로 선정되었다. 하이테크와 친환경, 두 마리 토끼를 다 잡은 거킨으로부터 런던은 고층 건축의 새로운 걸음을 떼기 시작한다. 고층 건축은 런던 시의 핵심 딜레마였다.

18세기 중반부터 세계 금융을 주도하던 런던은 제2차 세계대전 종전과 함께 세계 금융의 허브로 거듭난다. 폭격으로 잿더미가 된 런던을 재건할 때, 센트럴 런던의 뱅크 지역으로 세계적인 금융·보험 회사들이 차례로 본사를 옮겨왔다. 인기가 높다보니 런던에는 늘 공간이 부족했다. 집도 모자랄 뿐 아니라 사무실 업무 공간은 턱없이 부족했다. 그런데 런던 사람들의 핏속에는 그루벤하우스의 고집스런 유전자가 흐르고 있었다. 공원과 정원 등 녹지는 신성불가침이고, 템스 강을 바라보는 조망권도 양보할 수 없는 즐거움이었다. 런던 주택들의 평균 키는 4~5층, 이 평온한 스카이라인이 뾰족하게 바뀌는 것에도 런던 사람들의 정서는 민감했다.

런던의 전통 정서와 포화 상태인 공간의 수요 사이에서 런던 시의 고민이 시작되었다. 그 고뇌 속에서 런던 시의 초절정 건축 관리 하이테크가 축적되었다. 특히 고층 건축 관리에 관하여 런던 시는 독보적인 경지를 구가한다. 런던은 일찍부터 고층 건축에 관해 세심한 기준을 정하고 이를 수정·발전시키면서, 건축의 디자인과 질을 통제하는 고도의 노하우를 축적해왔다.(김정후의 논문 「런던의 고층건물 관리정책과 시사점」 참조)

런던 시는 1962년 최초로 규모, 경관, 야간 경관, 오픈 스페이스[9] 등 여덟 가지 원칙을 제시했다. 원칙에 걸려 허가를 받지 못하는 상황이 빈번히 발생하는데도 런던 시는 1969년 한층 더 발전된 원칙을 추가했다. 파노라마, 조망, 경관 등이 새로 강조되었고, 나아가 역사성을 포함한 복합 프로그램이 적용되기 시작했다. 1991년에는 더 까다로운 '가이던스Guidance'를 발간하여 세인트 폴 대성당과 웨스트민스터 궁전을 향한 10개의 경관 축 등을 설정했다. 이 축 방향의 경관을 가리는 고층 건물은 지을 수 없다는 조항이다.

평지에 홀로 우뚝 선 고층 건축들도 관리 대상이 되었다. 고층 건물들을 특정 지역으로 모이도록 유도하는 클러스터 프로그램이 적극 검토되었다. 2001년에는 더 까다롭고 정교한 '가이던스'를 발표해 주요 경관과 스카이라인 보호, 수준 높은 공공 공간 제공 등의 기준을 추가했다. 2003년에는 문화재 보호 기관인 영국 헤리티지재단이 '고층 건물 가이던스'를 발표했고, 이듬해 런던 시는 '런던 플랜'을 내놓는다. '좋은 디자인을 위한 자치단체의 열두 가지 세부 정책'과 '수준 높은 고층 건축 디자인을 위한 열한 가지 조건'처럼 매우 구체적인 지침들이 제시되었다.

이 지침들의 골자는 런던의 모든 역사적 건축물을 향한 시각 축軸을 설정하여 그 조망을 가로막지 않는 범위 안에서만 건축을 허용할 것, 주변 건물 및 런던 도시 경관과의 콘텍스트를 충족시킬 것, 바람·빛·반사·그늘 등으로 인한 영향, 기술적·경제적·환경친화적 측면에서의 디자인의 진실성, 공공에의 기여 등이다. 특히 최상층은 도시 전체의 조망을 공유한다는 측면에서, 그리고 지상층은 전시·공연 등 공간 활용의 측면에서, '런던 시가 공공 공간으로 사용하도록 요청할 수 있다'는 개념을 확립했다.

거킨은 180미터에 이르는, 센트럴 런던에서 세 번째로 높은

거킨 타워

빌딩이다. 노먼 포스터는 거킨처럼 키가 큰 건물이 들어설 경우 주위의 스카이라인에 어떤 영향을 끼치는지, 특히 역사 경관과의 시각적 연계가 어떻게 느껴지는지를 파악하기 위해 런던 전역에서 바라보는 각도에 맞춰 여러 차례 시뮬레이션을 했다. 거킨은 복잡한 런던 시의 가이던스를 너끈히 충족시켰고, 이로써 런던의 고층화는 새로운 국면을 맞게 되었다. 거킨이 세워진 센트럴 런던의 금융 중심가는 이제 고층 건물이 집중된 클러스터 지역이 되었다.

2009년 11월 서울 광화문 미로스페이스에서 제1회 서울국제 건축영화제가 열렸는데, 여기서도 거킨의 인기는 대단했다. 「노먼 포스터와 거킨 빌딩Building the Gherkin」은 팬들의 성화로 2주간 연장 상영되었다. 영화는 거킨이라는 하나의 건축물이 도시 속에 자리를 잡아가는 과정 전체를 이야기한다. 특히 인상적인 점은 하나의 건축물을 받아들이기까지 매우 넓은 영역에서 충분히 시간을 두고 사회적 합의를 이루어가는 영국인들의 모습이었다. 심지어 헤리티지재단은 심의과정에서 시공 측에 건물의 높이를 더 높였으면 좋겠다는 제안을 한다. 얼핏 생각하기에는 오히려 건물의 높이를 낮춰달라고 요구했을 듯한데, 헤리티지는 '건물을 높이는 것이 디자인 면에서도 더 나아 보이고, 건물의 폭을 좁히는 효과까지 생겨 더 좋은 안'이 되리라고 판단한 것이다.

당시 관객과의 대화가 끝난 뒤 『공간Space』 지와의 인터뷰에서 정재용 홍익대 교수는 건축 심의 과정에 관한 소회를 이렇게 밝혔다. "건축물은 단순히 건축가와 의뢰인이 만들어가는 것이 아니다. 도시 환경에 대한 존중이 있어야 하고, 시대에 맞는 사회적 가치관을 포함해야 한다. 우리나라는 큰 건축물이 들어설 때 주로 전문가 중심의 도시계획위원회가 생기고, 일반인이 볼 수 없는 닫힌 방에서 많은 결정이 이뤄진다. 반면 영국은 계획 검토를 시에서 하되, 통과 여부는 일반인에게 개방된 도시계획위원회에서 결정한다. 시민이 투표에 참여할 수는 없지만, 심의 결정에 이르는 과정을 볼 수 있고, 각 심의위원의 의견을 듣고 판단할 수 있다. 이러한 개방성이 영국 도시 르네상스의 가장 큰 특징이다."

세상을 바꾼 도서관, 페컴 라이브러리

건축은 풍경을 바꾸고, 공간을 바꾸고, 생활을 바꾸고, 마침내 사람을 바꾼다. 좋은 건축은 심지어 누군가의 인생까지 바꾼다. 런던 르네상스의 일환으로 세워진 건축이 사람들의 삶을 변화시킨 에피소드를 하나 더 소개한다.

런던 시청에서 정남쪽으로 걸어서 30분쯤 걸리는 거리에 페컴 지역이 있다. 페컴은 런던에서 가장 가난한 자치구인 서더크에서도 가장 가난한 동네였다. 꿈도 희망도 희박하고, 여기저기 쓰레기와 빈 병들이 나뒹굴며, 가난에 찌든 사람들이 긴장과 짜증으로 고된 삶의 눈빛을 쏘아대던 곳. 이방인이 길이라도 잃고 들어섰다가는 마음 편히 지나가기 어려운 마을이 바로 페컴이었다.

1980년대 말까지 페컴 지역은 거대한 고층 아파트 단지가 있던 곳이었다. 영국의 아파트^{flat}와 한국의 아파트^{apartment}는 마치 서더크와 압구정동만큼이나 정반대의 의미를 지닌다. 한국인이 고층 아파트를 좋아하는 취향을 영국인들은 이해하지 못한다. 아파트 가격이 단독주택보다 훨씬 더 비싸다는 사실도 전혀 납득하지 못한다. 정원 한 뼘 없고 나무 한 그루 가꾸지 못하는 아파트는 영국인에게는 서민용 임대주택으로 여겨지곤 한다.

페컴이 그랬다. 거대한 고층 아파트는 서민용 임대아파트 단지였는데, 건물이 낡으면서 주민들도 서서히 물갈이되었다. 서민에서 점점 빈민층으로 바뀌더니 급기야 할렘가가 되고 말았다. 날이 갈수록 범죄율이 치솟고 치안 유지는 불가능할 정도가 되었다. 대책 마련을 위해 회의를 거듭하던 런던 시는 일대 용단을 내렸다. 페컴을 '도시 재생 사업' 대상 지역으로 지정한 것이다.

먼저 아파트 단지를 허물고 그 자리에 새로운 도시 광장을 만들어 지역에 활력을 불어넣는 프로그램을 마련하기로 했다. 맨 먼저 투입된 것은 의료 프로그램이었다. 1988년 페컴 지역의 소외계층을 대상으로 페컴 펄스^{Peckham Pulse}를 개관했다. 영국 최초의 건강생활센터로 꼽히는 전격적인 조처였다. 1995년에는 페컴 광장 입구에 페컴 아치를 설치함으로써 광장의 이미지를 훨씬 더 아담하게 보듬었다. 그리고 2000년 3월, 도시 재생 사업의 마무리 프로그램으로 페컴 도서관 겸 미디어센터가 들어섰다.

페컴 도서관 외관

　　페컴 도서관의 설계를 맡은 윌 알솝William Alsop[10]은 평소 자신
의 지론이었던 '즐겁고 유쾌한 건축'이 이곳 도서관에 더 적합하
리라 확신했다. 알솝과 담당자들은 주민들과 디자인에 대하여,
공간의 희망 사항에 대하여, 그리고 마을에 필요한 프로그램에
대하여 끊임없는 대화를 나눴다. 아방가르드 건축으로 찬사와
비판을 동시에 받았던 알솝이기에, 새 도서관이 어떤 파격을 보
여줄지 언론의 관심이 집중되어 있었다.

　　건물은 지상 12미터 지점에서 아랫도리를 3분의 2쯤 뭉텅 도려내고, 캔틸레버^{cantilever 11} 구조로 내민 상단부를 어른 팔뚝 굵기의 가냘픈 원형 철골 활주[12]로 삐뚤삐뚤 장난스럽게 떠받친 ㄱ자 형태를 하고 있었다. 아랫도리를 도려낸 까닭은, 광장이 마침 지하철역으로 가는 지름길 자리에 있어서 러시아워의 혼잡을 해소하는 보행 공간 확보의 의도도 있었고, 어차피 광장이 넓은 편이 아니어서 시원한 느낌이 들도록 시각적 배려를 해줄 필요도 있었기 때문이다. 건물의 옥상 위에는 장난스럽게 붉은 베레모를 씌웠다.

건물 외관은 서로 다른 세 가지 느낌이 나도록 처리했다. 건물 뒤쪽의 수직면은 벽 전체를 연두와 주황, 다홍 등 평소 알솝의 건축에 자주 등장하는 색유리로 마감했다. 밤이면 현대식 스테인드글라스가 비치듯 총천연색 스크린이 어두운 마을을 밝힌다. 캔틸레버 아래의 출입구 쪽은 유리로 벽을 만들고 그 위로 폴리프로필렌 플라스틱 패널과 철망을 덧대었다. 낮에는 다소 거칠고 투박한 느낌이 들지만, 밤이면 폴리프로필렌과 철망에 굴절되는 조명 효과를 더해 휘황한 빛의 잔치가 벌어진다. 나머지 옆면과 캔틸레버 부분은 모두 동판으로 덮었는데, 단청의 초록색을 띠도록 미리 부식시켰다가 접이식 마감을 했다.

그런데 느낌이 묘하다. 낡은 듯 세련된 맛이 나고, 거친 듯하지만 친근하다. 바로 이 부분에 알솝의 깊은 뜻이 숨어 있었다. 불과 몇 년 전까지 경찰도 꺼림칙해하던 할렘가에 갑자기 광장이 생기고 새 건물이 들어선다. 짓는 건 자유지만 마을과 평화롭게 지낼 수 있는지 여부는 별개의 이야기다. 도도한 건물이면 공격을 받겠고, 화려한 차림이면 야유를 받을 터이며, 근엄한 표정이라면 외면을 당하리라. 그렇다고 밋밋한 디자인을 택한다면 120억 원을 들인 도시 재생 효과가 반감될 것이다.

묘수가 필요했다. 민감한 주민과의 화해를 위하여 알솝이 준비한 카드가 허허실실이었다. 일견 서툴러 보이면서도 아주 꼼꼼한. 검은 원통형 활주는 인접한 도로의 신호등·표지판의 기둥과 같은 굵기다. 도려낸 자리의 폴리프로필렌과 철망은 건물을 보호하는 기능도 있지만, 확실히 마을의 거친 이미지와 어울리는 보호색 뉘앙스를 풍긴다. 역설적으로 페컴에서 오래 산 사람들은 거친 터치가 익숙했을 것이다. 그리고 부식한 동판, 낡은 페인트처럼 퇴색한 맛도 좋지만, 동판을 접느라 맞춘 가장자리 선이 제멋대로인 활주의 연장선 각도에 호응하고 있다.

외관에서 주민과의 화해를 마친 알솝은 내부에 천진난만의 세계를 펼친다. 건물 뒷면의 색유리 스테인드글라스는 실내로도 빛을 투영하며 마술을 부린다. 어느 벽은 주황색, 어느 벽은 노란색, 어느 벽은 초록색으로 동심의 세계를 빚는다. 건물 중앙에 나선형으로 마련된 계단의 철망도 색색으로 물들어 발걸음을 가볍게 한다. 1층에는 주민을 위한 공간을 마련했다. 지역사회에 대한 정보와 조언을 제공하는 원스톱 상담센터다. 2층과 3층은 첨단 IT 시설, 멀티미디어 센터와 컴퓨터 교육 시설 등으로 쓰인다.

4층에 오르면 공간이 갑자기 확 넓어진다. 도려내지 않은 위쪽 캔틸레버의 내부다. 이 4층과 5층이 도서관인데, 여기서 건축가의 장난기가 제대로 발휘된다. 4층과 5층 사이에 묘한 공간을 마련했다. 마치 스머프 마을의 집을 수백 배 확대한 버섯집 같기도 하고, 지붕을 뚫고 불시착한 화성인의 미니 우주선 같기도 하다. 굵직한 원통형 다리를 뻗은 버섯집 혹은 우주선이 세 동, 아래가 4층이고 우주선 안쪽이 5층에 해당된다. 4동에서 빌린 책이며 CD를 우주선에서 본다. 짐작건대 주민들이 설계팀에 바랐던 주된 희망 사항이 어린이를 위한 공간이 아니었을까 싶었다. 어려운 동네일수록 어린이 시설도 부족할 터. 곳곳에 어린이를 위한 놀이와 교육 공간을 배치한 마음이 전해져온다.

좋은 건축은 좋은 문화를 낳는 법이다. 재미있는 건축은 사람에게 호기심과 여유를 주고, 흥미를 일깨우며, 생각의 변화를 불러일으킨다. 페컴 도서관이 그랬다. 도서관 앞 공터는 주민의 휴식 공간이 되었다. 자전거랑 인라인스케이트를 즐기는 놀이 공간이 되었고, 산책로가 되었다. 할렘가의 긴장감 때문에 잰걸음으로 지나치던 뒷골목길이 거꾸로 사람이 모여드는 광장이 되었다. 하나둘 모여든 사람들이 벤치에 앉아 건물을 뜯어본다. 옥상에 모자같이 생긴 저건 뭐지? 기둥은 왜 이렇게 삐뚤지? 유리창은 어째 다 저래, 각 맞는 게 하나도 없어? 그러다보니 안쪽도 궁금

해진다. 호기심은 사람들을 도서관 안으로 끌어들인다. 우주선의 신기한 디자인이 다시 한번 사람들을 웃음 짓게 한다. 돌아간 사람들이 희한한 건물 이야기로 수다를 떤다. 호기심은 쉽게 전염되는 법, 이야기가 입에서 입으로 전해지면서 마을 사람들이 점점 모여들기 시작했다.

페컴 도서관은 단순히 도서 대출에만 치중하지 않았다. 정식 명칭이 페컴 도서관이 아닌 페컴 도서관 겸 미디어센터인 연유가 있었다. 페컴은 태생적으로 도시 재생 사업의 일환이었다. 그리하여 담당자를 두고 주민의 그룹 활동 프로그램을 적극 운용했다. 유아와 영아, 십대, 성인, 노인 등 연령대별 학습 프로그램을 따로 마련하여 독서·공예·예술·컴퓨터 학습·댄스 및 스포츠 그룹 등으로 문화센터 활동을 장려했다. 필요한 시설과 기기는 정부의 재생 기금으로부터 도움을 받았다. 여러 분야의 전문가들이 팔을 걷고 나서서 강의를 맡아주었다. 이 모든 활동이 전부 무료였다. 시나브로 마을 사람들의 분위기가 달라졌다. 갈 곳이 있고, 할 일이 솟아났다. 고민을 털어놓고 도움받을 곳이 생겼고, 희망을 털어놓고 함께 길을 모색해볼 멘토가 생겼다. 변화는 사람들의 표정으로부터 전해졌다.

페컴 도서관은 좀 더 적극적인 프로그램을 개진했다. 일례로 독서 그룹을 살펴보자. 처음에는 도서 구입의 일부분을 주민의 손에 직접 맡겨봤다. 다른 운영 업무도 차례로 맡겨봤다. 대출 관리 및 열람실 운영도 직접 해보게 했다. 사람은 스스로를 사랑하고 존중하도록 태어난 존재였다. 언제부턴가 구성원들이 자율적으로 고민하기 시작하더니, 자기들끼리 논의하여 필요한 책의 목록을 정하고, 예산을 책정하여 청구하는 단계에 이르렀다. CD와 DVD, 비디오테이프 등을 소장하는 코너도 신설됐다.

그렇게 해서 얻은 예기치 않은 성과가 있다. 여느 할렘가가 그렇듯이 페컴도 흑인들이 주민의 상당수를 차지했다. 수구초심이라 했던가. 자연스럽게 자신들의 정서적·문화적 뿌리에 대해 궁금증이 생겼을 것이다. 궁금증은 흥미로운 결과를 낳았다. 이제 페컴 도서관은 영국에서 아프리카와 카리브에 관한 자료를 가장 많이 보유한 도서관이 되었다. 도닌이며 소란 등의 문제도 멤버끼리 자연스럽게 조정하는 수준이 되었다. 멤버들 스스로가 무엇이 소중한지, 왜 그래야 하는지 가슴으로 느끼게 되었던 것이다. 정부조차 포기할 뻔한 할렘가에 느꺼운 희망의 싹이 자라고 있었다.

페컴 도서관의 스토리가 알려지면서 다른 도서관과의 교환 프로그램이 생겨났다. 도서와 영상 자료를 교환해 볼 수 있게 되었고, 문화·예술 프로그램을 공유했다. 도서관 운영자와 지도교사의 교환을 통해 서로의 노하우를 배우는 시너지 효과도 생겼다. 차이나타운과의 문화 교류도 시작되었다. BBC 방송국에서는 토요일마다 각 분야의 숨은 천재를 발굴하는 오디션을 열어주었고, 이는 다시 영화사·음반 회사·문화연구재단 등의 참여로 이어졌다. 페컴 오디션이 2007년 6월 9일 첫 방송을 시작한 「브리튼스 갓 탤런트」보다 한참 앞섰다. 페컴 이야기가 방송을 타면서 이제는 타지역에서 방문객이 찾아오기 시작했다. 페컴 도서관을 찾는 사람들은 매년 70만 명에 이른다고 한다.

영국 왕립건축가협회RIBA는 윌 알솝의 페컴에 2000년 스털링상을 헌정한다. 알솝은 그해 BCIA(the British Construction Industry Awards)가 수여한 '사회공헌 특별상'과 '올해의 건물상' 등을 수상했다. "나는 사람들을 좋아한다. 인생이 좀더 나아지도록 기여하는 건축을 하고 싶다"는 윌 알솝의 바람은 이루어졌다. 누군가의 인생이 나아졌고, 어쩌면 세상도 조금 더 밝아졌으리라. '아방가르드' 윌 알솝의 다음 목표는 페컴 도서관 옆에 코미디 클럽을 짓는 것이라 한다. "도심 재개발은 주민이 즐겨 찾는 공공 건물로부터 시작해야 한다고 나는 믿는다."

카나리 워프,
여객선이 다니는 뉴욕?

앞서 밝힌 바와 같이 세계 금융의 중심지인 런던에는 세계 각국으로부터 금융 및 보험 회사가 몰려들어 1970~1980년대에 이미 센트럴 런던은 포화 상태였지만, 한편 도시 미관을 중시하는 보수적 시각도 여전했다. 이 진퇴양난의 상황에서 카나리 워프가 절묘한 대안으로 떠올랐다. 역사 경관을 해치지 않으면서, 고층 건축 클러스터로서 새로운 도시 미관으로 공간 문제를 해결할 수 있는 최적지가 바로 카나리 워프^{Canary Wharf}였다.

카나리 워프는 런던 도심의 동쪽에 위치한 도클랜드 지역으로, 대형 선박을 건조하고 수리하는 초대형 독^{dock}들이 영업을 하던 곳이었다. 독은 배가 들어설 만큼 깊숙이 땅을 파낸 구조로, 일을 마친 뒤 독에 물을 채워서 부력으로 배가 떠오르면 강으로 진수하도록 고안한 시설물이다. 지도에서 보면 템스 강이 커다란 말발굽 모양의 U자 형태를 그리는 지역으로, 양쪽이 강으로 연결되니 배의 수리 및 승선·하역 작업이 훨씬 더 효율적이었을 것이다.

워프^{Wharf}는 부두, 선창이란 뜻이다. 카나리 워프는 원래 서인도 부두가 있던 곳으로, 아프리카 서북부 앞바다의 서인도 카나리아 제도에서 열대 과일을 수입하면서 생긴 이름이라고 한다. 19세기 초까지만 해도 세계에서 가장 번성한 부두였으나 1950년대 이후 런던이 항구 기능을 망실해감에 따라 문을 닫는 독이 늘었고 1980년 부두로서의 수명을 마친다. 조선업마저 사양길에 들어서면서 수십 미터 깊이의 독들이 안전장치도 없이 버려져 일대가 인적이 끊긴 유령도시가 되었던 터다.

런던 시는 카나리 워프를 센트럴 런던의 공간 부족을 해결해줄 새로운 심장부로 주목한다. 독이라는 특수한 시설 때문에 섀드 템스처럼 기존의 시설을 리모델링하는 개발은 부적절하다. 런던 시는 예외적으로 고층빌딩의 건립을 포함한 전면 재개발을 택했다. 1981년 도클랜드개발공사^{DDC}를 설립하고, 대대적으로 사업을 펼쳤다. 카나리 워프 일대를 특별지구로 지정하여 세금을 감면하고 건축 절차를 간소화했다. 카나리 워프 타워(235미터), 홍콩상하이은행 타워$^{HSBC\ Tower}$(200미터), 시티그룹센터(200미터) 등 더 샤드(310미터) 이전까지의 런던 최고층 건물들이 대부

카나리 워프 조감도

분 이 무렵 카나리 워프에 들어섰다.

　노동당 정부가 집권한 1997년 이후에는 고든 브라운 재무장관이 켄 리빙스턴 런던 시장과 의기투합하여 본격적으로 카나리 워프를 금융특화지구로 키웠다. 세계 유수의 기업들이 이곳으로 속속 몰려들었다. 최첨단 건물에 로이터 통신 등의 언론사와 다국적 법률 회사 등이 둥지를 틀었다. 2004년에는 템스 게이트웨이 개발공사^{TGDC}를 설립, 카나리 워프 개발 프로그램을 템스 강 동북부 지역으로 확장했다. 올림픽 주경기장이 들어선 스트랫퍼드 지역이 여기에 포함된다. 카나리 워프 프로젝트와 올림픽을 연계하여 시너지 효과를 극대화하려는 계산이었다.

　그런데 독이라는 특수 시설이 문제가 되었다. 배를 들이기 위해 파놓은 수십 미터 깊이의 독들이 여기저기 길을 끊는 방해자가 된 것이다. 카나리 워프의 특수성을 살리는 고도의 전략이 필요했다. 이에 런던 시가 총대를 메고 나섰다. 도클랜드 경전철^{LRT} 및 고속도로를 건설하여 도심 접근성을 높였고, 지하철 주빌리 라인을 올림픽 경기장까지 연장했다. 독마다 물을 채우고 수로를 연결하여 운하 기능을 살려낸 뒤 급행 수상버스를 개설했다.

　자칫 장해가 될 뻔했던 독이 오히려 베네치아와 뉴욕을 합친 듯한 이국풍을 만들어냈다. 최첨단 디자인의 초고층 빌딩숲, 그 사이로 생경한 분위기의 인공 운하가 빌딩 그림자를 드리운다. 문득 짙은 물빛을 흔들며 운하 위로 경전철이 무심하게 떠나간

건축의
표정

다. 전철이 떠나간 저편으로는 여객선이 물살을 가르고 있다. 도클랜드의 변신을 모르고 바라본다면, 참으로 납득하기 힘든 풍경이다.

카나리 워프를 개발하면서, 런던 시가 초미의 관심을 기울인 것 중 하나가 지하철 주빌리 라인이다. 런던의 서북부 집중 편향은 지하철도 마찬가지여서, 12개 노선의 상당 부분이 서북쪽에서 와글거린다. 밀레니엄 직전인 1999년 개통한 주빌리 라인 연장선[13]은 카나리 워프의 도심 연계성과 서북 편향 해소를 함께 염두에 둔 고육책이었다. 템스 강의 말발굽형 구간을 지나는 캐닝 타운-노스 그리니치-카나리 워프-캐나다 워터 구간은 역마다 강을 건너는 특수 지형인 데다, 낙후지역이다보니 다리도 놓지 않아서 주빌리 라인이 아니면 통행이 거의 불가능한 상태였다. 이어지는 런던 브리지-서더크-워털루 구간은 앞서 밝혔듯이 주빌리 라인이 개통될 무렵 기지개를 켜기 시작한 강남의 상징적인 낙후지역이었다.

웨스트민스터에서부터 올림픽 주경기장이 있는 스트랫퍼드까지 11개의 역사驛舍 가운데 6개는 새로 지었고 5개는 리노베이션을 했는데, 모두 세계적인 건축가가 디자인을 맡았다. 1999년 개통을 목표로 1993년부터 디자인을 시작했는데, 런던 시가 요구한 몇 가지 조건이 있었다. 햇빛을 최대한 끌어들일 것, 최소한 3열 이상의 에스컬레이터를 설치할 것, 스크린 도어를 설치할 것

등이었다. 장애인을 배려하여 엘리베이터도 대폭 늘렸다. 종전 지하철 엘리베이터의 두 배 규모가 주빌리 라인 연장선에 설치되었다.

카나리 워프 역은 노먼 포스터가 설계를 맡았다. 카나리 워프의 지하철은 깊었다(쓸데없이 깊은 게 아니다. 강 밑을 지나는 구간이기 때문이다). 에스컬레이터로 올라가면서 살펴보니, 천장과 기둥, 슬라브가 모두 노출콘크리트 구조물인데, 조립식이었다. 카나리 워프의 지하 로비는 거대한 국제공항의 라운지 같은 느낌이었다. 키가 10미터도 넘는 훤칠한 기둥이 10미터 간격으로 도열하여 공간을 시원하게 열고 있었다. 특히 천장의 디자인이 인상적이었다. 만타 가오리의 아가미처럼 생긴 환기용 격자가 기둥 양쪽으로 회랑을 따라 길게 이어져 있는데, 마치 대리석 조각 같지만 자세히 보니 노출콘크리트 조각들이었다. 게다가 로마네스크 스타일이라니! 21세기 최첨단의 공간미가 물씬 풍기는데, 스타일은 9~10세기 로마네스크 양식의 반원형 궁륭穹隆, barrel vault 14을 원용하고 있다. 돌이나 벽돌로 쌓았던 로마네스크 시대의 아치형 천장을 매끈한 노출콘크리트 조각의 몸매로 오마주한 것이다. 천장의 거대한 중량감을 받아내서 아래로 연결하는 기둥의 날렵한 선이 더욱 역설적인 매력을 풍긴다.

'저게 PC 콘크리트Pre-cast Concrete 15 공법이구나.' '하이테크 건축의 대가' 노먼 포스터의 진면목이 실감나게 전해져왔다. 천장의 저 디자인들이, 지하 몇 층의 지하철 승강장에서 로비까지 층층이 이어지는 구조물들이, 노면의 설계도에 따라 미리 어디선가 매끈한 노출콘크리트 조각으로 만들어진다. 그것들을 일제히 운반해와서 일시에 조립한다. 콘크리트 구조물과 금속 구조물 그리고 유리 패널이 순식간에 한 몸을 이루는데, 한 치의 오차도 없어야 한다. 그래서 하이테크다. 이재혁 건축가에 따르면, 이곳의 PC 콘크리트를 폴란드에서 주문·제작했는데, 육중한 매머드 조각들이 경찰차의 호위를 받으며 에이틴 휠러[16]를 타고 수백 미터 대열을 이룬 채 카나리 워프로 들어오는 날의 풍경은 장관이었다고 한다.

프리캐스트 성형 콘크리트 기법은 국내에서는 잘 쓰이지 않는다. 하이테크도 부담스럽겠지만 기술력이 문제일 리 만무하다(주로 조야한 경비 절감 용도로 쓰임). 사실은 관행의 문제이고, 경제 정의의 문제다. 우리나라는 현장에서 거푸집을 짜고 레미콘을 들이붓는 공법이 보편적이다. 그것이 '한국적' 시스템이다. 이 시스템을 바탕으로 갑에서 을로, 을에서 병으로, 하청에 재하청이 일상화된 건설 시장 구조는 심각한 고질병이다. 단지 하청을 넘겨줄 뿐인데, 전체 건설 비용의 30~40퍼센트가 갑-을-병 단계에서 녹아 없어진다.

'정'의 계약서로는 이윤은 언감생심이고 수지 맞추기도 아슬아슬하다. 견적 제안을 받아보고는 입찰을 포기하고 욕설부터 쏟아내는 '정'을 여럿 보았다. 비용을 줄이기 위해 가능한 한 일손을 줄이고 일용직의 일당을 긁어내야 하는 시스템이니 자재를 규정대로 사용하지 않을 가능성이 높고, 과로로 신경이 곤두선 일꾼이 성심껏 일하지 않을 가능성이 높으며, 갑을이 되기 위해 로비며 비자금에 공들일 가능성이 높아진다. 하이테크를 마음껏 구현할 수 있는 영국의 현실과는 천양지차다.

회랑 끝에 이르면 드디어 지상으로 오르는 빛의 계단이다. 300제곱미터는 족히 되어 보이는 천장에 거대한 유리 뚜껑이 덮여 있고, 유리 천창으로부터 자연광이 휘황하게 산란하며 쏟아진다. 이 빛을 받으며 에스컬레이터가 사람들을 실어 나른다. 입구의 유리 뚜껑을 지탱하는 철골의 이미지와, 그 철골을 받아서 본체로 이어주는 개구부의 성형 콘크리트의 이음매가 또 절창이다. 유리창 한 칸의 모듈이 그대로 이어지며 지하 로비 천장 궁륭의 비례감과 리듬감을 형성하고 있다.

노먼 포스터의 카나리 워프 역을 보면서 문득 초창기의 런던 지하철 이야기가 떠올랐다. "누구나 죽으면 싫어도 땅속으로 들어갈 텐데 살아서부터 땅속으로 들어가라는 말인가요?" 런던 시의회가 세계 최초의 지하철 기획안을 받아들고 반문한 말이다. 런던 시의 법무관이었던 찰스 피어슨은 1843년 템스 강 하저(河底) 터널 개통식에서 지하 철도의 가능성을 떠올렸다. 당시 영국에서는 철도 건설 붐이 한창이었는데, 런던은 건물이 빼곡하게 밀

카나리 워프 역

집해 있어 지상으로는 철도가 비집고 들어갈 틈이 없었다. 자동
차가 최초로 발명된 것이 1886년이니, 당시의 교통은 철도 아니
면 말과 마차가 전부였다. 산업혁명 이후 폭발적으로 팽창한 세
계 최대의 도시 런던에서 교통난이 오죽했으면 지하 철도를 떠
올렸을까.

　　그러나 인간은 욕망의 노예인 동시에 공포의 노예이기도 하
다. 하데스^{Hades}가 지배하는 땅속 '어둠의 왕국'에 대한 거부감은
고대 그리스 신화로부터 유래한 뿌리 깊은 공포였다. 런던 시는

피어슨의 제안을 받은 뒤 무려 20년 가까이 뾰족한 대안도 없이 갑론을박하며 지하철 건설을 미루었다. 런던의 교통난은 갈수록 심해졌고 어차피 대안은 없었다. 마침내 1863년 1월 10일 세계 최초의 지하철이 개통된다. 패딩턴 역과 패링턴 역 사이 6.03킬로미터에 불과한 짧은 구간이었으나, 하데스의 세계를 한번 엿본 사람들의 호기심은 폭발적이었다. 당시 지하 철도를 달린 것은 코크스 석탄을 때는 증기기관차였다. 연통에서 내뿜는 아황산가스를 내보내기 위해 초기에는 지하철역 구내에 천장을 만들지 않았다. 한껏 차려입고 지하철을 탔던 영국 신사와 숙녀들이 내릴 때는 얼굴이며 옷이 온통 숯검댕이었다. 그런데도 첫해의 지하철 승객이 950만 명에 달했다고 한다.

1886년 처음으로 둥그렇게 구멍을 뚫는 튜브식 착공 공사를 했고, 1890년 처음으로 전기를 동력으로 한 전철이 개통된다. 이 튜브식 노선의 개통을 계기로 런던 지하철은 튜브Tube 17란 애칭을 얻는다. 그런데 그 애칭 때문인지, 런던의 지하철은 정말 작게 느껴진다. 서울 지하철의 3분의 2밖에 안 돼 보인다. 누울 듯 기대앉아서 발을 뻗으면 맞은편 좌석에 발뒤꿈치를 걸칠 수 있을 정도도. 키 큰 영국인이 천장에 부딪히지 않으려고 구부정히 머리를 숙인 모습도 드문 풍경이 아니다.

저 좁은 '튜브' 속에서 런던 사람들은 제2차 세계대전 중에 독일의 맹폭격을 견뎠다. 처음에는 공습 때와 야간에 방공호로 사용했는데, 나중에는 침대와 급식 시설, 화장실까지 설치했다. 방공호는 8000명까지 수용할 수 있었다. 그 비좁은 터널 안에서 일사불란하게 전쟁을 견뎠던 런던 사람들의 모습이 카나리 워프 역의 거대한 로비 풍경과 오버랩된다. 불과 150년 만의 변화인데, 격세지감이다. 그러다가 문득 카나리 워프 역의 로비를 배경으로 영화 「스타워즈」나 「맨 인 블랙」에서 외계인들이 수다를 떨고 있는 우주정거장의 한 장면을 찍어도 좋지 않을까, 하는 상상을 해본다. 좋은 건축은 즐거운 상상을 자아낸다.

2장

영국식 리노베이션과
'오래된 미래'

히드로 공항의
소매치기

얼마나 잤을까. 잠결에 갑자기 몸이 쑥 꺼지는 충격에 놀라 잠이
깨었다. 난기류였다. 북해의 상공에서는 자주 일어나는 일이라
했다. 창밖을 본다. 끝도 없이 펼쳐진 뭉게구름이 여과되지 않은
태양빛을 강렬하게 반사하며 방금 지나쳐온 시간 속으로 흘러간
다. 비행기가 운해 속으로 빠르게 강하하자 북해의 짙푸른 바다
가 모습을 드러낸다. 바람이 거세다.

　　비행기가 착륙을 주저하는 듯 런던 상공을 한 바퀴 선회한다.
공항에 이착륙하는 비행기들이 밀려 있기 때문이라 한다. 덕분
에 런던의 상공 풍경을 감상한다. 빼곡한 지붕들 사이로 녹지가
여기저기 펼쳐져 있다. 과연 세계 최고의 녹지율을 자랑하는 런
던이다. 커다란 호수도 여럿 보인다. 도심을 가로지르는 템스 강

건축의
표정

이 그림처럼 선명해진다. 강 만곡부에 주위를 압도하는 거대한 호빵 모양의 흰색 지붕이 유난히 눈에 띈다. '아마 저 건물이 '세계 최대의 지붕'이라는 밀레니엄 돔일 거야. 커다란 자전거 바퀴는 런던아이일 테고.'

마침 결혼 10주년이어서 아내도 함께 여정에 올랐다. 아내는 태생이 여장부다. 처음 만난 날부터 잔 다르크였다. 내가 전화에 이메일에 전전긍긍하는 동안 아내도 저절로 런던 시간대에 적응한 눈치였다. 그러던 어느 날 아내가 불러서 가보니, 텔레비전에서 「공항의 소매치기」라는 다큐멘터리를 하고 있었다. BBC였던 듯싶은데, 히드로 공항에서 하루 24시간을 보내는, 말하자면 '노숙 소매치기'들에 대한 이야기였다. CCTV를 편집하여 보여주는데, 여행객이 수하물 벨트에 집중한 틈을 노려 먼저 실어둔 가방을 슬쩍하거나, 손님이 신문을 고르는 찰나 카트에 놓인 손가방을 들고 잽싸게 내빼는 것이다.

드디어 악명 높은 히드로 공항에 도착했다. 바짝 긴장해 수하물 벨트에서 가방들을 꺼내 카트에 싣고 출구를 나섰다. 가이드를 만나 인사를 하고 렌터카 회사로 이동하려는데, 느낌이 이상했다. 가방을 세어보니 다행히도 맞았다. 그런데 이 찜찜한 기분은 뭘까? 아참, 출국할 때 공항 면세점에서 산 담배랑 술, 선물 세트. 과연 히드로의 영웅(?)들이었다.

액땜을 한 거야, 애써 위안을 하면서 예약한 렌터카 회사를

찾았다. 배정된 흰색 세단이 마음에 들었다. 인도 전통 의상을 입고 머리에 터번을 두른 수염투성이 직원이 서류를 내민다. 사인을 하고 열쇠를 넘겨받아 시동을 거는데, 계기판에 연료통이 비었다는 경고 램프가 켜져 있다. 한국에서는 연료통이 '가득' 찬 상태로 차를 받아서 타고 다니다가 기름을 '가득' 채워 반납하는 게 상례다. 그런데 기름이 '바닥'이다. 의아해하면서 직원에게 물어보니 자기네 방식은 정반대라고 한다. 그러고 보니 입구에 주유기가 몇 대 설치돼 있다. 출발할 때 새로 기름을 넣고 운행하다가 반납할 때 알아서 비워오라는 얘기다. 기름 잔여분을 노린 꼼수일까, 터번에게 가볍게 항의성 질문을 하니 어깨를 움찔 자라목을 만들어 보이고는 씩 웃기만 한다.

알다시피 영국 차는 운전석이 오른쪽에 있다. 생경하다. 심호흡을 한 뒤 차를 출발시켰다. 고속도로는 적응할 만했는데, 도심으로 접어들자 도로 폭이 갑자기 숨 막히게 좁아졌다. 어디서부턴가 차로도 단 2차로다. 시나브로 해가 기울고 어둠이 드리우면서 차량의 전조등 불빛이 사정없이 눈을 파고든다. 도로가 좁다 보니 마주 오는 차와 부딪칠 것만 같은 압박감이 아찔한 속도감으로 밀려든다. 나도 모르게 오른편 전방에서 달려드는 차에 신경을 쓰노라니 아내와 가이드가 비명을 지른다. "앗, 인도로 올라갔어!"

간신히 좁은 도로에 적응을 할 즈음, 조금 한적한 도로로 빠졌다. 숙소는 외곽 도로를 타고 그리 멀지 않은 곳에 있었다. 밤 8시쯤 되었을까. 부드러운 낙조의 여명이 동네 위로 훈광을 드리웠다. 평원이라서 그런지 유럽의 저녁은 하늘 멀리서부터 비춰오는 연보랏빛 노을의 잔광이 길고 그윽하다. 역시 높은 산이 없는 지형이어서 그랬는지, 영국의 저녁 빛 또한 오래도록 은은한 연보랏빛 잔광을 머금어 아득하고 아름다웠다.

집은 단정한 외관을 한 3층 목조주택이었다. 한인 부부가 운영하는 펜션으로 손님과 주인이 허물없이 너나들이하는 품이 대학 시절의 하숙집을 연상케 했다. 식탁 위에는 바게트와 베이글, 여러 종류의 잼이 구비되어 있었고, 라면이나 밥도 먹을 수 있었다. 3층 다락방을 배정받았는데, 지붕 각도로 기울어진 천장이 묘하게 아늑했다.

영국의 표준 하우스, 쌍둥이 집과 줄줄이 집

모처럼 잠이 달았다. 싱그러운 4월의 꽃향기가 잠을 깨웠다. 간단히 채비를 하고 이른 아침 마을을 돌아본다. 정말 잔디를 좋아하는 나라다. 도로 주위며 공터에는 예외 없이 잔디가 깔려 있다. 동네 전체가 깔끔하다. 서문 말미에도 적었듯이, 영국의 집은 '행복한 삶'의 주택 부문 대표 선수로 꼽힐 정도다. 대체 인기의 비결이 뭘까. 최첨단 공법에 최고급 자재를 쓴 주택이라서가 아니다. 오히려 수백 년 묵은 집들이 터줏대감처럼 목에 힘을 잔뜩 준다. 저 고색창연한 집에 살면서 불편을 즐기고 오히려 자랑스러워하는 사람들의 가슴속에는 어떤 멜로디가 흐르고 있는 걸까.

마을의 집들은 대부분 2~3층, 아담하고 고즈넉한 풍경이었다. 아스팔트 싱글^{asphalt shingle}로 덮은 지붕들과, 지붕 중간에 뽈처럼 돋은 뻐꾸기창dormer들이 그림엽서 속 풍경처럼 익숙했다. 특히 눈길을 끈 것은 지붕마다 솟아 있는 굴뚝이었다. 거실의 벽난로로 연결된 굴뚝은 그러나 크리스마스에 산타클로스가 자루를 메고 드나들 수 있는 모양이 아니었다. 집집의 굴뚝마다 지름이 30센티미터는 됨 직한 길쭉한 관들이 서너 개, 많게는 예닐곱 개 수직으로 꽂혀 있었다. 침니 포트chimney pots라고 부르는 일종의 통풍관인데, 이게 의외로 볼거리였다. 납작한 작은 것에서부터 2~3미터 이상 높게 치솟은 것까지 길이가 제각각인데, 포트의 디자인이 제법 다채로운 모양을 하고 있었다. 도기로 굽거나 구리로 둥글게 접은 것도 있고, 벽돌을 쌓거나 타일 모자이크로 모양을 낸 것도 있는데, 조각을 방불케 하는 솜씨 또한 적지 않다. 꼭대기에 용이나 새, 원숭이 모형을 얹은 것도 보인다.

그런데 이상하게도 정원의 나라 영국의 마을에 정원이 보이지 않았다. 마을의 집들은 길을 따라 도열하듯 나란히 서 있었다. 길 쪽으로는 출입문과 넓은 유리창을 배치했고, 대부분의 집이 현관문 옆에 꽃이 화사한 넝쿨식물을 심어 벽에 올려붙여서 건물 전면의 파사드facade1를 장식했다. 현관 옆으로 미니 화단을 조성한 집이 드문드문 보인다. 아니, 이게 영국인의 정원 사랑이란 말인가? 정답부터 말하면, 정원은 저 너머 집 안쪽에 있었다. 그러던 중 신기한 점을 발견했다. 집들이 대부분 좌우동형의 쌍둥이 형상을 하고 있는 것이었다. 지붕의 박공gable2과 뻐꾸기창들

쌍둥이 집

은 제각각이었지만, 어쨌거나 신기하게도 마을의 집들이 대부분 좌우대칭 쌍둥이였다. 현관 배치도 마찬가지였다. 건물 중앙을 기준으로 접었다 펼친 데칼코마니처럼 좌우가 닮은꼴 구조를 하고 있었다. 이런 쌍둥이 집들이 길을 따라 도열하여 영국식 풍경을 이루었다. 더 신기한 것은, 주택 구조는 쌍둥이인데 절반의 경계선을 기준으로 외관을 전혀 다르게 한 집이 많다는 점이다. 옷으로 비유하면, 몸의 중앙을 따라 좌우로 색깔과 질감이 다른 옷을 입었다고나 할까.

건축의
표정

이 신기한 풍경을 이해하려면 영국식 주택의 종류와 개요를 먼저 살펴볼 필요가 있다. 영국 주택의 최고급 레벨로는 왕궁이나, 장원manor이 딸린 성채를 꼽을 수 있다. 다음으로 중상류층이 사는 디태치드 하우스detached house가 있다. 우리말로 단독주택쯤 되는데, 주위로부터 독립된 환경에 있는 고급 주택을 일컫는다. 서울로 치면 평창동·성북동·한남동에 있는 고급 저택들이 디태치드 하우스에 해당된다.

이런 집들은 매우 비싸서 보통 사람들은 꿈도 꾸지 못한다. 그래서 영국 정부가 전략적으로 개발한 주택 형태가 세미 디태치드 하우스semi-detached house다. 다시 말해 '한 지붕 두 가족'이다. 처음부터 똑같은 구조(혹은 마주 보는 대칭형 구조)의 집 두 채를 하나의 지붕 아래 붙여 지은 것이다. 그러므로 집의 절반을 경계로 서로 다른 옷을 입은 집들은, 자기 집을 가꾸고 사랑하는 마음이 강한 주인이 살고 있는 경우라 볼 수 있다.

비슷한 개념의 주택으로 테라스트 하우스terraced house[3]가 있다. 보통 5채에서 많게는 20채의 집을 지붕과 벽이 이어지도록 줄줄이 도로를 따라 지은 집이다. 한꺼번에 지은 것도 많지만, 다른 시기에 덧대어 지어진 것도 있다. 지붕과 벽을 공유하다보니 옆집과의 소음 문제에 민감해 테라스트 하우스가 세미 디태치드 하우스보다 저렴하다. 맨 끝 가장자리 집은 사실상 세미 디태치드 하우스와 같아서 인기가 높다.

도심에서 많이 보이는 줄줄이 집의 또 다른 유형으로, 옛날 마구간이었던 건물을 개조한 마구간 집Mews House이 있다. 마차가 대표적인 교통수단이었던 시절, 도시 주택가의 길 가장자리나 빈터에는 오늘날의 주차장처럼 마구간들이 죽 늘어서 있었다. 교통수단이 자동차로 바뀌면서 이 마구간들을 대대적으로 주택으로 개조한 것이다. 말이 드나들던 구조인 까닭에 문 높이가 높은 게 특징이라고 한다.

2000년 1월 국가통계청 자료에 따르면, 세미 디태치드(31퍼센트)와 테라스트(28퍼센트) 하우스는 영국의 주택 가운데 거의 60퍼센트를 차지할 정도로 대표적인 주택 양식으로 자리잡았다. 시골 농가와 장원, 전원형 디태치드 하우스들을 감안하면, 도시에서는 70~80퍼센트가 세미 디태치드와 테라스트 형인 셈이다. 영국인들은 특히 2층 구조의 복층집을 선호한다. 보통 2층에 3개의 침실[4]이 있고, 1층에 거실과 주방·식당이 있으며 안쪽으로 제법 넉넉한 정원이 딸려 있다.

출입문을 열면 신발장과 우산대, 외투와 모자를 거는 옷걸이, 단출한 콘솔 등으로 꾸며진 2~3제곱미터의 현관 공간이 있고, 이어서 회랑 안쪽이 둘로 나뉘며 반은 2층으로 올라가는 계단, 나머지 반은 1층 안쪽으로 이어진다. 흔히는 현관 바로 옆 공간에 거실을 배치하는데, 프라이버시 때문인지 안쪽 계단 입구까지 벽을 세운다. 계단 아랫부분에는 자투리 공간을 살려가며 주

줄줄이 집

방을 앉히고 자연스럽게 그 맞은편에 식탁이 자리한다. 식탁을 지나 안쪽에 정원으로 나가는 문이 있고, 그 반대쪽으로 거실이 자리잡는 구조다. 산책길에 봤던 현관문 옆의 넓은 유리창 안쪽은 아마도 거실일 가능성이 높다.

산책을 마치고 돌아오자마자 곧장 다락방으로 올라가, 지붕 위로 솟은 뻐꾸기창을 열고 마을의 집들을 살펴보았다. 정원이 보고 싶어서였다. 정원은 60~100제곱미터의 규모, 대부분 2미터 쯤 되는 높이의 나무 담장을 경계로 이웃끼리 등을 맞대고 있었

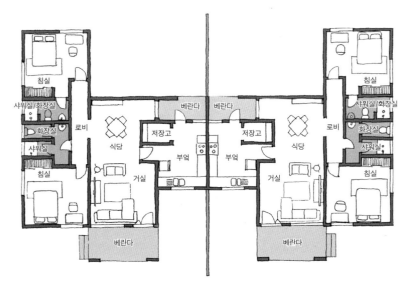

세미 디태치드 하우스의 두 개짜리 침실방의 평면도

다. 멋들어지게 다듬은 잔디밭을 가운데 두고 담장 주위를 따라
가며 심은 화초들이 앞다투어 잎을 피워올리고 있었다. 키 큰 나
무를 심은 집은 드물었고, 담장이나 퍼걸러pergola 5에 매달려 수
북하게 꽃을 피운 넝쿨 화초가 많이 보였다. 그렇게 집집마다 티
테이블이며 정원용 돌·나무·공예품 따위로 꾸민 아기자기한 공
간이 더없이 소담스러워 보였다.

건축의
표정

인클로저,
산업혁명의
가혹한 두 얼굴

줄줄이 집들이 영국의 표준 주택으로 자리잡은 까닭은 런던이라는 기형적인 도시의 특징과 관련이 있다. 중세 이후로 큰 외환을 겪지 않은 런던은 일찍부터 유럽의 대도시로 성장한다. 1300년에 이미 3만~4만 명에 도달한 인구는 1520년 6만~7만 명으로 팽창하다가 1603년 20만 명에 이를 정도로 극심한 인구 증가에 직면한다.

인구 폭발의 주원인은 인클로저enclosure(종획緫劃운동) 때문이었다. 종획운동은 공유지·개방경작지 등 농민들이 공동으로 이용하던 토지에 담이나 울타리를 둘러서 강제로 사유화하는 행위를 말한다. 영국에는 공유지를 경작해온 자유농이 많았다. 초창기 앵글 족과 색슨 족은 산림지대를 공동 개간하여 공유지로 운영하는 일이 흔했다. 1066년 정복자 윌리엄이 잉글랜드의 토지를 몰수한 뒤에도 농민들은 대대로 물려온 관습에 따라 농사를 지었다. 추수가 끝난 뒤부터 다음 경작기까지 이 땅들은 마을 공동체에 맡겨져 가축에게 풀을 뜯기거나 다른 공동의 목적으로 활용되었다.

그러던 중 15~17세기에 영국의 모직산업이 급부상하면서 귀족과 지주들이 농지를 목장으로 바꾸는 1차 인클로저가 들불처럼 번졌다. 공유지는 힘의 법칙에 따라 누군가의 울타리로 사유화되었고, 급진전된 강제 종획으로 인해 마을 공동체가 해체되고 농촌이 붕괴되었으며, 삶의 터전을 잃은 농민들은 걸인이나 유랑민이 되어 런던으로 흘러들었다. 이들을 통제하기 위해 1601년 유랑법과 구민법이 제정되었다. 심지어 몸이 정상인 걸인들은 구걸하기 위해 허가증을 받아야 했을 정도다.

이런 상황에서 런던 대화재가 발생한다. 1666년 9월 2일 새벽 2시경 런던의 한 빵공장에서 발생한 화재는 때마침 몰아친 돌풍에 힘입어 거리의 오래된 목조주택들로 옮겨 붙으면서 도시 전체로 번져나갔다. 불은 닷새 동안 1만 3000여 채의 집을 불태우며 당시 런던의 3분의 2를 잿더미로 만들었다. 대화재로 7만 명이 집을 잃고 노숙자가 되었다.

대화재는 난민 유입으로 혼란에 빠진 런던의 주택질서를 바로잡는 계기가 되었다. 건축가 크리스토퍼 렌Christopher Wren[6] 등을 주축으로 런던 재건위원회가 발족해 새로운 런던 건설의 다양한 청사진이 격론을 벌였고, 목조가 주종이던 건물도 벽돌 및 석조 양식으로 대거 바뀐다. 런던 시는 1774년 주택의 등급을 나누고, 등급에 따라 건물의 기초와 벽 두께, 창문 크기와 위치, 전면 도로의 너비 등을 꼼꼼하게 규정한 런던 건축법령을 제정한다.

18세기 이후 모직 산업의 붐이 시든 뒤에도 종획의 불길이 꺼지기는커녕 19세기에는 의회까지 나서서 2차 인클로저[7]의 광기를 불태운다. 그 후유증으로 런던은 50만 명의 주민(제2의 도시인 브리스틀의 인구는 불과 3만 명)을 품은 유럽 최대의 도시가 된다. 농촌 붕괴는 거꾸로 향후 200여 년 동안 영국에 해가 지지 않는 영광의 시대를 안겨준다. 넘쳐나는 도시 빈민은 공장에 무임금에 가까울 만큼 싼값의 노동을 무제한으로 선사했고, 월등한 가격 경쟁력이 안겨준 부의 축적은 단기간의 중무장—군인·선원 모집 문제도 급증한 유랑민으로 저절로 해결됐다—으로 이어져 세계 식민지 건설을 가능케 했던 것이다.

런던은 19세기 중반 이미 인구 240만 명에 달하는 세계 최고의 메트로폴리스로 팽창한다. 경쟁력으로 보면 당시가 영국 경제의 최전성기였다. 당시 전 세계 공업 생산의 28퍼센트, 강철 생산의 70퍼센트, 면직물 생산의 50퍼센트가 영국의 몫이었다. 세계 무역 상품의 4분의 1이 메이드인 잉글랜드였고, 전 세계 상선의 3분의 1이 영국 소유였으며, 지구의 4분의 1이 영국의 식민지였다. 1851년 5월 1일에 개최한 세계 최초의 런던 만국박람회는 이런 자신감의 발로였다.

그러나 산업혁명은 피를 먹고 자라는 나무였다. 극에 달한 살인적인 노동 환경에 질려, 기득권자인 의회가 스스로 다섯 차례에 걸쳐 공장법을 개정해야 했을 정도다. 1802년 처음으로 노동 시간을 하루 12시간으로 한정시켰고, 1819년 '9세 미만 아동의 노동을 금지'하는 조항을 추가했다. 그마저도 지역 치안판사의 재량에 맡겨져 법이 있으나 마나 한 현실이던 것을 1833년에야 비로소 국가 차원의 감독을 시행하게 된다.

중노동보다 더 심각한 것은 도시의 쓰레기와 템스 강의 악취였다. 템스 강은 이따금씩 바다에서 강 쪽으로 밀물이 역류하는 감조하천感潮河川이었다. 역류 밀물로 오염된 강물이 빠져나가지도 못한 채 악취를 풍기는 날이 많았고,

1831년에는 콜레라가 창궐해 5만여 명이 사망하는 사태가 발생했다. 위기를 느낀 런던 시는 1848년 공중위생법을 제정했는데, 템스 강은 그해와 이듬해에도 콜레라의 대유행을 런던에 안겨줬다. 그리하여 런던의 유명한 지하 하수도 간선 시스템[8]이 탄생하게 된다.

영국의 주택은 참혹한 시대로부터 오늘날의 동화 같은 풍경을 향하여 진화를 시작한다. 산업혁명기에 가장 성행했던 주거 형식은 '백투백Back-to-back 주택'이었다. 이름 그대로 등을 맞대고, 옆면의 벽도 맞대 다닥다닥 붙여 지은 것이다. 창문도 출입문이 있는 쪽으로만 열린, 환기와 통풍이 극도로 열악한 구조. 화장실이며 펌프는 공용이었다. 콜레라가 창궐할 최적의 구조가 아닐 수 없었다.

여기서 조금 진화한 것이 서민용 타운하우스였다. 옆벽은 여전히 붙은 형식이지만, 맞대었던 등을 조금 밀어내 후정後庭을 두고 가족 전용 화장실을 설치한 것이다. 그러던 차에 수세식 변기가 개발·보급되면서 후정이 오늘날 영국 주택의 자랑인 안뜰 정원으로 진화하게 된다. 초기 서민용 타운하우스는 침실이 1~2개 규모였다. 이것이 발전하여 오늘날 침실 3개를 기본으로 하는 표준형 테라스트 하우스로 자리잡는다. 영국 특유의 '줄줄이 집'들이 탄생하게 된 사연이다.

이 과정에 빠뜨릴 수 없는 은인이 있었으니, 바로 현대적 그린벨트[9]의 창시자 레이먼드 언윈 경Raymond Unwin[10]이다. 영국 왕립건축가협회의 도시계획가 언윈은 저임금 노동자의 열악한 줄줄이 주택을 개선하기 위해 평생을 바쳤다. 언윈이 추구한 주택 복지의 핵심은 저밀도였다. 그는 사생활이 보장되는 내부

백투백 주택

공간과 정원이 딸린 집이라는 최소한의 원칙을 정착시켰다. 그의 헌신적인 노력에 힘입어 밀집한 주택이 사라지고, 후정에 터앝을 가꿀 수 있는 정원을 둔 오늘날의 테라스트 하우스가 자리잡게 된 것이다.

1919~1944년 정부 주도로 한 지붕 두 가족 주택이 집중적으로 공급되었다. 이때 지어진 세미 디태치드 하우스가 오늘날 영국 주택의 주도적 형식이 된다. 1965년 이후부터 디태치드 하우스의 수요는 부쩍 늘었으며, 공공 부문에서는 플랫flat이라 불리는 임대 아파트를 많이 공급했다. 플랫은 '평평한'이라는 단어 뜻 그대로 침실과 거실, 주방·식당 등을 한 층에 배치한 집이다. 그러나 2층 구조를 좋아하는 영국인에게 플랫은 인기가 없어, 심지어 플랫이 많은 동네는 가난한 동네로 인식될 정도였다.

어느 경우든 런던 사람들은 집단 주거를 병적으로 싫어한다. 1880년에 이미 650만 명에 달할 정도로 부풀던 런던의 인구가 21세기에 들어서도 800만 명 규모에 머물고 있는 까닭은 단연 주택 부족 때문이다. 고층 아파트 같은 집단 주거는 질색을 하는 분위기이다보니, 자연히 도시에서 주택이 차지하는 면적이 넓어질 수밖에 없다. 런던의 면적 약 1579제곱킬로미터(인구 800만)와 서울의 면적 약 605제곱킬로미터(2015년 말 기준 약 1030만)를 비교해보면, 영국인의 주택 취향이 어떠한지 선명히 드러난다.

수요는 팽배한데 공급을 멈추면 결과가 뻔하다. 집값 폭등이다. 런던의 집값은 세계 최고다. 런던에 집을 두고 월세를 받아 지중해에 가서 사는 것이 런던 사람들의 꿈이라는 여담도 들린다. 그런데 가뜩이나 살인적인 집값이 몇 년 전부터 더 요동친다고 한다. 중동의 왕족과 중국·러시아·인도 등지에서 몰려드는 신흥 재벌들 때문이다. 세계 금융과 비즈니스의 중심지인 데다, 인종차별도 덜하고, 이튼스쿨처럼 왕자들이 다니는 명문 기숙학교를 통해 자녀들에게 세계 각국의 왕족·귀족·부호의 자제들과 저절로 인맥을 맺어줄 수 있으니, 절묘한 계산법이다. 집값 폭발을 견디다 못해 한편에서는 컨테이너를 살림집으로 꾸민 컨테이너 하우스나 보트에 거실·침실·주방·욕실 따위를 갖춘 보트 하우스 등 새로운 아이디어가 속출하고 있다. 실제로 템스 강에는 주거용 보트가 적지 않다고 한다.

신의 가호가 런던에,
세인트 폴 대성당

방마다 가득 찼던 투숙객들이 아침 식사를 마치자 썰물처럼 빠져나갔다. 재스민 향기가 바람을 타고 흩날린다. 첫날은 서두르지 않도록 조금 한적한 코스를 골랐다. 세인트 폴 대성당에서 남쪽으로 뻗은 피터스 힐[11]을 지나 밀레니엄 브리지 위를 걸어 템스 강을 건너면 테이트 모던 갤러리가 기다리고 있다. 갤러리 앞의 너른 공터는 동쪽으로는 런던 시청과 포터스 필즈 공원까지, 서쪽으로는 런던아이를 지나 웨스트민스터 다리까지 퀸즈워크로 이어져 있다.

숙소에서 10분 거리에 지하철역이 있었다. 한적한 오전이어서 그랬는지 앞자리에 앉은 30대 여성 둘이서 샌드위치를 먹는데, 런던의 튜브는 양상추 씹히는 소리가 생생할 만큼 아담한 사

2장 |
영국식 리노베이션과
'오래된 미래'

097

이즈였다. 종종 튜브에서 샌드위치나 핫도그를 먹는 모습을 봤는데, 그게 런던 서민들의 일상이라고 한다.

세인트 폴 대성당의 첫인상은 포근하고 아늑했다. 성당을 둘러싼 정원도 고즈넉하고 편안했다. 잔디밭에는 벌써부터 사람들이 여기저기 자리를 잡고는 뒹굴고 있었다. 우리도 튤립 무더기 옆에 놓인 벤치를 차지하고 앉아서 테이크아웃 음식으로 마음에 점을 찍었다(마음+점=점심點心). 정원 한구석에 서 있는 빨간색 공중전화 부스가 인상적이었다. 건축가 자일스 길버트 스코트 경 Giles Gilbert Scott **12**이 디자인했다는 K2 Telephone Kiosk다.

세인트 폴 대성당은 바티칸의 산 피에트로 대성당, 독일의 쾰른 대성당과 함께 유럽의 3대 성당으로 꼽히는 세계문화유산이다. 건물 길이 145미터, 동서로 길게 누운 성당 중앙에는 지름 34미터, 높이 111.3미터의 커다란 돔형 지붕이 근엄한 자태를 자랑하고 있다. 1981년에는 찰스 왕세자와 다이애나 비가 이 성당에서 세기의 결혼식을 올렸고, 2002년에는 엘리자베스 여왕의 즉위 50주년 골든 주빌리Golden Jubilee 기념행사가 열렸다.

지금의 러드게이트 힐에 세인트 폴 대성당을 처음 세운 인물은 맨 처음 기독교로 개종한 켄트 왕국의 에설버트 1세였다(604년). 이후 세인트 폴은 962년과 1087년, 1666년 세 차례의 대화재로 불타 사라졌다가 런던 대화재 이후 크리스토퍼 렌 경의 손을 통해 지금의 모습으로 다시 탄생한다. 대화재로 인한 참상은

건축의
표정

세인트 폴 대성당

치명적이었다. 도시의 3분의 2가 잿더미가 되자 찰스 2세는 즉시 런던 재건위원회를 발족하고 34세의 촉망받는 건축가 렌을 부른다. 렌은 계제에 무질서하게 덩치만 키워온 런던을, 파리나 로마처럼 광장을 중심으로 방사선 형의 도로가 뻗어가는 체계적인 도시로 만들고 싶었다. 그러나 오늘날의 런던이 보여주듯, 렌의 혁신적인 도시계획안은 채택되지 못한다. 혁신보다도 성당을 복구해 런던 시민들을 심리적으로 위안하는 일이 시급했기 때문이다.

1710년 완공되자마자 세인트 폴 대성당은 단번에 런던을 상징하는 건물이 되었다. 왕실과 정부의 공식 행사들도 대부분 세인트 폴 대성당에서 치러졌다. 그리고 기적이 일어난다. 제2차 세계대전 때 독일의 런던대공습이 가해져 폭격이 시작되고 114일째인 1940년 12월 29일 세인트 폴 머리 위로 29발의 폭탄이 쏟아져 내렸다. 그중에는 돔을 뚫고 떨어져 그 아래 제단을 박살낸 폭탄도 있었다. 그러나 세인트 폴 대성당은 불사조처럼 버티고 살아남았다. 당시 『데일리 메일Daily Mail』의 사진작가 허버트 메이슨이 회사 옥상에서 찍은 포연 자욱한 한 장의 사진은 세인트 폴의 기적을 생생하게 전해준다. 1945년 3만5000여 명의 시민이 대성당에 모여 종전 기념 예배를 드렸다. 세인트 폴이 런던 사람들의 마음속에 수호신으로 자리잡는 순간이었다(1958년 복구).

세인트 폴 대성당은 두 개의 파사드를 가지고 있다. 웨스트워크westwork가 있는 서쪽의 주 출입구가 하나이고, 정남쪽 중앙에 반원형으로 살짝 포르티코portico13를 내밀고 있는 크로스의 날개 부분이 다른 하나다(반대쪽 크로스 끝의 북쪽 출입구는 남쪽과 대칭형으로, 파사드로서의 의장보다는 출입 기능에 충실한 편이다). 사실 정식 파사드는 아니지만, 템스 강을 바라보는 정남향의 입구는 크리스토퍼 렌이 남쪽의 조망을 위해 은밀하게 준비한 득의의 한 수였다. 이 남쪽 파사드, 반원형 포르티코에서 템스 강을 바라보면, 자를 대고 맞춰 그린 듯 정확하게 강 건너편 정면에 커다란 굴뚝이 보인다. 테이트 모던 갤러리다.

원래는 뱅크사이드 화력발전소 건물이었다. 제2차 세계대전이 끝난 뒤, 런던 시는 세인트 폴 복구를 논의하면서 강 맞은편에 어떤 건물이 들어서야 좋을지를 고민했다. 논의 끝에 나온 결론이 뱅크사이드 화력발전소였다. 당시 런던의 전기는 민간업자들의 손에 맡겨져 있었는데, 공급이 불안정할 뿐 아니라 독점에 의한 가격 폐단도 만만치 않았다. 어차피 전쟁 뒤의 수요 변화에 걸맞은 새로운 공급 체계가 필요한 터였다.

설계는 건축가 자일스 길버트 경에게 맡겨졌다. 길버트 경은 종교 건축과 산업 건축의 권위자였다. 그는 강을 사이에 두고 세인트 폴과 발전소가 어떻게 대응해야 할지를 진지하게 고려했다. 세인트 폴의 돔 높이와 발전소의 99미터 높이 굴뚝은 치밀한 계산의 결과였다. 정확하게 마주 보는 부지 설정도 우연이 아니었다. 영혼의 거처가 심장이라면, 전기는 산업의 영혼쯤 되려나. 런던 사람들은 길버트의 화력발전소를 세인트 폴 대성당에 견주어 '산업 대성당Industrial Cathedral'이라는 애칭으로 불렀다.

세인트 폴 대성당을 등지고 피터스 힐로 들어선다. 대리석 계단이 느리게 이어지는 완만한 경사의 내리막길이다. 중간에 심플한 디자인의 조형물이 등장해 밋밋한 산책에 잠시의 해찰거리를 제공한다. 조형물의 모양이 은근히 테이트 모던의 윤곽선을 닮았다. 사진 몇 장을 찍고 조금 더 걸어가면 밀레니엄 브리지가 기다린다. 오직 세인트 폴 대성당과 테이트 모던 갤러리를 연결하기 위해 만든 보행자 전용 다리다. 이렇게 단순한 목적으로 계획된 다리가, 그러나 결코 단순하지 않은 성과를 거두었으니 런던 시의 깊은 뜻에 감탄을 금치 못한다.

유럽 여행 때마다 이는 호기심이 있다. 뭔가 비슷하면서 조금씩 다른 건축물들. 저 건축들에는 어떤 공식과 기법이 작동하는 것일까. 왜 저런 식의 집과 교회를 지은 것일까. 교회 건축에 관한 한 세인트 폴 대성당은 본보기로 꼽힌다. 세인트 폴은 '유럽 건축학 개론'의 기본 요소들을 충실히 담고 있으며, 그러면서도 긴장과 아이러니까지도 감추고 있다.

하늘에서 내려다보면 세인트 폴 대성당은 동서로 긴 십자 모양을 하고 있다. 이 평면 유형을 라틴 크로스Latin cross라 한다. 동쪽에는 제단과 성가대, 성직자 공간이 있고, 서쪽 끝은 건물의 정면 출입구다. 이 입구를 웨스트워크Westwork라 한다. 웨스트워크에는 출입구 양쪽으로 한 쌍의 종탑鐘塔(캠퍼닐리campanile)이 우뚝 서 있어, 이 형식을 쌍두탑 파사드라 부른다. 초기 교회가 성장하면서 부속실, 로비foyer, 종루 등 추가 공간과 왕족이나 귀족 등 VIP 기부자를 위한 특별 공간이 필요했는데, 안성맞춤으로 웨스트워크의 위 공간에 자리를 잡는다. 이것이 유럽 전통 종교 건축의 기본 공식이다. 유럽 어디에서라도 쌍두탑 웨스트워크를 만났을 때 이 공식을 떠올리면 거의 예외가 없다.

십자형 평면에서 가로세로 길이가 같은 형태는 그리크 크로스Greek cross라고 한다. 유럽 교회 건축사는 라틴 크로스와 그리크 크로스의 엎치락뒤치락 역사에 다름 아니다. 라틴 크로스는 가톨릭이 선호한 평면으로 긴 축의 장점과 맞물려 장엄한 행진형 세리머니에 적합하고, 그리크 크로스는 초기에 그리스와 비잔틴 교회의 주류 형식이었다가 훗날 신교의 상징 평면이 되며, 중앙부로 시점이 집중되는 평등형 공간의 의미를 갖는다.

크리스토퍼 렌 경이 설계한 초안은 그리크 크로스 평면이었다. 그러나 주최 측은 라틴 크로스 평면을 요구하며 렌의 설계안을 거절했다. 렌은 라틴 크로스를 기본 평면으로 하되, 끊임없이 설계를 변경해가며 중앙부가 아름다운 그리크 크로스의 미덕을 결합해냈다. 세인트 폴 대성당은 이렇게 첨예한 갈등의 틈새에서 절묘하게 조화를 이루어낸 화합의 건축이었다.

세인트 폴 대성당은 영국에는 매우 드물게 존재하는 바로크 양식 건축이다. 바로크 양식은 17~18세기에 유럽을 휩쓴 유행 건축으로, 화려한 장식과 세련된 조각들로 꾸민 장엄미를 특징으로 한다. 그런데 유럽 전역을 휩쓸다시피 한 인기 절정의 바로크 열풍이 왜 하필 영국만 비켜간 것일까. 비켜가는 와중에 묘한 기념비를 남겼다. 바로 세인트 폴 대성당이다. 몇 안 되는 영국 바로크 중에서 대표 상징 건축인데, 그 예외 건물이 유럽의 3대 성당으로 꼽히다니, 이런 아이러니가 없다.

바로크의 출발은 가톨릭의 부활이었다. 16세기 지루한 종교 분쟁 끝에 이탈리아에서는 바티칸이 위엄을 챙기고 나섰다. 찬양과 장엄을 주조로 교황청의 총본산을 일신하는 대역사가 벌어졌다. 브라만테가 초안을 낸 이래 미켈란젤로와 베르니니 등 전설적인 건축가 10여 명이 유명을 달리하며 혼신을 바쳐온 산 피에트로 대성당의 150년 역사가 마무리 단계에 들어섰고, 세계 광장의 지존으로 불리는 산 피에트로 광장이 오늘날의 모습으로 환골탈태한 것도 그 무렵이었다. 바티칸의 바로크는 인근의 가톨릭 국가들로 빠르게 확산되었다.

프랑스는 루이 13세, 14세의 절대왕정이 바로크를 적극 받아들였다. 장엄과 찬양의 대상을 절대왕정 자신으로 삼는 화려한 권위주의 건축이 활짝 꽃피운 것이다. 루브르 궁전 일부, 뤽상부르 궁전과 베르사유 궁전이 대표적인 사례. 알프스 북쪽에도 바로크가 만발했다. 신성 로마 제국과 합스부르크 제국, 보헤미아와 프로이센 등이 바로크를 빌려 제국의 영광을 노래했다. 쇤브룬 궁전, 벨베데레 궁전, 상수시 궁전 등이 대표작이다.

자존심 강한 영국은 왜 화려한 장엄 건축의 유행을 외면한 것일까. 답은 의외로 싱겁다. 정신이 없었기 때문이었다. 1629년 의회 해산과 1642년 내전 발발, 1649년 찰스 1세 처형, 청교도 공포정치에 이어 왕정복고까지, 바로크 시대에 영국은 혼란기였다. 게다가 영국은 신교국이었으니, 가톨릭에서 발원한 바로크와 애초에 코드가 어긋날 수밖에 없었다. 그렇다면 바로크 형식인 세인트 폴 대성당이 어떻게 신교국인 영국에 지어졌던 걸까? 이것 또한 아이러니다.

왕당파와 의회파의 10년 내전 끝에 찰스 1세의 목을 자르고 권좌에 오른 '종신 호국경' 올리버 크롬웰이 권력의 정점에서 말라리아로 급사하자(1658),

의회는 다시 왕정을 선택하여 프랑스로 망명했던 왕세자 찰스 2세를 모셔온다(1660). 찰스 2세는 브레다 선언[14]과 함께 '의회 불간섭'을 약속하고 제위에 오른다. 그러나 찰스는 망명 시절 프랑스의 루이 14세와 은밀하게 '적절한 시기에 잉글랜드를 가톨릭으로 개종시킬 것'을 약속하는 도버 밀약(1670)을 맺었는데, 3년 뒤 도버 밀약이 폭로되면서 '피의 메리Bloody Mary[15]가 남긴 악몽을 떠올린 의회가 발칵 뒤집힌다. 이 하수상한 시절에 런던 대화재(1666)가 발생한 것이었다. 찰스 2세와 가톨릭 보수 연합이 가톨릭의 부활을 꿈꾸는 한편, 의회의 실세는 국교회 신교도였다. 불안한 정세, 갑작스런 화재, 흉흉한 민심, 자칫 내란이 발발할 수도 있는 일촉즉발의 상황이었다.

런던 재건은 빠른 속도로 진행되었다. 1670년 15채의 교회를 짓기 시작하여 1677년 30여 채가 모습을 드러냈다. 모두 51채의 교회를 지었는데, 그중 무려 45채를 크로스토퍼 렌 경이 설계를 도맡았다. 세인트 폴 대성당은 그 화룡점정이었다. 상징성이 강한 만큼, 갈등 주체들의 욕망이 첨예하게 맞서는 충돌의 교차로이기도 했다. 가톨릭 보수 세력은 라틴 크로스 평면을 원했던 반면, 신교인 국교회 측은 그리크 크로스 평면을 원했다. 찰스 2세는 루이 14세처럼 권위적인 건축을 갖고 싶어했고, 건축계는 내전 시기에 쇠퇴했던 영국 건축의 명예 회복을 위해 당시 최첨단 유행 양식인 바로크 건축을 구현하기를 바랐다.

렌은 이 첨예한 갈등을 끌어안고 절묘한 화합의 건축을 일으켜 세운다. 라틴 크로스와 그리크 크로스를 혼합하여 신구교를 다 만족시켰고, 건축계가 원하는 대로 최상의 바로크 스타일을 완성시켰다. 찰스 2세에게는 지름 34미터,

높이 111.3미터의 기념비적인 돔을 선물로 주었다. 하늘에는 영광, 땅에는 평화. 교회의 역할을 제대로 수행한 건축이었다.

예술이 된 폐발전소,
테이트 모던 갤러리

출발 전 서울에서 자료를 정리하는 동안 제일 궁금했던 것이 테이트 모던 갤러리Tate Modern Gallery의 모습이었다. 오일쇼크와 매연 문제로 1981년 문을 닫고는 20년 동안 흉물스럽게 버려져 있던 화력발전소가 원형을 거의 그대로 살린 채 내부 리노베이션만으로 미술관이 되었다. 발전소와 미술관은 '미녀와 야수'처럼 충돌하는 이미지인데 어떻게 미술관으로 변신했을까. 개관한 지 5년도 안 돼서 세계 최고의 미술관으로 우뚝 선 기적은 또 어떻게 가능했던 것일까.

밀레니엄 브리지를 건너면서 바라보는 테이트 모던 갤러리의 외관은 터프했다. 건물 자체는 육중하고 권위를 지니면서도 품위가 있었다. 그러나 아무리 좋게 봐도 미술관이라고 여기기에는 힘든 덩치였다. 외형 역시 미술관이라고는 짐작도 하기 어려운 것이었다. 벽돌로 쌓은 직육면체의 본건물 한가운데에 우람한 굴뚝이 불쑥 솟아 있었다.

스모크 문제가 심각해 1981년 발전소가 도시 외곽으로 옮겨간 뒤로 화력발전소 건물은 방치되어 있었다. 영국 정부와 테이트 재단은 고민했다. 템스 강변에 위치한 넓은 부지, 지하철역에서 가까운 지리적 이점은 뿌리칠 수 없는 매력이었다. 그러나 낡은 폐발전소를 어떻게 할 것인가. 정부와 재단은 결단을 내리고 1995년 국제 현상설계를 실시했다. 마침 스페인의 빌바오에서 1997년 개관을 목표로 구겐하임 미술관이 공사에 박차를 가하던 무렵이어서 공모전의 열기는 더욱 뜨거웠다. 전 세계에서 149개 팀이 몰려들어 치열한 경합을 벌였다.

당선작은 자크 헤르초크Jacques Herzog와 피에르 드 뫼롱Pierre de Meuron16의 아이디어였다. 의외였다. 결선에서 거장 렘 콜하스Rem Koolhaas를 물리친 헤르초크와 드 뫼롱은 한 번도 그만한 스케일의 프로젝트를 진행해본 적 없는 무명의 초짜였던 것이다. 헤르초크와 드 뫼롱은 테이트 모던 리노베이션으로 2001년 건축의 노벨상이라 불리는 프리츠커 상을 수상하며 급부상했고, 2008년에는 새 둥지 모양의 베이징 올림픽 주경기장 냐오차오鳥巢로 세계적인 작가 반열에 등극했다.

헤르초크와 드 뫼롱은 99미터 높이의 굴뚝을 테이트 모던의

테이트 모던 갤러리

오벨리스크로 만들고 싶었다. 그래서 굴뚝 꼭대기에 반투명 패널을 설치했고, 테이트 모던의 마스트는 런던의 밤을 밝히는 등대가 되었다. 낡은 벽돌 건축의 위험을 보완하기 위해 철골 H빔으로 건물 전체 구조를 보강한 뒤 내부를 매끈한 벽과 유리로 마감했다.

발전기를 돌리던 터빈 구조물이 있던 공간은 터빈홀^{Turbine Hall}이 되었다. 터빈홀은 높이 35미터, 길이 155미터의 뻥 뚫린 공간

건축의
표정

으로, 해마다 대규모 작품을 기획 전시한다. 겉으로 드러난 철골은 사뭇 남성적 위엄을 과시한다. 천장에 설치돼 있던 대형 크레인은 깨끗하게 손질해 작품을 설치하고 철수할 때 사용한다. 한편 천창을 통해 쏟아지는 산란광은 공간의 남성적 느낌을 부드럽게 완화해준다.

보일러실이 있던 3~5층은 세련된 이미지의 갤러리로 바뀌었다. 1940~1950년대 추상표현주의 작품과 20세기 초반 입체파·미래파·소용돌이파 등의 역동적이고 전위적인 작품이 주로 전시된다. 7층은 반투명 패널로 처리한 옥상 라운지로 이어진다. 런던을 조망하는 최고의 장소 가운데 하나다. 특히 강 건너 세인트 폴 대성당의 남쪽 전경이 그림처럼 펼쳐진다. 테이트 모던이 개관하기 전까지 런던 사람들은 세인트 폴 대성당의 숨은 진면목이 있는 줄도 미처 몰랐다.

헤르초크와 드 뫼롱은 강을 바라보는 북쪽 출입구 대신 건물의 서쪽으로 주 출입구를 내자는 제안을 했다. 웨스트민스터 다리에서 템스 강을 따라 이어지는 산책로의 동선이 자연스럽게 테이트 모던의 터빈홀로 이어지게 하자는 아이디어였다. 프로젝트는 대성공이었다. 한 해 400만 명 이상의 관광객이 테이트 모던을 찾았고, 이로 인해 '관광 런던'의 성격이 달라졌다. 웨스트민스터 사원과 트래펄가 광장, 세인트 폴 대성당 등을 둘러보는 볼거리 관광에서 내셔널 갤러리·테이트 모던으로 이어지는 문화·예술 관광으로 질적 변화가 일어난 것이다.

특히 중요한 변화는 테이트 모던이 '런던 르네상스'의 엔진이 되었다는 점이다. 앞서 말했듯이 테이트 모던이 위치한 서더크 구는 런던의 33개 자치구 가운데 제일 가난한 동네였다. 뭔가를 도모해보고자 해도 시작할 돈이 없었다. 테이트 모던 프로젝트가 순식간에 활로를 마련했다. 테이트 모던의 상업적 성공은 서더크에 든든한 재원을 마련해주었고, 시나브로 서더크가 기지개를 켜기 시작했다. 섀드 템스의 변화와 런던 시청 이전, 그리고 퀸즈워크로 이어지는 런던 르네상스는 사실상 테이트 모던의 변화로부터 말미암은 것이었다.

테이트 모던을 운영하는 테이트 그룹은 테이트 브리튼^{Tate Britain}, 테이트 리버풀^{Tate Liverpool}, 테이트 세인트 아이브스^{Tate St. Ives}, 테이트 온라인^{Tate Online} 등의 미술관을 거느리고 있다. 테이트 그룹의 탄생은 예술을 대하는 영국인의 열정을 압축해 보여준다. 이 그룹의 갤러리들은 대부분 1900년 이후의 현대 예술작품들을 전시하는데, 거기에는 내셔널 갤러리와 관련된 숨은 사연이 있다.

내셔널 갤러리는 1824년 설립 이후로 수많은 예술 애호가로부터 컬렉션을 기증받아 성장했는데, 넘쳐나는 기증 작품으로 늘 전시 공간 부족에 시달렸다. 일례로 1845년 로버트 버넌이 다수의 영국 회화작품을 기증했을 때에는 전시 공간이 모자라 부득이 버년 자신의 집에서 전시를 해야 했다. 뒤이어 마련된 영국의 대표 화가 윌리엄 터너의 유품 컬렉션도 이곳에서 전시를 할 수 없었다. 이를 계기로 영국인들은 여러 장소에 흩어져 있는 영국 미술품들을 모아서 독립적으로 전시할 공간의 필요성을 절감하게 된다.

그러던 중 1889년 사업가 헨리 테이트가 미술품들을 국가에 기증하면서, 영국 미술품을 위한 갤러리 건축 기금을 조성한다. 이로써 1897년 템스 강변 밀뱅크 지역에 테이트 갤러리가 자리를 잡게 된다. 지금의 테이트 브리튼이다. 당시 내셔널 갤러리가 갖고 있던 대부분의 영국 회화작품이 테이트 갤러리로 이관되고, 내셔널 갤러리와 테이트 갤러리는 1900년 이후의 현대 예술을 테이트 쪽에서 맡는 것으로 합의를 한다(1996).

개관 당시 테이트 그룹은 회화 4000점, 조각 1300점, 기타 3500점 등의 작품을 소장하고 있었다. 이제는 테이트 갤러리가 전시 공간 부족으로 골머리를 앓게 되었다. 일단은 정부의 미술 후원 정책으로 테이트 리버풀(1988)과 테이트 세인트 아이브스(콘월, 1993)가 연이어 개관하면서 숨통이 트였지만, 여전히 많은 작품이 창고에서 외출 순서를 기다리던 터였다. 그때 마침 밀레니엄 프로젝트[17]의 나팔이 울렸고, 테이트 그룹은 때를 놓치지 않고 정부를 설득해 새 미술관 건립 프로젝트를 따낸다. 그런데 마땅한 부지를 찾기 어려웠다. 되도록 도심에 있으면서 템스 강

변에 위치한, 그러면서 전시 공간을 충분히 확보할 부지가 어디 없을까. 바로 코앞에 숨어 있던 뱅크사이드 화력발전소를 떠올린 것은 시간을 한참 흘려보낸 뒤였다.

테이트 모던 갤러리는 그렇게 탄생했다. 개관한 지 얼마 지나지 않아 세계적인 갤러리로 등극한 것은 우연도 아니고, 횡재도 아니었다. 주체 못 하게 넘쳐나는 작품들과 테이트 그룹의 오랜 노하우가 뒷받침되어 꽃피울 수 있었던 것이다. 모던 아트 갤러리의 이름도 이 같은 사연으로부터 연유한 것이고. 테이트 그룹의 모체인 테이트 갤러리는 영국 회화 쪽에 무게를 두는 테이트 브리튼으로 이름을 바꾸었다. 템스 강을 낀 지리적 이점을 활용해 두 갤러리는 매시간 왕복하는 테이트 보트를 운영한다.

2000년 5월 12일 개관하면서 테이트 모던 갤러리가 가장 포인트로 삼은 프로그램이 '터빈 제너레이션Turbine Generation'이었다. 테이트 모던은 개관 때부터 1년 단위로 터빈홀의 규모에 걸맞은 대규모 설치조각의 기획전을 개최해왔다. 전 세계 어느 미술관도 터빈홀만 한 전시 공간을 갖추지 못했으니, 터빈 제너레이션은 저절로 세계 유일의 프로그램이 되는 셈이었다. 밀레니엄 브리지 끝에서 테이트 모던 출입구로 이어지는 잔디밭에는 10여 미터 높이에 달하는 거대한 거미 조각이 세워져 있다. 첫해 터빈 제너레이션의 주인공이었던 「마망Maman」이다. 작가는 '고백 예술Confessional Art의 개척자'로 불리는 추상표현주의 조각가 루이스

부르주아다.

영국 조각가 아니시 카푸어의 2002년작 「마르시아스Marsyas」도 인상적인 작품이다. 카푸어는 155미터 길이에 35미터 높이를 꽉 채우는 괴이한 곡면의 조형물을 전시했다. 마치 에디슨의 초기 축음기에 달린 나팔관 같은 모양으로, 빨간 특수 섬유로 만든 거대한 나팔관이 이어지면서 어마어마한 공간을 날렵하게 채웠다고 한다.

그 나팔관 아래에서 관현악단이 연주를 한다. 바닥에는 방석을 깔고 1000여 명의 사람이 모여 앉아서 연주를 듣는다. 테이트 모던이 떠올린 또 하나의 멋진 아이디어가 바로 이 방석이다. 이벤트나 강연이 있을 때면 입구에서 직원이 방석을 두 개씩 나눠준다. 사람들은 방석을 깔거나 접어서 혹은 기대고 혹은 누워서 자유분방한 강연장을 만든다. 평소에는 아이를 데리고 소풍 나온 가족이 도시락을 먹기도 하고, 누군가는 엎드려서 책을 보거나 누워서 음악을 듣는다.

터빈 제너레이션이 보여준 놀라운 파격 중 하나는 2007년 도리스 살세도(콜롬비아)의 작품 「Shibboleth」이다. 멀쩡하던 터빈홀 바닥이 쩍 갈라져 있다. 관객들이 놀라서 웅성거린다. 그러다가 이내 작품이란 걸 알고는 장난스러워진다. 누구는 균열 속에 머리를 들이밀어보고, 누구는 틈 아래로 다리를 늘어뜨린 채 걸터앉아서 쉰다. 누군가는 틈을 잡고 엎드려서 매달린 시늉으로

테이트 모던 시볼렛

사진을 찍는다. 한 사람이 신발을 거꾸로 걸어놓자, 수십 명이 쪼르르 신발을 잇대어 뒤집어놓기도 한다.

제목 「Shibboleth」은 '시볼렛'[18]쯤으로 읽히는데, 히브리어로 '강가, 시내'를 뜻한다고 한다. 이 단어는 자체의 뜻보다도, 특정 집단이 다른 집단이나 외부인을 가려내기 위해 사용한 단어나 문구로서의 의미가 중요하다. 예컨대 간토 대지진 때 일본인이 조선인을 가려내기 위해 '15엔 50전$^{十五円 五十錢}$'을 발음하도록 시켰던 것이 본보기다.

살세도는 인종차별·식민 지배·폭력 등 인류의 부조리를 표현하기 위해 지진 강도 9 이상에서 갈라지는 균열을 형상화했다고 한다. 전시가 끝난 뒤에는 틈을 메워버렸다. 작가는 그걸 '상흔^{scar}'이라 불렀다. 상처가 치유된 뒤에도 사라지지 않는 흔적. 늦게라도 테이트 모던을 찾아보는 사람은 「상흔」이란 새 작품을 감상하는 셈이다.

새로운 천년이 시작된다, 랜드마크 트로이카

새 밀레니엄은 종말론이며 밀레니엄 버그로 시작부터 부산하다가 뉴욕의 쌍둥이 빌딩이 녹아내리는 9·11 쇼크에 지구촌을 깜짝 놀라게 했다. 그 와중에 실속은 영국이 챙겼다. 1995년부터 복권 사업으로 3조 원의 기금을 모아가며 준비한 밀레니엄 프로젝트가 하나씩 결과를 내놓았다. 그중에서도 밀레니엄 휠Millenium wheel과 밀레니엄 브리지, 밀레니엄 돔은 '밀레니엄 트로이카'로 불리는 기대주였다.

1999년 12월 31일 런던아이로 알려진 밀레니엄 휠이 먼저 테이프를 끊었다. 이름 그대로, 직경이 135미터에 달하는 거대한 바퀴다. 런던 시내를 조망하기 위한 일종의 전망 타워로, 런던의 관광 명소로 꼽힌다.

의외로 런던에는 시내를 한눈에 바라볼 수 있는 전망 시설이 드물었다. 16세기 이후 수백 년 동안 런던 사람들은 일관되게 예술적인 도시 경관에 천착해왔다. 그런데 정작 자기들이 만들어온 그 예술적인 경관은 볼 수가 없었다. 고층 건물은 기업들의 사적 공간이므로 논외였고, 테이트 모던 갤러리의 옥상 라운지도 아직 생기기 전이었다. 유일하게 세인트 폴 대성당의 골든 갤러리(85미터)가 있었지만, 엘리베이터도 없어서 434개의 계단을 걸어 올라가야 했으니, 사실상 유명무실했다. 게다가 한국과 일본 사이만큼이나 프랑스에 지기 싫어하는 영국인들에게 파리의 에펠탑은 눈엣가시였으리라.

런던 시의 밀레니엄 랜드마크 공모전에서 부부 건축가 데이비드 마크David Marks와 줄리아 바필드Julia Barfield는 '느림의 랜드마크'를 떠올렸다. 부부는 자전거 바큇살처럼 A자 형의 축을 중심으로 돌아가는 거대한 휠을 스케치했다. 그 휠 바깥에 최첨단 조망용 캡슐을 부착하는 디자인이었다. 25명이 탈 수 있는 꽤 넉넉한 캡슐에는 냉난방 시설과 조명, 무전기와 스피커, 안전용 카메라와 예비용 전원 등의 첨단 장비를 갖춘다.

그러나 공모전은 당선작을 내지 않은 채 무산되었는데, 데이비드 부부는 꿈을 포기할 수 없었다. 열정에 찬 부부의 동분서주에 언론이 관심을 보였고, 마침내 영국항공이 스폰서를 자청하고 나섰다. 영국의 대표적인 엔지니어 그룹 오브 아럽Ove Arup이

기술 자문을 맡았고, 데이비드와 줄리아의 아이디어를 실현하기 위해 유럽 각국의 전문가 1700여 명이 런던으로 초빙되었다.

런던아이는 최첨단 하이테크의 집대성으로 태어났다. 중량 1200톤의 바퀴를 한쪽의 캔틸레버만으로 지탱하는 구조도 대단하지만, 더 놀라운 것은 밀레니엄 휠이 인장력에 의해 설계되었다는 점이다. 휠을 고정하는 A자 모양의 다리는 사실상 지렛대일 뿐, 전체를 견지하는 힘은 그 뒤로 매인 강철 케이블에서 나온다. 얼핏 자전거 바큇살처럼 보이는, 휠을 중심축에 고정시켜주는 것도 사실은 잡아당기는 케이블의 인장력이다. 말하자면 팽팽히 잡아당긴 강철 케이블의 힘으로 휠이 공중에 매달려서 돌아가는 것이다. 휠에 장착된 32개의 캡슐로 한 번에 태울 수 있는 총 인원은 800명, 사람 한 명당 체중을 50~100킬로그램이라고 가정하면 사람 무게만 400~800톤이다. 인장력의 상상으로 출발한 느림의 랜드마크는 그렇게 이루어졌다.

케이블선의 가느다란 실루엣에 최첨단 캡슐이 맵시를 더한다. 이중 코팅된 유리 캡슐이 제공하는 조망은 에펠탑 수준을 가볍게 능가한다. 북해 상공의 강풍에 대한 저항을 최소화하도록 계란형으로 설계된 캡슐은 초속 0.26미터의 느린 속도로 30분에 걸쳐 한 바퀴를 돈다. 관람객은 에펠탑처럼 땀 쏟으며 계단을 오르거나 좁은 승강기를 중간에 갈아타면서 오르내리는 부산함 없이, 시야가 360도 열린 상태에서 떠오르면서, 또다시 내려가면서

런던아이

런던의 예술적인 경관을 입체적으로 조망한다. 샴페인이나 와인을 준비해가서 캡슐 안에서 간단히 칵테일파티를 갖는 모임도 많다고 한다. 런던아이는 애당초 5년 동안 잠정 운행할 계획이었는데, 벌써 3000만 명을 상회하는 관람객의 인기에 힘입어 2027년까지 운행을 연장하기로 했다.

밀레니엄 브리지는 2000년 6월에 완공되었다. 템스 강에는 모두 21개의 다리가 있는데, 마지막 다리인 밀레니엄 브리지는

100년 만에 신설된 것이었다. 게다가 세인트 폴과 테이트 모던 사이를 잇는, 순전히 관광과 조망을 위해 지어지는 보행자 전용 다리다. 런던 시가 현상 공모에 내건 최우선 조건도 '두 랜드마크의 조망 효과를 극대화할 것'이었다.

초미의 관심사였던 밀레니엄 브리지의 설계자는 노먼 포스터다. 노먼은 기둥을 양쪽으로 기울여 눕힌 '세미 현수교' 아이디어를 냈다. 강 한가운데와 양쪽 강가에 하나씩 Y자형으로 팔 벌린 형태의 교각 3개를 세우고, 벌린 팔의 끝부분에 서스펜션 케이블을 4줄로 걸어서 팽팽하게 잡아당긴 뒤, 폭 4미터, 총연장 325미터에 달하는 알루미늄 데크를 얹은 공법이다. 현수교[19]의 기둥에 해당되는 가운데 교각의 치켜든 팔 높이가 상판 슬라브로부터 겨우 2.4미터 높은 정도이니, 노먼이 느꼈을 '경관에의 강요'가 어느 정도였을지 실감 난다.

디자인에 너무 공을 들인 탓일까. 개공식을 앞둔 테스트에서 25센티미터 정도의 진동이 감지되었다. 다시 1년 반 동안 진동을 바로잡은 뒤 2002년 2월 22일 밀레니엄 브리지가 정식으로 개통했다. 한 차례의 시행착오 끝에 밀레니엄 브리지는 바로 런던의 명물로 등극했다. 알루미늄 데크가 주는 산뜻한 이미지는 강북에서 강남으로 건너가는 발걸음을 가볍게 한다. 이 발걸음이, 런던에서 가장 부자 동네인 센트럴 런던과 가장 가난한 동네인 서더크를 연결한다. 상징적 의미만이 아니다. 밀레니엄 브

밀레니엄 브리지

리지를 통해 테이트 모던으로 건너간 발자국들이 모여서 테이트
모던 갤러리의 '기적'을 낳았고, 이를 토대로 서더크가 오랜 잠에
서 힘차게 깨어났던 것이다.

밀레니엄 돔에 거는 기대도 결코 작지 않았다. 퀸즈워크의
서쪽 끝 램버스 구가 런던아이의 등장으로 활짝 깨어났고, 동쪽
으로 이어지는 사우스 뱅크와 서더크 구가 테이트 모던 갤러리
와 런던 시청의 등장으로 기지개를 켜는 르네상스의 도미노가

일어났다. 이 기운을 동쪽의 그리니치 반도까지 확장하는 것이 런던 시의 숙원이었다. 카나리 워프 프로젝트도 '동진 르네상스'의 한 축이었다. 그 동북쪽 연장이 올림픽 주경기장이고, 강 건너 동남쪽 연장이 밀레니엄 돔이다. 밀레니엄 돔 남쪽에는 공원 전체가 유네스코 세계문화유산으로 지정된 그리니치 공원이 펼쳐져 있다.

카나리 워프의 르네상스를 밀레니엄 돔으로, 그리니치 공원으로 연장할 수만 있다면……. 꿈의 기획안이 준비되었다. 세계 표준시의 발원지 그리니치 천문대가 지척에 있으니, 새천년 건축의 상징으로 이보다 더 적절한 부지는 없었다. 그래서 직경 365미터, 높이 100미터의 타워 12개가 받쳐주는 '세계 최대의 지붕'을 만들기로 했다. 동시에 2만3000명을 수용할 수 있는 전시·공연장이 설계되었다. 반대 목소리도 많았지만, 토니 블레어 정부의 지원 아래 돔은 일사천리로 완공되었다.

그러나 밀레니엄 돔은 개장 후 얼마 지나지 않아 구제불능의 애물단지임이 밝혀졌다. '변화를 만드는 시간' '드림 스케이프' 등 화려한 수사로 치장된 주제관들은 대중의 호응을 얻지 못했고, 1년 남짓한 즈음에 벌써 돔 자체의 폐쇄가 논의되었다. 한 달에 100만 파운드(약 18억 원)가량의 유지비를 잡아먹는 '에너지 괴물'이라는 비판도 받았다. 다양한 재사용 방안이 제기되었지만 실현 가능한 프로그램을 찾기란 쉽지 않았다. 영국의 이동

전화 회사인 The O2가 돔을 인수해 스포츠 및 문화 시설로 바꿔봤지만 역시 활성화에 실패했다. 2006년에는 대형 카지노 시설로 전환하는 아이디어가 급물살을 탔으나 그마저도 이듬해 초 맨체스터 시에 패하여 계획을 접어야 했다.

밀레니엄 돔은 커다란 '공허'였다. 정말로 거대한 돔인데, 텅 비어 있었다. 지척에 지하철역이 있는데, 사람 그림자도 구경하기 어려웠다. 불도저식 밀어붙이기의 허망한 말로를 보면서, 문득 '4대강' 사업의 황당한 공허를 떠올리게 된다. 그래도 밀레니엄 돔은 런던의 숙제인 동쪽 문제를 풀어보자는 선한 의도가 실패한 것이었지만, 전 세계의 비웃음을 산 4대강은 도무지 허망할 따름이다.

밀레니엄 돔

3장

역사의 습작,
근대를 위한 변명

웨스트민스터,
시계탑에 비밀은 없었다

퀸즈워크를 걷는다. 4월의 어느 오후, 꽤 많은 사람이 퀸즈워크를 따라 흐르고 있다. 게으른 걸음을 흘리며 오가는 사람들의 풍경이 평화롭다. 하늘을 본다. 감청색 하늘 위로 구름이 빠르게 지나간다. 북해 창공의 세찬 기류 때문이다. 문득 서울의 풍경이 떠오른다. 바쁜 사람들과 느린 구름이 신기하게 대비된다.

테이트 모던에서 10분쯤 걷다보면, 런던아이의 느긋한 자태가 점점 다가온다. 런던아이 아래 드넓게 자리한 잔디밭 주빌리 가든에는 담요를 펼쳐놓고 뒹구는 시민들이 초여름 풍경을 방불케 한다. 근처에 흥미로운 청동 조각 몇 점이 눈에 띈다. 스페인의 초현실주의 화가 살바도르 달리의 작품들이다. 런던아이 기단부 근처에는 연체시계 동상이 설치되어 있다. 달리의 대표작「기억의 지속」(1931)에 그려진 연체시계를 청동으로 형상화한 것이다. 느림의 랜드마크와 축 늘어진 연체시계가 꽤 잘 어울린다.

웨스트민스터 다리에 오른다. 강물의 흐름이 하늘의 구름만큼이나 빠르다. 다리 가운데 멈춰 서서 주위를 한바퀴 돌아본다. 시원하게 뚫린 템스 강의 조망과 웨스트민스터 궁전의 자태가 놀랍다. 궁전은 강물에 바짝 붙어 강을 따라 길게 누워 있다. 템스 강이 서쪽에서 흘러와 동쪽 바다로 빠져나가는 흐름이다보니, 웨스트민스터 궁전이 동서로 누워 있다고 묘사한 글이 적지 않은데, 실제 궁전은 남북으로 자리를 잡고 있다. 동진하던 강물이 갑자기 직각으로 머리를 꺾어 북상하다가 다시 동쪽으로 발길을 돌리는 그 꺾인 부분의 서쪽 강변에, 궁전이 있다.

서쪽으로 다리를 건너면서 런던 관광 1번지가 시작된다. 다리 끝 왼편에 시계탑 빅벤과 웨스트민스터 궁전이 있다. 국회의사당이 입주한 웨스트민스터 궁전은 북쪽 끝에서 남쪽 끝 모서리까지 강에 접한 측면만 길이 286.5미터에 달하는 매머드급 궁전이다. 방이 1100개이고, 복도 길이를 모두 합하면 4.8킬로미터에 달한다고 한다.

초기에는 지금처럼 거대한 규모가 아니었다. 1834년 10월 화재로 소실된 뒤 대대적으로 증축한 것이다. 맨 처음 이곳에 궁전을 지은 사람은 크누트 대왕으로 전해지며, 1045~1050년 참회왕 에드워드가 궁전과 초기 왕궁 사원을 세웠다. 훗날 일대가 '서쪽 수도원west monastery'이란 의미의 별칭으로 웨스트민스터 Westminster라 불리게 된다. 1295년에는 궁전 안에서 최초로 모범 의회Model Parliament가 열렸고, 1547년부터는 국회의사당이 본격적으로 궁전 안에 자리를 잡는다.

화재는 궁전 대부분을 태웠고, 1836년 왕립건축위원회는 97가지 설계안을 검토한 뒤 찰스 배리 경Sir Charles Barry 1의 설계를 최종적으로 채택했다. 당시 궁전 주위는 도랑과 늪지가 섞인 저지대였는데, 찰스 배리는 바닥을 다져서 궁전이 강물에 인접하도록 짓는 공법을 제안했다. 새 건물이 들어설 장소는 무려 3.25헥타르로 엄청난 토목 사업이 벌어졌다. 초대형 방죽을 쌓아 강물을 막고, 콘크리트와 화강암으로 지하실까지 방수 토대를 다졌다. 방죽 작업에만 16개월이 걸렸다. 자재는 바지선을 띄워 운송했고, 템스 강변은 공장들로 장사진을 이루었다.

궁전은 세 개의 탑을 기본 축으로 설계되었다. 워낙 거대한 규모인 데다 건물 배치가 날 일日 자 다섯 개를 합친 몸으로 되어 있다보니, 환기 문제가 핵심 과제로 떠올랐다. 게다가 건물의 중심부는 수백 명의 상하원 의원이 빈번하게 모여 회의를 하는 의사당이었으니 환기 문제는 더욱 중요 사안이 되었다. 그래서 나온 아이디어가 천장 위 공간을 건물 전체의 환기구로 연결하고, 탑을 높이 올려서 신선한 공기를 불러들이며 탁한 공기를 배출하자는, 당시로서는 획기적인 첨단 공법이었다. 서남쪽 구석에 세워진 102.5미터 높이의 사각형 빅토리아 탑은 의사록 보관실로서, 신선한 공기를 끌어들이는 흡입구에 해당된다. 건물 한가운데에 있는, 의사당 머리 바로 위의 중앙 탑은 탁한 공기를 배출하는 대형 굴뚝 역할을 한다.

북쪽 끝 도로에 면하여 서 있는 94.5미터 높이의 시계탑 빅벤도 애초의 목적은 공기 공급이었다. 가이 리치 감독의 영화 「셜록 홈즈: 그림자 게임」에서 악당 모리아티 교수가 영국 의원들을 질식사시키고자 시계탑에서 독가스를 피우는 설정이 바로 이 설계에서 힌트를 얻은 것이다. 시계탑에는 15분마다 울리는, 세계에서 가장 큰 자명종 시계가 달려 있다. 종들 가운데 가장 큰 것은 무게가 13톤이나 나가서 들어올리다가 한 번 깨뜨리고 다시 주조했다고 하는데, 이 종의 이름이 빅벤이다. 지금은 시계탑의 애칭으로 통한다. 빅벤은 건축 당시 시계탑의 시공 감독관이었던 벤자민 홀이 워낙 거구여서 생긴 별명이라 한다. 시계도 별명만큼이나 커서 시계판의 지름이 7미터, 분침이 4.3미터, 숫자 크기가 60센티미터에 달한다.

궁전을 지나면 바로 서쪽에 웨스트민스터 사원이 있다. 왕실 전용 특수 교회로, 왕의 대관식과 장례식 등이 여기서 처러진다. 역대 왕들과 아이작 뉴턴, 윌리엄 셰익스피어, 찰스 다윈, 로렌스 올리비에 등 위대한 학자와 예술가들이 안치되어 있는 곳이다. 특히 작곡가 헨델과 조지 2세의 우정이 유명하다. 음악을 사랑한

조지 2세는 헨델의 최고 후원자였고, 헨델은 그의 대관식 찬가를 비롯해 많은 작품을 썼으며, 아예 영국으로 거처를 옮겨 런던에서 살다가 웨스트민스터에 묻혔다. 1743년 오라토리오 「메시아」가 런던왕립극장에서 초연되었을 때 '할렐루야' 합창 부분에서 조지 2세가 감격해 일어섰고, 국왕의 기립을 따라 관객이 모두 기립했는데, 이후 「메시아」 공연 때마다 그 부분에서 모든 관객이 일어서는 것이 관례가 되었다고 한다.

웨스트민스터 사원은 1050년경 참회왕 에드워드가 노르만 로마네스크 양식으로 지었던 것을 1245~1269년 헨리 3세가 고딕 양식으로 재건축했다. 왕실에서 프랑스어를 쓰던 시절, 프랑스 건축가를 채용해 건축을 맡긴 덕분에 웨스트민스터 사원은 프랑스 고딕의 멋을 짙게 풍긴다. 교회 건축의 공식도 반듯하게 지켜진다. 동서로 길게 누운 라틴 크로스에 동쪽은 제단과 성직자 공간이 있고, 서쪽 끝에는 출입구인 쌍두탑 파사드의 웨스트워크가 웅장하게 서 있다.

재미있는 것은 라틴 크로스의 북쪽 날개 부분에 길 쪽을 향해 정식으로 파사드를 하나 더 열어둔 장면이다. 북쪽으로 정문을 내다니? 교회 건축 양식으로는 흔치 않은데, 저변에 아찔한 힘겨루기가 숨어 있다. 궁전이 동쪽, 사원이 서쪽에 있다보니 왕실 결혼이나 장례 때 동선이 묘해진다. 의식 행렬이 동쪽 궁궐을 나와서 너비 61미터, 길이 156미터인 사원을 지나쳐 서쪽 끝까

웨스트민스터 사원

지 갔다가 웨스트워크 출입구를 통과해 사원 안 동쪽 끝으로 유턴해 들어가야 하는 양상이 그려진다. 왕실 전용 특수교회가 교회 건축 양식을 지키자고 왕족을 '뺑뺑이 돌리는' 모양새다. 왕권과 신권이 충돌할 것 같은 모습에 목이 서늘해진다. 다행히 행로 중간에 크로스 한 끝이 얼굴을 내밀고 있다. 이 파사드가 절충안의 노릇을 제대로 하고 있는 셈이다.

그래서일까. 북쪽 파사드가 웨스트워크 정문보다 한결 화려해 보인다. 묘수를 낸 석공의 손길에서 신명이 느껴진다. 정면의 대형 장미창과 그 아래의 3베이^{bay} 첨두 아치^{pointed arch}가 강한 비례감을 드러낸다. 건물 바깥의 벽기둥처럼 보이는 버트레스^{buttress}도 고딕 양식 절정기의 세련미를 자랑한다. 특히 북쪽 파사드의 머리 위쪽에 무지개처럼 걸친 플라잉 버트레스^{flying buttress}는 영국에서는 보기 힘든 프랑스 고딕 양식이다.

이쯤에서 고딕 이야기를 좀더 풀어보자. 고딕 양식은 유럽 전통 건축의 절정이다. 당대의 온갖 건축 기술이 고딕으로 모여 꽃피우고는 고딕을 지나면서 테크닉 과잉으로 빠진 양상이라고나 할까. 먼저 고딕까지 유럽 종교 건축의 골자를 정리하면 이렇다.

로마에서 기독교가 허용된 뒤의 초기 교회(4~8세기)를 바실리카 교회라 한다. 바실리카^{basilica}는 로마 시대의 세로로 긴 직사각형 평면의 공간으로, 재판소나 집회장 등으로 사용된 건물이다. 바실리카 교회는 건축 형태의 변화라기보다 공간 용도 변화의 성격이 강하다.

다음 단계는 로마네스크 양식(8~12세기)이다. 바실리카의 세로로 긴 직사각형 평면에 가로 직사각형이 더해져 라틴 크로스가 탄생한 것이 이때다. 서쪽 입구에 쌍두탑 파사드의 웨스트워크를 세우는 공식도 이 시기에 생겼다. 로마네스크의 핵심은 돌기둥과 두꺼운 벽, 그리고 돌천장이다. 아치와 돔 기술을 이용한 돌천장 기법을 석조 볼트라 하며, 특히 볼트 아래로 뼈대 볼트를 한 겹 더 붙인 기법을 리브 볼트라 한다. 이 리브 볼트 기술이 로마네스크 시기에 탄생해 향후 고딕 양식을 활짝 꽃피우게 된다. 로마네스크는 프랑스의 부르고뉴와 노르망디 지방에서 제일 융성했는데, 정복자 윌리엄의 런던 점령으로 영국에 노르만 로마네스크가 전해진다.

고딕은 1120년에서 1550년 사이 유럽을 휩쓴 석조건축 양식으로 '높게' '환하게'를 양대 모토로 한다. 그러나 높이와 빛은 모순관계에 있었다. 높이는 두꺼운 벽을 요구하고, 빛은 얇은 벽과 넓은 창문을 원하기 때문이다. 고딕은 이 모순을 극복한 건축의 승리였다. 높이를 위해 고딕은 벽 대신 기둥을 택했다. 돌천장의 무게를 석조 리브 볼트의 뼈대로 집중시키고, 리브 볼트를 갈래로 묶어서 기둥에 얹었다. 건물 자체를 버티는 기둥과 리브 볼트를 받아내는 기둥들을 다발로 묶는 '다발 기둥' 기술도 개발되었다. 벽에는 버트레스 기법으로 날개를 달아주었다. 벽 바깥에 높이를 견딜 수 있도록 도톰한 부벽扶壁을 덧대는 형식이다. 볼록 내민 버트레스가 높이를 견디는 동안 그 사이사이의 벽은 힘을 받지 않아도 되므로 가능한 한 얇게 하여 넓은 창을 낼 수 있는 원리다.

마침내 교회는 중력의 방해를 뿌리치고 하늘로 치솟았으며, 버트레스 사이로 뚫린 유리창을 통해서는 스테인드글라스의 찬란한 빛이 쏟아져 들어왔다. 고딕 양식의 트레이드마크인 커다란 원형 장미창과 첨두 아치 창틀도 현란한 디자인으로 빠르게 진화했다. 이내 새로운 욕망이 생겨났다. 버트레스를 보강하면 더 높이 올릴 수 있지 않을까. 그러나 두꺼운 버트레스는 답답했다. 둔중한 버트레스의 답답함을 벗기 위해 고안한 기술이 바로 플라잉 버트레스였다. 이중삼중의 아치 기법을 이용해, 커다란 버트레스의 몸체 가운데를 비워내고 날렵한 외곽 골조를 활용하는 기법이다. 프랑스의 노트르담 대성당이 대표적인 사례다.

영국에서도 고딕 열기가 뜨거웠다. 그런데 취향이 달랐다. 영국의 고딕은 높이에 열광하지 않았다. 대신 수평적 평면과 기하학적 장식에 심취했다. 첨두 아치를 극단적으로 곡선화한 오지 아치^{ogee arch 2}, 나뭇잎 아치 등 영국 고딕 특유의 어휘도 생겨났다. 플라잉 버트레스에는 관심이 드물었다. 높이 효과뿐만 아니라 장식 요소로서도 아예 논외였다.

고딕의 시대가 지나간 뒤, 영국은 백년전쟁·장미전쟁·청교도 내전·명예혁명 등 혼란기를 겪느라 이렇다 할 건축 시대를 만들지 못했다. 산업혁명과 식민지 삼각무역 등을 통해 세계 강국으로 발돋움하던 18~19세기, 드디어 영국도 건축 선진국으로서 명함을 내민다. 특히 19세기 들어 급부상한 빅토리안 고딕은 영국의 국가 건축 양식으로, 북아메리카에서 아프리카·인도·동남아시아까지 식민지 구석구석에 강한 인상을 남긴다.

제국주의 경쟁이 한창이던 영국·프랑스·독일은 건축 양식을 통해 국민 통합을 도모하고 국가 정체성을 강화하는 이른바

flying buttress

buttress

플라잉 버트레스

양식 전쟁battle of styles에 돌입했다. 프랑스는 루이 14세 때의 바로크를 재해석한 네오 바로크에 집중했고, 독일은 오토 대제[3] 때의 양식인 로마네스크를 적극적으로 부흥시켜 네오 로마네스크를 주창했다. 영국은 고딕을 택했다. 영국에서 가장 무성했던 양식도 고딕이고, 가장 영국적인 변화를 꽃피운 사조도 고딕이었다. 고딕의 부활, 이를 '고딕 리바이벌Gothic revival' 또는 신고딕Neo-Gothic이라 부른다. 혹은 영국의 전성기인 빅토리아 여왕 시대에 유행한 사조라 하여 '빅토리안 고딕'이라 통칭한다. 서문에서 잠깐 언급했듯이, 서울역사와 서울시청사, 한국은행 본관 같은 일제강점기의 석조건축물이 바로 이 시대 유럽의 국가 양식을 이리저리 변형하고 짜깁기한 절충주의 건축들이다.

런던 관광 1번지 화이트홀,
정치 1번지 다우닝가

웨스트민스터 사원 앞의 의회 광장 교차로에서 정북향으로 4차로가 구부정하게 뻗어 있다. 다우닝가 10번지로 유명한 총리 관저와 정부 청사, 뱅퀴팅 하우스 등을 지나 트래펄가 광장에 이르는 이 코스가 바로 런던의 관광 1번지다. 이 길은 화이트홀White-hall[4]이라는 별칭으로 불리는데, 연이은 화재로 소실되어 지금은 볼 수 없지만 한때 유럽에서 가장 규모가 큰 건물이었던 화이트홀 궁전에서 유래한 이름이다.

1240년경 요크 대주교가 거주하면서 York Place라 불리던 것을 훗날 토머스 울지 추기경이 확장해 사용했는데, 1530년 헨리 8세가 울지에게 반역죄를 씌워 목을 자른 뒤 일대를 접수하여 1532년 두 번째 왕비 앤 불린과의 신혼 궁전으로 대폭 증축했다. 이때 사용한 대리석 색상으로 인해 화이트홀이란 이름이 붙었다. 1536년 다시 앤 불린을 참수한 뒤에 화이트홀은 세 번째 왕비 제인 시모어 차지가 되었다.

이후로 1698년까지 여러 왕이 계속 확상 공사를 한 덕분에 화이트홀 궁전은 전성기 최대 면적이 23에이커(약 9만 3000제곱킬로미터)에 이르렀고, 방 개수가 1500개에 달했다. 그러다보니 시대별 건축 기법이 다양하게 반영되었는데, 그중 가장 두드러진

뱅퀴팅 하우스

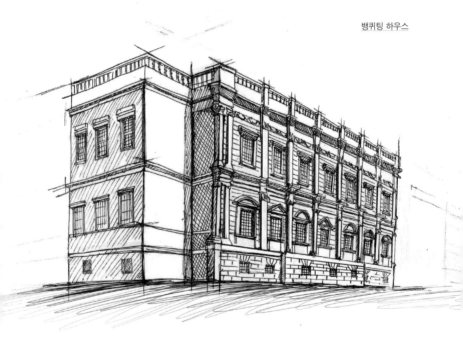

건축의
표정

건물이 제임스 1세 때 건축된 왕실 전용 연회장 뱅퀴팅 하우스 Banqueting house였다.

제임스 1세 즉위를 기념하여 지어진 첫 뱅퀴팅 하우스가 1619년 화재로 사라지자, 곧바로 새 뱅퀴팅 하우스의 건축이 시작되었다. 건축가는 르네상스 건축[5]과 팔라디오 양식[6]의 거장 이니고 존스Inigo Jones[7]다. 1622년에 완공된 뱅퀴팅 하우스는 이니고 존스 특유의 군더더기 없이 깔끔한 르네상스 스타일을 자랑한다. 석축 사이의 몰탈 선을 강하게 드러낸 기단부의 러스티케이션rustication[8], 중앙의 원형 벽기둥과 바깥쪽의 사각형 벽기둥에 의한 비례감, 2층 기둥의 도리아식 오더order[9]와 3층 이오니아식 오더에 의한 위계 등 르네상스 건축이 확립한 건축 언어가 교과서처럼 질서정연하게 구현되어 있다.

실내는 2~3층을 합친 높은 개방형 홀로 되어 있는데, 특히 천장을 장식한 루벤스의 그림(1634)이 절창이다. 찰스 1세는 아버지 제임스 1세를 신격화하기 위해 루벤스에게 거액을 주고 저택과 기사 작위까지 수여하며 초빙했다. 그러나 정작 찰스 1세 자신은 의회 해산과 가톨릭 강요 등 폭정을 일삼다가 내전(1642~1649)에 휘말려, 올리버 크롬웰의 철기군에게 패한 뒤 1649년 1월 뱅퀴팅 하우스 앞에 설치된 단두대에서 목이 잘린다.

1658년 크롬웰이 말라리아로 죽자 의회는 프랑스로 망명해 있던 왕세자 찰스 2세를 모셔와 왕정제로 복귀한다. 이후 찰스 2

세와 제임스 2세는 크리스토퍼 렌의 손을 빌려 화이트홀을 연거푸 증축한다. 그러나 당시 유럽 최대 규모를 자랑하던 화이트홀이 1691년과 1698년에 발생한 대화재로 현재 화이트홀을 지키고 있는 뱅퀴팅 하우스를 제외하고는 전소하여 사라지고 만다.

화이트홀 남쪽의 다우닝가 10번지는 영화 「러브 액츄얼리」에서 휴 그랜트의 천연덕스러운 총리 연기로 관객들에게 큰 인상을 남겼다. 총리의 관저이자 가족들의 주거공간인 다우닝가 10번지는 의외로 외관이 호화롭지도, 권위적이지도 않다. 단정하고 담백한 조지 양식[10]의 타운하우스 형태를 하고 있는데, 여기에는 두 가지 숨은 내역이 있다.

이곳에 처음 주택을 지은 것은 조지 다우닝이란 사람으로, 영국 내전 때 올리버 크롬웰의 정보원이었다고 한다. 내전이 끝난 뒤 다우닝은 부동산 매매를 목적으로 이곳에 타운하우스 시리즈를 지었는데, 당시가 하필 검소·청렴·도덕을 강조하는 청교도 독재 시절인 까닭에 주택 형식도 자연히 검소한 외양을 띠게 된 점이 없지 않다.

훗날 조지 1세 때 휘그당과 토리당의 양당제가 뿌리 내리고, 입헌군주제가 자리를 잡아가면서 내각책임제가 채택되어 최초의 총리로 로버트 월폴이 선출되었을 때, 조지 2세가 이 주택을 하사한(1732) 이래로 다우닝가 10번지는 50여 명의 총리가 바통을 넘겨받으며 지금까지 관저로 사용해왔다. 이후로 일대에 정부 관련 건물들이 차례로 들어서는데, 10번지 서쪽으로 나란히 붙은 11번지는 재무부 장관의 관저이고, 그 옆 12번지의 붉은 벽돌 건물은 하원 원내총무의 관저다. 이 소박하고 한산한 거리가 지구촌 영연방 네트워크를 지휘하는 영국 정치 1번지다. 그래서 다우닝가 10번지로부터 의회가 있는 웨스트민스터 궁전 교차로까지를 의회 거리parliament street라 부른다.

그런데 애초 청교도의 눈총으로 건물이 검박한 모습을 하게 되었다면, 이후 빅토리아 시대에 바로크의 화려·장엄한 변화를 꾀했을 법한데 전혀 그렇지 않다. 이것이 영국식 노블레스 오블리주다. 국민의 일상과 크게 다르지 않은 외양의 주택, 여염집 풍경처럼 평범한 현관 앞에서 악수하는 세계 정상의 모습, 기꺼이 관광 1번지에 얼굴을 내미는 보통 사람으로서의 이미지 메이킹.

의회 광장에서 화이트홀 방향으로 가지 않고 곧장 서쪽으로 한 블록 더 가면 버킹엄 궁전이 나온다. 궁전이 있던 자리는 원래 뽕밭이었다. 1703년 버킹엄 공작 존 셰필드가 지금의 자리에 벽돌로 버킹엄 하우스를 지었고, 1761년 조지 3세가 왕비 샬럿을 위해 구입한 것을 1825년 조지 4세가 건축가 존 내시John Nash에게 맡겨 석조 궁전으로 바꾼다. 화이트홀이 불탄 뒤 한동안 웨스트민스터 궁전을 정궁으로 사용했는데, 1834년 웨스트민스터마저 대화재로 쓰러지는 바람에 1837년 즉위한 빅토리아 여왕이 거처할 곳이 마땅치 않았다. 그때부터 버킹엄 궁을 쓰기 시작한 이래 오늘날의 정궁으로 자리잡게 되었다.

궁전은 2시 방향의 트래펄가 광장을 바라보며 비스듬히 앉아 있다. 버킹엄 궁 정면으로부터 트래펄가 광장까지 곧게 뻗은 도로 또한 훌륭한 산책로다. '몰 거리The Mall'라 불리는데, 이를테면 영국의 주작대로朱雀大路[11]에 해당된다. 왕실 근위병 행렬이나 마라톤 골인, 축제·콘서트 등 국가 기념행사들이 여기서 벌어진다. 오른쪽으로 세인트제임스 공원이 펼쳐져 있고, 왼편으로 퀸 가든-세인트제임스 궁전-몰 갤러리 등이 광장 교차로의 애드미럴티 아치까지 이어지며, 조용하고 한적한 분위기로 주작대로의 위엄을 보여준다.

영국 근대사의
속수무책 군주,
헨리 8세

영국은 근대로 접어들면서 날개를 제대로 펼쳤다. 헨리 8세는 영국 근대사의 첫 단추 격이 되는 문제적 인물이다. 첫 단추인데 아주 엉뚱하게 생겨먹은 단추였다. 이혼에 눈이 뒤집힌 헨리 8세의 고집으로 인해 훗날 영국은 피바람을 여러 차례 맞아야 했고, 난데없는 내전도 치러야 했다. 이 이혼으로부터 영국 근현대사의 온갖 강박과 참혹, 아이러니가 메두사의 머릿결처럼 엉켜서 흘러간다.

열여덟 살 어린 나이에 즉위하여 38년 동안 전횡을 일삼은 헨리 8세는, 즉위 초기에는 가톨릭 편에서 맹활약함으로써 교황으로부터 '신앙의 수호자'라는 칭송을 받을 만큼 신망이 두터웠다. 그런 헨리가 갑자기 로마 교황청에 칼을 겨눈다. 영화 「천 일의 스캔들」(2008)과 「1000일의 앤」(1969) 등으로 잘 알려진, 헨리 8세와 캐서린 왕후의 세기의 이혼 때문이었다.

30년 장미전쟁을 종식시킨 헨리 7세가 튜더 왕조를 개창하면서 영국은 중세의 긴 터널을 벗어난다. 막강한 왕권을 물려받은 헨리 8세는 즉위 초부터

대를 잇는 문제로 전전긍긍 아들 강박에 시달린다. 여왕의 나라, 영국. 무슨 조홧속인지 왕들은 아들 복이 없어서 두고두고 왕위 계승 문제로 골머리를 앓는데, 헨리 8세가 대표적이다. 캐서린과 헨리는 메리 공주를 낳은 뒤 유산을 거듭해 아들을 얻지 못하자 부부 사이에 금이 가기 시작했다.

당시 가톨릭 국가에서는 왕의 결혼과 이혼에 교황의 승낙이 반드시 필요했다. 그러나 상황이 공교롭게 꼬여 있었다. 그 무렵 유럽의 최강자는 에스파냐 왕(카를로스 1세)이자 신성 로마 제국 황제인 카를 5세였다. 부계와 모계로부터 각각 엄청난 영지를 상속받은 역대 최고의 행운아 카를 5세는 에스파냐와 신성 로마 외에도 오스트리아·보헤미아 등 동유럽과 나폴리 왕국·시칠리아 등 남유럽, 그리고 남아메리카와 아프리카·아시아의 광대한 식민지를 아우르고 있었다. 훗날 대영제국을 지칭하는 "해가 지지 않는 제국"이란 표현은 원래 카를 5세의 영토를 가리키는 표현이었다.

헨리 8세가 이혼하려고 눈이 뒤집힌 캐서린 왕후가 바로 카를 5세의 친이모였다. 게다가 하필 당시 로마에는 카를 5세의 신성 로마 군대가 주둔해 있었다. 군인들이 로마를 파괴하고 교황청을 약탈한 최악의 사건 사코 디 로마 Sacco di Roma(1527)가 바로 그들의 작품이었다.

어쨌거나 집착이 심하고 한번 오기가 발동하면 반드시 관철하는 게 헨리 8세의 특징인 터라 바야흐로 이혼을 향한 헨리 8세의 '무한 도전'이 시작된다. 아들에 눈먼 헨리는 앤 불린에게 반해 추파를 던진다. 헨리는 언니 메리 불린과 이미 내연관계에 있었고, 언니처럼 '그늘의 왕비'가 되지 않기로 결심한 앤 불린은 단호하게 왕비의 지위를 요구한다. 앤 불린이 단호할수록 애가 타는 헨리는 이혼을 약속하고 추기경 토머스 울지에게 교황 클레멘스 7세로부터 이혼 승낙을 받아오라고 하명한다. 그러나 당시 교황은 카를 5세의 군대에 항복하고 거액의 몸값을 치른 상황이었으니, 이혼을 허락해주려 해도 교황의 목이 먼저 달아날 판이었다. 실망한 헨리는 어린 시절의 스승이기도 했던 울지를 삭탈관직한 뒤 참수(1530)한다. 이번에는 토머스 모어 경을 대법관에 임명하고 이혼을 부탁한다. 그러나 모어 경은 이혼에 반대하는 입장이어서 정중하게 대법관직을 사퇴(1532)하고 물러난다.

동서고금의 역사는 닮아가며 반복된다. 이제 물불 안 가리는 '충성파'가 나설 차례였다. 선배들의 말로를 지켜본 후임 토머스 크롬웰은 필사의 꾀를 짜낸다. 애초 불가능한 교황 루트를 포기하고, 의회를 통한 방법을 찾은 것이다. 크롬웰이 의회에서 왕과 왕후의 '혼인 무효 선언'을 하자, 성질 급한 헨리 8세는 1533년 1월 임신 중인 앤 불린과 결혼식을 올린다. 6월 1일에는 왕비 대관식을 거행한다. 크롬웰도 바빴다. '교회 법률 제정' 권한을 왕에게 양도하고, '호소금지법'을 만들어 교황을 향한 호소 자체를 불법으로 몰아 금지시킨다. 그러고는 마무리 결정타를 날린다. 1534년 '로마 교황청으로부터 독립하여 잉글랜드 국교회를 설립하고 왕을 교회의 수장으로 한다'는 종교특별법을 통과시킨 것이다.

교황과 가톨릭을 버린 헨리 8세는 보복이라도 하듯 1535년 전국에 수도원 철폐령을 내린다. 이에 따라 몰수한 전국의 교회 영지(총 365개소)는 왕족과 귀족들이 집어삼켰는데, 그만한 횡재가 없었다. 고기 맛을 알면 절간에 빈대 씨가 마른다던가. 여느 유럽 지역과 달리 유독 영국에서 인클로저 운동이 악명을 떨친 까닭이 헨리 8세의 수도원 몰수와 무관하지 않다.

혼인 무효 인정서에 서명하기를 거부하고, 앤 불린의 왕비 대관식에도 참여하지 않았던 토머스 모어는 같은 해 런던탑에 갇혔다가 반역법으로 목이 잘린 채 유토피아Utopia로 영영 떠나고 말았다. 앤 불린도 딸 엘리자베스를 낳은 뒤 유산을 거듭하다가 간통과 반역, 남동생과의 근친상간 혐의를 뒤집어쓰고 런던탑에서 참수를 당했다(1536).

다음 왕비는 제인 시모어가 되었다. 앤 불린의 시녀였다가 앤 왕비 사형 11일 만에 결혼하여 새 왕비가 된 제인은 이듬해 헨리가 그토록 고대하던 왕자 에드워드를 낳은 뒤 산고를 이기지 못하고 세상을 떠난다. 고명아들은 열 살 되던 해 에드워드 6세로 즉위하여 줄곧 외삼촌의 섭정에 휘둘리다가 6년 뒤 16세의 나이로 병사하고 만다.

간절했던 아들 양위의 꿈은 에드워드 6세의 죽음과 함께 무너지고, 본격적으로 여왕의 시대가 열린다. 우여곡절 끝에 캐서린 왕후의 딸 메리가 가톨릭 세력을 등에 업고 런던에 입성한다. 메리 여왕은 영국의 국교를 가톨릭으로 바꾸고 대대적인 숙청을 감행한다. 그리하여 얻은 별명이 '피의 메리'다. 이 피비린내의 기억은 오래도록 강렬하게 입력되어, 이후 역사의 고비마다 영국 의회와 국민은 맹렬한 가톨릭 거부반응을 보이게 된다.

영국을 가톨릭 국가로 바꾸기에는 메리의 수명이 지나치게 짧았다. 수도원 철폐로 한몫 단단히 챙긴 귀족들도 가톨릭 환원을 강력히 반대하고 나섰다. 즉위 5년 만에 메리는 난소암으로 눈을 감고, 아버지에게 사생아로 몰려 공주의 지위마저 박탈당한 채 런던탑에 갇혀 있던 엘리자베스는 구사일생으로 왕관을 넘겨받는다. 사랑도 결혼도 지긋지긋했던 엘리자베스 1세는 평생 독신을 고집하여 '처녀 여왕The Virgin Queen'이라 불리며 44년 동안 영국을 다스린다.

트래펄가 광장과 내셔널 갤러리,
그리고 새빨간 추억

'여행 같은 취재'를 고대했건만, 영국 건축가들과 일정이 잡혀 있던 이번 답사는 업무의 틀 밖으로 벗어나지 못했다. 첫 주말, 늦잠 뒤 브런치를 먹는데, 지난 밤 10시경 늦게 온 손님이 말을 건넨다. 명함을 주고받는데, 동그란 안경테 너머로 초롱한 눈빛이 아주 인상적이다. 이규홍. 유리공예가, 에든버러미술대학 강사 겸 거주 작가. 한국에 다녀오는 길인데, 마침 하루쯤 여유가 있다면서 런던 가이드를 해주겠다는 제안을 한다. 불감청고소원! 얼른 짐을 꾸렸다. 취재와 관광 사이에서 경계로 밀려났던 몇 곳을 돌기로 했다. 먼저 몰 거리에서 길을 접었던 트래펄가 광장부터다. 지하철 채링 크로스[12] 역에 내려 지하도를 나오니 바로 광장이었다.

유럽의 역사는 광장의 역사다. 유럽은 도시를 중심으로 진화했고, 광장은 도시의 심장이었다. 그리스 문명은 아고라^{Agora}에서 싹텄고, 로마 제국의 영광은 포로 로마노에서 꽃피웠으며, 프랑스 콩코르드 광장에서는 혁명의 불길이 피어올랐다. 길은 광장으로 흐르고, 사람들도 길을 따라 광장으로 모였다. 개선장군의 퍼레이드가 펼쳐진 곳도, 반역자의 목이 잘린 곳도, 마녀 화형의 광기가 타오른 곳도, 심지어 폭군을 쫓아내기 위해 민심이 폭발한 곳도 모두 광장이었다. 광장은 즉 도시의 상징이자 정치의 상징이었다.

그런데 무슨 까닭에서인지 영국에서는 광장이 그리 발달하지 않았다. 유럽의 광장 60여 곳을 사진과 함께 정리한 책『광장』을 보면 영국은 달랑 2곳 소개된다. 이탈리아 12곳, 스페인 11곳, 프랑스 9곳 등에 비하면 한참 모자란 숫자다. 그나마 한 군데는 잉글랜드가 아닌 웨일스의 수도 카디프의 오발 베이슨$^{Oval\ Basin13}$이다. 물론 소개되지 않은 광장도 많겠지만, 유럽 전체의 비중을 감안한 편집이라고 보면 영국은 확실히 광장에 있어 빈약하다.

앞장서서 의회민주주의를 꽃피운 영국에 소통의 공간인 광장이 왜 그렇게 드문 것일까. 혹여 영국이 진화시킨 의회가 오히려 광장의 발전을 대체한 것은 아닐까. 의회는 세금을 손쉽게 걷으려는 왕의 발명품이었다. 분야별·지역별 납세자 대표가 곧 초기 의회의 의원인 셈이다. 통치자가 직접 세리^{稅吏}를 보내는 방식

트래펄가 광장

과, 백성으로 하여금 스스로 대표자를 뽑아 알아서 세금을 내게 하는 방식의 차이다. 대표자를 의회에 보내서 세금의 권리를 협상케 하는 그 가냘픈 통로가 자라서 오늘날 민주주의의 척추가 되었다. 바로 저 통로가 주는 희망 본능이, 광장에서 눈빛을 교환하며 가슴에 불을 지피던 광장 민주주의를 대체한 것은 아니었을까.

트래펄가 광장은 자연발생적으로 생긴 것이 아니다. 트래펄가 해전의 승리를 기리기 위해 만든 기념비 광장이다. 축구장 6~8개 넓이의 널찍한 광장 한가운데에 55미터 높이로 곧추선 기둥이 있고, 꼭대기에 동상이 버티고 서 있다. 호레이쇼 넬슨 해군제독, 영국이 자랑하는 명장이다. 나폴레옹으로부터 영국을 구한 트래펄가 해전의 승전보는 임진란에서 조선을 구한 충무공 이순신의 명량대첩과 오버랩된다. 승리 직전에 적의 총탄에 맞아 유명을 달리했다는 공통점까지 겹치면서 두 사람의 이야기는 영국인들에게도 신기하게 여겨지는 모양이다. 동상은 넬슨 기둥 혹은 넬슨 탑으로 불린다. 기둥의 높이는 넬슨 제독이 타던 기함 빅토리호의 마스트 높이에 맞췄다. 기단부에는 네 마리의 사자상이 애견처럼 충직하게 넬슨 기둥을 지키고 있는데, 트래펄가 해전 당시 포획한 프랑스 군함의 대포들을 녹여서 만든 것이라고 한다. 트래펄가 광장은 원래 왕실의 정원이었는데, 1820년 조지 4세가 건축가 존 내시에게 맡긴 것을 1845년 찰스 배리가 이

건축의
표정

어서 완성했다. 넬슨 기둥이 완공된 것도 이 무렵이다(1843).

1990년대 들어 유럽에서 '도시 광장의 재발견' 바람이 일었고, 영국에서는 밀레니엄 즈음하여 런던 르네상스의 일환으로 트래펄가 광장을 새로 단장한다. 총괄 지휘자는 또 노먼 포스터였다. 넬슨 기둥 뒤쪽으로 한 쌍의 쌍둥이 분수가 대칭을 이루며 좌정해 있다. 이전까지는 분수대 주변 사방이 통로였다고 한다. 지금은 광장 맨 끝 가장자리로 도로를 밀어내고 지하철과도 연결되도록 통행 시스템을 통일해 광장을 쾌적한 시민의 공간으로 바꾸었다.

시민의 광장 트래펄가에 필적할 만한 서울의 광장으로는 광화문 광장 정도를 꼽을 수 있을 텐데, 광화문 앞은 차량의 신호등 대기소이고 12차선 도로 한가운데에 만든 좁고 긴 섬은 영문을 알 수 없는 정체불명의 공간이다. 광장은 무엇인가, 그리고 무엇이어야 하는가. 넬슨과 충무공, 동상으로 기리는 두 위인의 공간이 어떻게 이리도 다른가.

분수 안쪽에 그리스 신전처럼 돌기둥으로 열주列柱를 세운 커다란 대리석 건물이 보인다. 내셔널 갤러리다. 마치 광장이 갤러리의 앞마당 같은 느낌이다. 내셔널 갤러리는 이탈리아 회화 컬렉션에 관해서는 세계 최고이며, 13~19세기 후반의 작품들까지 모두 2300여 점의 명화를 소장하고 있다. 1824년 존 앵거스타인의 컬렉션 38점으로 출범한 내셔널 갤러리는 이후 조지 보몬트 경, 윌리엄 홀웰 카, 로버트 버논 등의 컬렉션을 기증받으면서 급성장한다. 전시 공간 부족에 시달리다가 1838년 지금의 건물로 입주한다. 건축가 윌리엄 윌킨스William Wilkins가 설계를 맡아, 1832년 왕실 마구간을 헐고 착공한 지 7년 만에 완공했다.

영국인의 예술 열정은 대단하다. 20세기 초 미국의 신흥 부호들이 대거 미술품 구입에 나서자, 영국 미술계는 국립 미술컬렉션기금을 만들어 유럽의 미술품이 미국으로 유출되는 것을 막는다. 제2차 세계대전 중에는 독일의 공습으로부터 작품을 지키기 위해 웨일스의 성과 대학 등에 분산 보관했다가 북웨일스 맨노드Manod의 지하 채석장으로 작품들을 옮긴다. 이때의 미술품 보관 경험을 바탕으로 1949년 내셔널 갤러리는 세계 최초로 자동온도조절 시설을 갖춘 미술관으로 거듭난다.

전쟁 중 피아니스트 미라 헤스가 보여준 열정도 되새김 직하다. 작품이 떠나간 텅 빈 갤러리 건물에서 헤스는 매일 연주회를 열어 시민들을 위로했다. 예술가들은 '전쟁 예술가 자문위원회'를 결성하여, 전쟁이 끝날 때까지 매달 미술품을 한 점씩 맨노드 채석장에서 가져와 내셔널 갤러리에 전시했다.

이후 갤러리는 동관·서관·북관 등 별관을 지어 확장 공사를 했고, 1991년에는 미국의 건축가 로버트 벤투리 부부가 지은 세인즈버리관이 추가되었다. 보통 미술관들이 작가별 혹은 유파별로 작품을 전시하는 데 비해, 내셔널 갤러리는 별관을 활용해 연대순으로 전시함으로써 서양 미술사의 흐름을 일목요연하게 정리해준다.

세인즈버리관은 레오나르도 다빈치의 「암굴의 성모」 등 1260년에서 1510년 사이의 작품들을 전시한다. 원근법과 스푸마토 기법 등을 탐구한 이탈리아 회화들과 북유럽의 정밀묘사 회화들을 넉넉하게 감상할 수 있다. 서관에는 전성기 르네상스 화풍을 보여주는 1510~1600년 회화들이 전시되어 있다. 서양화의 기본이 되는 캔버스를 활용하기 시작한 것이 바로 저 시기부터다. 동관에는 1700~1920년의 작품들이 전시되어 있다. 특히 고흐의 「해바라기」와 모네의 「수련」, 세잔의 「목욕하는 사람들」 등 18~19세기 유명 작가의 작품들이 관객의 발길을 붙잡는다.

내셔널 갤러리도 입장료가 무료다. 미술관이나 박물관은 시간의 수렁이다. 발을 들인 순간 황홀경의 미로에 빠진다. 한나절 정도는 언제 지나가는지도 모르게 녹아버리고 만다.

광장 가장자리로 나오면서 보니, 영화에서 보던 빨간색 이층 버스가 분주히 다닌다. 이규홍 작가가 밝은 바리톤 음성으로 묻는다. "아세요? 런던의 세 가지 빨강?" "뭔데요?" "이층버스랑 공중전화 부스, 그리고 우체통." 세상에 빨간색 디자인을 저렇게 천연덕스럽게 쓸 수 있다니. 길버트 스코트 경의 K2 공중전화 키오스크는 볼수록 감탄을 자아낸다. 70여 년 전에 만든 디자인인데

21세기와 전혀 충돌하지 않는다.

우체통 또한 놀라운 발명품이다. 맨 처음 누가 우체통을 만들 생각을 했을까. 우체통은 그리움과 설렘을 잇는 미지의 웜홀이다. 저 빨간 통 안에서 설렘은 기다림을 약속한다. "우체통을 자세히 보면 글씨가 있지요? 그게 우체통의 나이에요." 그러고 보니 빨간 우체통의 둥근 머리 윗부분과 배 부분에 볼록한 글씨가 있다. 'VR' 'ER' 'EIIR' 따위의 영어 스펠링이다. 우체통이 만들어질 당시 왕의 이니셜이라고 한다. 예컨대 VR은 빅토리아 여왕Queen Victoria이다. 여왕의 재위 기간이 1837~1901년이므로, 즉위 초기에 만든 우체통이라면 150년도 훨씬 지난 골동품이란 뜻이다. ER은 빅토리아 여왕의 아들 에드워드 7세(재위 1901~1910)를 말하고, EIIR은 엘리자베스 2세(재위 1952~현재)를 가리킨다.

넬슨 기둥 바로 앞에 널찍한 로터리가 있는데, 쉴 새 없이 빨간색 이층버스가 왔다가 사라진다. 빨간색 더블데크 버스의 이름은 루트마스터Routemaster, 우리말로 '노선의 달인'쯤 된다. 1954년 2층짜리로 개발해 1956년부터 운행했는데, 무게를 줄이기 위해 제2차 세계대전 당시 전투기를 만들 때 썼던 경량 알루미늄으로 차체를 만들었다고 한다. 이규홍 작가의 표정이 갑자기 환해지더니, 손짓을 하며 앞으로 나선다. 몹시 낡은 버스가 다가와 선다. 앞머리가 트럭처럼 생긴 1층 위에 추가로 버스를 얹은 듯 뭔가 폼이 어색하다. 이게 오리지널 루트마스터이고, 매끈하게 생긴 신형 이층버스는 루트마스터라 부르지 않는다고 한다.

루트마스터 최고의 매력은 뛰어서 올라타고 뛰어내릴 수도 있는 개방형 뒷문이다. 교통 체증이 심한 날은 슬그머니 내려서 걷다가 다시 올라타기도 했다는 '진짜 열린 버스'다. 뒤가 열려 있으니 차장은 필수다. 차장은 노약자와 장애인을 챙겨주고, 관광객에게 길을 설명해주며 농담도 주고받는다. 계산을 하고 이층에 오르는데 차장과 눈이 마주쳤다. 색 바랜 옷차림, 옆구리에 허름한 카키색 벨트색을 차고 익살스럽게 웃는다. 이층에 오르자마자 우리는 루트마스터의 매력에 빠져들었다. 이층버스는 정말 키가 컸다. 기린의 어깨를 타고 런던 시내를 내려다보며 달리는 기분이라니.

그런데 안타깝게도 그해는 루트마스터가 사라지기 전 마지막 해였다. 노후 차량인 탓에 연비가 좋지 않았고, 매연도 문제가 되었다. 열린 뒷문은 위험에도 열려 있었고, 특히 휠체어와 유모차 탑승이 어려운 게 문제가 되었다. 유럽연합이 'EU 국가의 모든 대중교통 수단은 휠체어로 탑승이 가능해야 한다'는 지침을 발표하면서 루트마스터의 은퇴가 최종 결정되었다. 이 작가는 이 멸종 직전의 희귀종에 나를 태워주고 싶어서 버스들을 살펴보며 한참을 기다렸던 것이다.

나중에 들은 소식으로는 마지막 버스가 최후의 운행을 하던 날, 추억을 기념하려는 사람들이 구름처럼 몰려들었다고 한다.

루트마스터는 버스의 역사를 보여주는 깃발들로 창문에 장식을 했고, 팬과 관광객들은 운행을 마친 버스와 함께 브릭스턴의 차고까지 퍼레이드를 함으로써 석별의 정을 나누었다. 그러고도 못내 아쉬웠던 듯하다. 추억의 이벤트로 관광 전용 노선을 2개 만들어 루트마스터를 5대씩 운용한다고 한다.

이후로도 런던 사람들은 루트마스터의 은퇴를 두고 논란을 벌였던 모양이다. 2007년 '루트마스터 복귀' 공약을 내건 보리스 존슨 후보가 켄 리빙스턴 런던 시장을 물리치고 새 시장에 당선되었다. 버스 공약 때문에 당선된 것은 아니겠지만, 존슨 시장은 공약을 지키기 위해 2008년 '루트마스터 디자인 공모전'을 열었고, 2011년 11월 당선작의 목업Mock-Up14 모델을 공개했다. 새 모델은 태양열과 수소를 에너지원으로 하는 친환경 버스로, 옛 루트마스터의 장점을 살려 세미 오픈형 버스 뒷문과 이층으로 이어지는 계단을 세련되게 연결했다. 휠체어와 유모차의 편의도 수용했다. 그래도 나는 덜컹거리며 기린의 어깨 높이에서 런던의 풍경을 보여주던 낡은 루트마스터가 그립다. 삐걱거리던 의자 소리와 금방이라도 사투리를 쏟아낼 것만 같은 차장의 표정도 생생하다.

우편의 아버지,
롤런드 힐

우편의 효시는 프랑스의 루이 11세가 1477년 230명의 기마 배달원으로 설립한 왕실우편국이다. 1516년에는 영국의 헨리 8세가 로열 메일Royal Mail을 창설했다. 루이의 왕실 우편은 보편화되지 못한 반면, 로열 메일은 인기 대폭발이었다(당시 조선은 역모 조작으로 조광조 등 선비들이 줄초상을 당하는 기묘사화己卯士禍(1519)가 한창이었다). 17세기에는 대도시에 우체국이 들어섰고, 1680년에는 '페니 캠페인'(1파운드 이하의 우편 요금을 1페니로 통일)을 통해 가격을 100분의 1로 낮춤으로써 일반 시민에게까지 우편의 혜택이 돌아가도록 했다.

식민지가 확장되면서 우편 수요는 전 지구에 걸쳐 폭발적으로 늘어났다. 그러나 그때까지 우편제도는 갖가지 꼼수와 비리가 판을 치는 원시적 시스템을 벗어나지 못하고 있었다. 당시는 거리와 무게에 따라 우편물에 증지를 붙여 보내고 집배원이 수신인에게서 직접 요금을 수령하는 후불제 방식이었다. 그런 까닭에 집배원의 중간 착복 사례가 적지 않았고, 겉봉 구석에 쌍방이 미리 약조한 암호를 표시함으로써 내용을 파악하고는 우편물 수신을 거부하는 사례가 골칫거리로 지적되기도 했다.

그 무렵 혼자서 우편 혁신을 고민하며 골머리를 앓은 사람이 있었으니, 오늘날 우편의 아버지로 불리는 교육자 롤런드 힐이다. 1837년 롤런드 힐은 거리와 지역에 상관없이 무게를 기준으로 우편 요금을 단순화하고, 우체통을 설치해 언제든 우편물을 부칠 수 있게 하자는 내용의 혁신적인 논문을 발표한다. 1839년 의회가 전격적으로 롤런드의 제안을 채택했고, 여왕의 서명을 거쳐 이듬해 1월 1일부터 법이 정식 발효된다. 그해 5월 6일 세계 최초의 우표 페니 블랙Penny Black이 탄생했고, 1854년에는 가장자리에 절취선 구멍을 뚫은 최초의 우표 페니 레드가 선을 보였다.

롤런드 힐은 1846~1864년 영국 체신장관으로 재직하면서 근대 우편제도의 기틀을 다졌고, 그 공로를 인정받아 기사 작위를 받았으며, 사후에 웨스트민스터 사원에 안치되었다. 롤런드 힐 경의 개혁안은 1843년 스위스와 브라질을 시발로 세계 여러 나라에서 국가 우편제도로 채택했다. 1860년에는 유럽 12개국이 우편연합을, 1875년에는 세계 22개국이 총우편연합을 결성했고 1878년 만국우편연합으로 이름을 바꾸었다. 1914년 무렵에는 지구촌의 거의 모든 독립국가가 만국우편연합에 가입했으며, 1948년에 국제연합의 전문 기구로 자리잡았다. 한 사람의 상상으로부터 지구촌 구석구석까지 얼마나 많은 우체통이 세워졌는지, 그 열정의 생산성이 놀랍다.

영국박물관의 유일한 영국
'그레이트 코트'

영국박물관은 동네와의 거리감이 인상적이었다. 고색창연한 철제 담장 앞으로 좁은 2차로가 있고, 맞은편에는 4~6층 높이의 건물들이 도열해 있다. 근대와 현대, 근엄과 깔끔, 품위와 추억의 중간쯤, 묘한 '영국식 새침'이 느껴진다. 블룸스버리라는 동네다. 서너 모퉁이마다 공원이 있고, 골목에는 아담한 카페와 중고서점 등이 세련된 자태를 자랑한다. 19세기까지는 유명한 부촌이었는데, 빈민을 위한 병원이 들어서면서 부자들이 다른 지역으로 떠났다고 한다. 빈자리엔 학자와 작가들이 찾아들었다. 인근에 런던 대학이 들어서면서 학생과 교수도 많아졌다. 이곳에서 느껴지는 은근한 기품은 바로 '지식인 분위기'였던 것이다.

블룸스버리에는 '먹물'들의 자취가 흥건하다. 한때 박물관 북쪽 정원에는 영국도서관이 있었다. 간디, 디킨스, 버나드 쇼 등이 매일같이 들러서 책을 읽었으며, 마르크스는 도서관 구석에서 20세기를 발칵 뒤집어놓을 문제의 책『자본』을 집필한다. 그 무렵 지식인들로부터 주목을 받았던 천재들의 모임 블룸스버리 그룹Bloomsbury Group도 이 동네에 살았던 버지니아 울프 부부의 집에서 자주 모여 얻게 된 이름이다.

박물관은 동네로부터 너무 가까이 있으면서 또 너무 깊숙이 있다. 마치 토끼굴을 지나 펼쳐지는 '이상한 나라의 앨리스' 같다. 영국박물관은 조지 2세의 주치의 한스 슬론 경이 평생 동안 모아온 7만여 점의 고미술품과 메달 등에 로버트 코튼 경의 장서, 로버트 할리 백작의 수집품을 합쳐 1753년에 설립했다. 처음에는 몬태규 후작의 고성古城 같은 저택에 전시를 했는데, 소장품이 늘어나면서 1824년부터 로버트 스머크 경Sir Robert Smirke의 설계로 지금의 박물관을 건축했다.

정면으로 보이는 박물관은 페디먼트pediment 15 아래 줄줄이 늘어선 열주가 영락없이 그리스 신전을 연상케 하는, 전형적인 신고전주의 양식의 건물이다. 정면 이마의 삼각형 페디먼트에 새겨넣은 부조가 일품이다. 좌우에 별관을 낀 ㄷ자 평면에 우아한 이오니아식 열주 구성은 그리스 '페르가몬의 제우스 제단'을 오마주한 것으로 보인다. 장엄미의 시각적 효과를 강조한 건축 형식이다. 동쪽에 장서용 전시장, 서쪽에 이집트 유물용 갤러리를 세웠고, 1852년에 지금의 정면 건물을 완공했다. 그래도 늘 공간이 부족해 박물관은 새 건물을 덧붙이는 방식으로 전시 공간을 늘려왔다. 1914년에는 에드워드 7세 갤러리를, 1962년에는 파르테논 갤러리를, 1980년에는 뉴윙New Wing을 추가로 개관했다.

그리고 새 밀레니엄에 여왕이 직접 테이프를 끊은 새 공간이 노먼 포스터가 설계한 그레이트 코트Great Court다. 개관은 개관인데, 개념이 조금 묘하다. 새 공간이 새것이 아니기 때문이다. 그렇다고 새 공간이 아닌 것도 아니다. 열주 사이를 지나 정면 중앙 입구로 쑥 들어서면, 북쪽으로 안쪽 깊숙이 유리 천장으로 덮인 널찍한 공간이 나온다. 아래를 보면 실내인데 위를 보면 실외 같은, 게다가 거대한 우주선이 내려앉은 듯한 묘한 풍경이다. 원래 이 공간은 박물관의 중정中庭이었다. 중정 한가운데에 원형 건물이 있는데, 유명한 옛 영국도서관 건물이다. 노먼 포스터는 옛 도서관 건물의 원형 천장을 중앙 기둥으로 삼아 중정 전체를 푸른빛이 감도는 투명 지붕으로 덮어, 유럽에서 가장 넓은 실내 광장을 만들었다.

천장의 유리 지붕은 삼각형의 유리 패널을 이어붙인 것으로, 곡률曲率이 제각기 달라서 3312개의 유리 조각 중 같은 모양은 하나도 없다고 한다. 그래서 시공도 일일이 수작업으로 해야 했다는 고생담이 전한다. 어쩌면 노먼 포스터는 런던 시청의 최첨단 유리 패널 공법을 그레이트 코트에서 리허설해봤는지도 모르

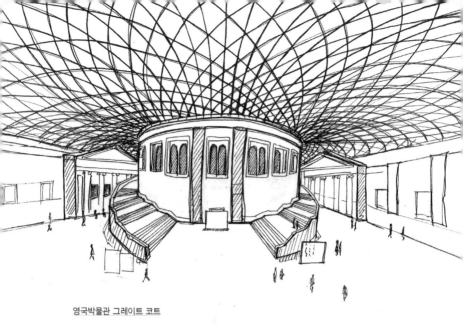

영국박물관 그레이트 코트

겠다. 모든 유리창이 열리면서 자연 통풍이 되는 런던 시청과는
달리, 그레이트 코트의 유리 패널은 열리지 않는다. 그래서 여름
에는 지독한 온실 효과를 겪는다고 한다.

영국박물관도 내셔널 갤러리나 테이트 모던처럼 무료입장을
원칙으로 한다. 한 해 방문객이 600만 명이라 하니 하루에 1만
6500명 정도가 찾는 셈이다. 사람도 너무 많고, 유물도 너무 많
다. 94개의 전시실은 동선 길이만 해도 4킬로미터가 넘는다. 걸
음을 잠시 멈추고 볼거리에 빠져들면 한나절이 훌쩍 지나가기
십상이다.

엄청난 소장품을 자랑하는 세계 최초의 국립박물관이자 세계 3대 박물관에 속하건만, 이 안에 '영국'은 얼마 없다. 영국 아닌 것들의 아우성이다. 그래서 영국박물관은 '전 세계의 장물 창고'라는 오명을 씻지 못한다. 보유한 유물은 1300만여 점이다. 아시리아와 페르시아, 이집트와 그리스 등 문명의 비교 연구라는 학문적 입장에서 본다면 엄청난 특장이 있다. 그러나 문화재가 있어야 할 자리가 어디인가를 생각하면 머리가 복잡해진다.

제 나라에서 긍지로 빛나야 할 유적들이 애먼 타지에서 호기심 충족의 대상이 되어 있다. 제자리를 잃은 유물은 정체성을 상실한 디아스포라의 느낌이었다. 아시리아의 날개 달린 인두人頭황소상[16]과 페르시아의 페르세폴리스 유적들에서는 헛헛한 기분마저 들었다. 람세스 2세의 표정은 왠지 쓸쓸해 보였다. 특히 이집트의 미라들을 보는 심정이 불편했다. 죽어서도 안식하지 못하는 주검들. 저들도 한때 영혼이 깃들었던 인격이었으리라. 눈을 감은 뒤에 벗어두고 간 육신이 이역만리 타향에서 구경거리가 되고 있음을 알게 된다면 어떤 심정일까. 심지어 알몸으로 전시되는 미라의 경우임에랴.

1975년 그리스가 아크로폴리스 유적들을 복원하면서 대대적으로 유물환수 운동을 벌였다. 오스만튀르크 지배 시절에 그리스의 의사와 무관하게 약탈해간 예술품들을 원래 있던 자리로 되돌려놓으라는 주장이었다. 영국에 요구한 유물은, 영국박물관이 자랑하는 3대 이벤트의 하나인 엘긴 마블스$^{Elgin\ Marbles}$였다. 엘긴 마블스는 모두 17개의 환조^{丸彫}와 15개의 메토프$^{metope\ 17}$ 및 75미터 길이의 프리즈^{18}를 일컫는다.

엘긴 마블스는 영국에 처음 들여올 때부터 적지 않은 비난을 받았는데, 경과는 이렇다. 1799년 제7대 엘긴 백작 토머스 브루스는 튀르크 제국에 영국대사로 부임했다가, 당시 튀르크의 지배 아래 있던 그리스의 파르테논 신전의 조각상과 부조들을 떼어내 영국으로 가져온다. 엘긴은 튀르크 당국의 허가를 받았다며 의회에 영어 번역본을 제출했지만, 공문을 철저하게 보관하는 튀르크의 관례에도 불구하고 해당 문서는 발견되지 않았다. 의혹과 논란이 일던 가운데 영국박물관은 1816년 엘긴이 가져온 조각들을 3만5000파운드에 구입하고, 엘긴의 이름을 따서 조각품들을 '엘긴 마블스'로 명명했다.

그리스의 호소에 바티칸과 독일의 하이델베르크 대학, 미국 로스앤젤레스의 게티 박물관 등은 그리스 유물을 모두 돌려보냈다. 그러나 영국박물관은 반환하지 않았다. 거절의 명분으로는 '돌려줘봤자 이미 상당 부분 망가져 있어 어차피 완전 복원이 불가능하다'는 등의 논리를 들었다. 저변에는 엘긴 마블스의 반환이 연쇄 반환의 전례가 될 것을 우려하는 심정도 있을 터였다. 궁색한 궤변이 새로운 용어를 낳았다. 영국박물관식의 합리화를 일컬어 '엘긴의 변명$^{Elgin\ excuse}$'이라 한다. 한때의 파렴치로 엘긴

이란 이름은 영생을 얻었으니, 자업자득의 업보가 질기다.

　세 시간쯤 둘러보고 떠날 무렵 '코끼리 날개' 말고는 없는 게 없다는 영국박물관에 없는 게 무엇인지 알게 되었다. 진정성이었다. 영국박물관이 아무리 많은 유물을, 아무리 호화스럽게 전시했다 하더라도 내내 공허한 느낌을 지울 수 없었던 까닭이다. 한 가지 더 짚고 넘어가자면, 대영박물관이라 부르는 경우가 있는데 이는 잘못된 번역이다. '대영'은 Great Britain의 번역인데, 영국박물관 이름은 그냥 British Museum이다. 누군가 무심코 사대주의적 관습으로 부르기 시작해 번진 해프닝으로 보인다.

왜 런던에
그리스 신전 스타일의
건축물이 있을까?

18세기 유럽에 갑자기 신고전주의 운동이라는 건축 바람이 일었다. 여기서 고전classic은 그리스·로마를 말하니, 신고전주의 운동은 그리스와 로마의 건축 어휘들을 재해석하여 부활시킨다는 의미가 된다. 한참 제국주의로 달려가던 프랑스는 개선문처럼 권위적인 로마 스타일을 선호했는데 이를 로마 신고전주의라 부른다. 영국의 신고전주의는 다분히 그리스적이다. 그리스 신고전의 건축 어휘는 신전의 열주와 페디먼트, 오더와 여신상 모양의 기둥 등이고, 로마 신고전주의는 개선아치, 돔, 쌍기둥 등을 애용한다.

　느닷없이 신고전주의가 유행한 까닭은 산업혁명과 과학혁명의 시대 분위기 영향도 있지만, 구체적으로는 박물관·미술관·도서관·법원·기차역 등 전에 없던 새로운 개념의 공공건물들이 무더기로 필요해졌기 때문이다. 왕족과 귀족들이 소유하고 있던 유물·미술품·장서들을 한데 모아놓고 일반인에게 개방하는 공간, 이전에는 없었던 전혀 새로운 성격의 공간을 지어야 하는데, 어떻게 할까? 근엄하면 사람이 모이지 않을 테고, 만만해 보이면 공공의 룰이 흐

트러지기 십상이다. 이 물음표 앞에 그리스와 로마 건축이 기다리고 있었다. 영국은 그리스 건축의 단순함과 순수함을 택했다. 합리주의 미학의 명쾌한 표현, 정연한 형식, 균형과 조화. 특히 그리스 건축의 페디먼트는 르네상스 및 팔라디오 리바이벌Palladianism 19을 거치면서 영국 건축의 주요 모티프로 자리잡는다.

그런데 의문 하나가 떠오른다. 가로로 긴 건물의 중앙에 왜 삼각모를 씌운 듯 생뚱맞은 삼각형 페디먼트를 붙이게 됐을까. 애초 그리스 신전은 벽 없이 열주만으로 세워진 건축으로, 온화한 지중해성 기후 덕분에 실내를 따로 만들지 않았다. 그러다보니 신상을 안쪽 깊숙이 모시기 위해 세로로 긴 건물이 되었고, 정면의 박공 자리에 페디먼트가 안성맞춤의 장식이 되었다. 로마는 그리스 건축을 적극 수용했는데, 북쪽까지 아우르는 광대한 제국은 지중해성 그리스 스타일만으로 한계가 있었다. 로마 신전은 3면을 벽으로 막으면서 정면은 그리스식 열주와 페디먼트를 살렸다. 벽이 생기니 세로로 깊숙이 신상을 모시지 않아도 되었고, 점차 가로로 넓은 권위주의 형식이 자연스럽게 제국의 스타일로 굳어지게 되었다.

영국박물관과 내셔널 갤러리의 앞으로 조금 내민 정면 페디먼트는 그렇게 탄생한 것이다. 내셔널 갤러리 앞 트래펄가 광장의 동쪽 끝, 도로 건너편에 단정한 자태의 교회가 있다. 1720년 제임스 깁스James Gibbs가 설계한 세인트마틴인더필즈 교회로, 신고전주의 양식의 효시로 꼽히는 건축이다. 6개의 코린트식 열주가 페디먼트의 본디 모습을 웅변이라도 하듯 단단히 이고 서 있다. 세인트마틴에서 발원하여 팔라디오 스타일의 치즈윅 하우스(1730)로, 영국박

물관과 내셔널 갤러리로 이어지는 영국의 페디먼트 취향은 급기야는 주택의
현관 페디먼트와 창문 페디먼트로 번식한다.

신고전주의에 이어 영국에서는 낭만주의 건축이 활짝 꽃을 피운다. 산업혁
명은 뒤끝이 있었다. 산업혁명을 먼저 겪은 영국은 후유증도 먼저 겪는다. 낭
만주의는 그 반동이었다. 도시화와 기계화의 피로감은 목가풍의 풍경식 정원[20]
으로 표출되고, 대량생산으로 인한 키치 혐오는 장인의 시대인 중세 고딕에의
향수로 나타났다. 낭만주의는 고전에 고딕까지, 바꿔 말하면 그리스·로마 건
축 요소에 중세의 고딕 어휘까지 가미하여 18세기 이후의 영국 건축을 한층

더 풍요롭게 해준다. 영국은 고딕 시절부터 특히 다양한 소스를 자유자재로 응용하는 데 뛰어났는데, 19세기의 빅토리안 고딕에 이르러 놀라운 조합 감각을 보여준다.

18~19세기에 들어서면서 인간은 건축적으로 돌아오지 못할 다리를 건넌다. 본디 한 시대의 건축 사조는 그 시대의 정치력과 기술력, 미학적 잠재력이 최대치로 발현된 필연의 결과물이었다. 그러나 철근 콘크리트 및 철골의 등장과 건축 기술의 발전으로 인해 이제는 짓지 못할 건축이 없게 되었으니, 이를테면 고딕의 '플라잉 버트레스'가 주는 처절한 안간힘의 미학은 더 이상 존재할 수 없게 된 것이다.

필연의 시대는 가고 선택의 시대가 왔다. 무엇이든 선택하여 조합하면 되는 건축, 이를 절충주의라 부른다. 절충주의는 새로운 고민을 던졌다. 무엇을, 왜, 어떻게 선택해야 하는가. 이제는 '잘 선택'해야 하는 문제가 시작된 것이다. 잘 선택하기는 영국의 특장이었다. 구름을 만난 용처럼, 빅토리안 고딕과 에드워드 바로크Edwardian Baroque 21의 절묘한 절충주의는 북아메리카에서 아프리카·인도·동남아·호주·뉴질랜드에 걸쳐 대리석 건축 시대의 대미를 장식했다.

대리석에 뒤이은 철의 등장은 '유리 전성시대'를 부른다. 철과 유리의 만남은 신흥 부르주아들에 의해 아케이드arcade 22와 백화점, 기차역 등에 적극 차용됨으로써 자본주의 건축의 상징으로 떠오른다. 특히 쇼핑 거리에 유리 천장을 씌운 아케이드는 실내와 실외의 복합 형태로, 외부 공간으로서의 쾌활과 활기, 내부 공간으로서의 안락함을 함께 형성함으로써 축제 분위기로 소비를 부

추기는 효과를 자아냈다. 노먼 포스터의 그레이트 코트가 아케이드의 효과를
노린 전형적인 복합 공간이다. 실내의 아늑함과 실외의 흥겨움이 만나 박물관
특유의 축제 분위기를 배가시켜주는 것이다.

열린 광장의 유쾌한 군상, 코벤트 가든

박물관을 나와서 블룸스버리 스트리트를 따라 걸었다. 런던의 악명 높은 일방통행 구간이다. 두 블록 정도를 지나니 3차로가 1차로로 바뀐다. 비좁은 도로, 빙빙 돌아가야 하는 일방통행길. 차로 다닐 때는 답답하던 런던의 도로가, 걸으며 생각하니 마음이 바뀐다. 압축도시며 슬로 시티에 신보행자주의까지 세계의 도시는 이미 보행 중심으로 트렌드를 바꿔가고 있다.

걸어보니 런던은 명품 산책로가 아닌 곳도 참 좋다. 4~5층 규모의 아담한 스카이라인은 시야를 제압하지 않는다. 조금만 걸어도 다음 건물이 다가와, 건물마다 저마다의 표정을 지으며 다양한 거리 풍경을 보여준다. 이에 비하면 골목길을 블록째 재개발하며 기업과 은행, 관공서 등의 매머드 빌딩으로 바꿔가는 서울, 하늘을 보려면 고개를 뒤로 젖혀야 하고 건물 하나 지나치기에도 길고 지루한 도심 풍경은 확실히 휴먼 스케일[23]과는 거리가 멀다.

런던의 거리에는 특유의 새침한 표정이 있다. 도심 건물은 대부분 대리석이나 벽돌로 마감했는데, 상당수가 명예혁명 이후, 하노버 왕가가 시작된 18세기 이후에 지어졌다. 앞서 말했다시피 박물관·미술관·도서관 등은 그리스풍의 신고전주의 양식이 많고, 왕궁·청사·우체국·성당·백화점 등은 빅토리안 고딕이나 에드워드 바로크 양식이 많다. 그리고 시내의 일반 건물은 거개가 조지 양식과 에드워드 양식이 뒤섞인 절충형이다.

특히 영국 건축은 창문에 아기자기하게 공을 많이 들인다. 창문 장식만 살펴봐도 열 가지가 넘는다. 창문 위에 돌출형 페디먼트나 반원 아치형 페디먼트를 올리는 경우, 두 형식을 번갈아 쓰는 경우, 혹은 창틀 윗부분을 바구니 손잡이형 아치[basket-handle arch]나 튜더 아치[tudor arch] 혹은 이맛돌을 올린 평아치[shouldered arch] 등으로 마무리한 경우, 아치 중앙의 쐐기돌[keystone]을 과장해서 드러낸 경우, 창틀 주위를 라임스톤[limestone]으로 장식한 경우, 세 개의 아치가 짝으로 붙은 '팔라디오 창[Palladian window]', 내닫이창[oriel window][24], 이것들을 섞어서 쓰는 기법까지 패션쇼를 방불케 하는 '영국식 창틀' 장식을 구경하는 재미도 쏠쏠하다.

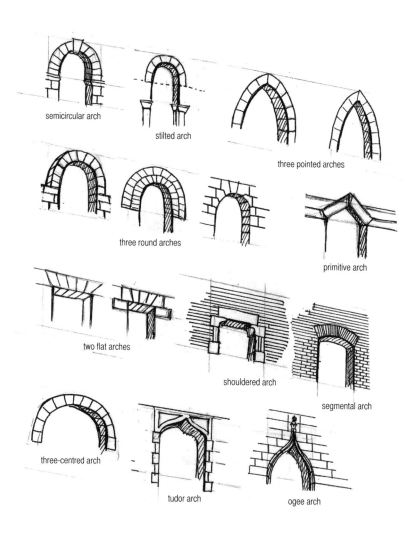

semicircular arch

stilted arch

three pointed arches

three round arches

primitive arch

two flat arches

shouldered arch

segmental arch

three-centred arch

tudor arch

ogee arch

아치의 종류

도로가 점점 더 좁아지더니 어느 골목에서부턴가 아예 두툼한 쇠기둥이 길을 막고 '차 없는 거리'를 선언한다. 어느덧 해가 뉘엿뉘엿 기운다. 차 없는 거리에서는 시나브로 세상에 없는 길거리 공연이 펼쳐지고 있었다. 동상처럼 꼼짝하지 않는 길거리 마임인 휴먼 스태추Human Statue, 3미터도 넘는 높이의 아찔한 외발자전거, 공구상자 위에 올라서서 손재주를 자랑하는 아마추어 마술사, 영화「원스Once」를 연상시키는 기타 듀엣 버스커……

광장 중앙에는 도리아식 열주로 사방을 두른 건물이 있다. 2층 슬라브 가장자리에는 사람들이 모여서 공연을 보며 환호를 보낸다. 중앙 건물에는 상설시장이 있는데, 두 개의 마켓으로 운영된다. 애플마켓은 수제 공예품이나 홈키친 수제품과 홈패션 소품 등을 취급하고, 주빌리마켓은 앤티크 액세서리와 관광용 잡화 등을 판매한다. 천연 수제 비누와 조경용품 몇 점을 사고는 걸음을 옮기는데, 멋진 지하 선큰 홀이 눈에 띈다. 가운데에는 라운드 테이블들이 놓여 있고, 가장자리 계단 구석에서는 바이올린과 첼로 등 세 사람의 오케스트라가 있었다. 이 자리의 공연은 엄격한 심사를 거치는 데 몇 달씩 예약이 밀려 대기자가 줄을 서 있다고 한다.

천장은 철골과 유리로 투명 지붕이 덮여 있고, 1층은 연속 아치로 이어진 아케이드 통로다. 통로 가장자리의 난간은 멋진 관람석이 된다. 18세기 부르주아풍의 전형적인 아케이드 건축 형식이다. 코벤트 가든이 아름다운 까닭이 거기 있었다. 쇼핑 천국 파리의 럭셔리 아케이드 반대편에 코벤트 가든이 있었다. 왁자지껄 소음과 웃음이 뒤섞여 피어나는 서민의 시장, 버스커와 관객이 불과 2~3미터 거리를 두고 표정과 호흡을 교감하는 열린 극장. 그제야 알 것도 같았다. 배드 걸^{Bad girl}이 런던으로 간 마음을.

코벤트 가든은 '가든'이 아니라 일종의 '광장'이다. 축구장 대여섯 개만 한 부지 한가운데에 정방형의 아케이드 건물을 세우고, 둘레를 열린 공간으로 활용할 수 있도록 설계했다. 12세기경 이 일대는 수도원의 농지였다. 이곳에서 나는 채소와 과일은 웨스트민스터의 베드로 수도원으로 집결되었다가 교회 및 런던 시민에게 공급되었다. 존 왕 시기에는 '수녀원^{convent}에 딸린 정원'이란 뜻으로 콘벤트 가든^{Convent Garden}이라 불렸는데, 언제부턴가 코벤트 가든^{Covet Garden}으로 이름이 바뀌었다고 한다.

헨리 8세의 수도원 철폐령 덕분에 16헥타르쯤 되는 부지가 베드퍼드 백작에게 주어졌고, 백작은 17세기경 건축가 이니고 존스에게 재개발 설계를 맡긴다. 이니고 존스는 지금의 마켓 자리에 당시 이탈리아에서 유행하던 르네상스식 광장의 구조를 빌려 런던 최초의 광장을 만들었다. 18세기에 들어서면서 주변에 오페라와 연극 극장들이 차례로 개관했고, 1830년대에 철골과 유리로 된 지붕이 설치되면서 런던 최대의 시장으로 발전한다. 1964년 이곳을 무대로 한 영화 한 편이 코벤트 가든을 세계적 명소로 알린다. 오드리 헵번이 주연한 뮤지컬 영화 「마이 페어 레이디」는 그해 아카데미에서 최우수작품상과 감독상 등 8개 부문을 휩쓸었다.

1973년 극심한 교통 혼잡을 피해 청과물 시장이 이진하고 쇼 핑센터로 바뀌면서 코벤트 가든은 런던 제일의 문화의 거리로 재탄생한다. 인근의 웨스트엔드는 미국 브로드웨이와 함께 세계 양대 뮤지컬의 메카로 꼽힌다. 「캣츠」 「오페라의 유령」 등 4대 뮤지컬이 모두 웨스트엔드에서 탄생했다. 코벤트 가든에는 박물 관 두 곳과 대형 극장 다섯 곳이 있다. 오드리 헵번이 노래하던 영화 속의 꽃집은 교통박물관이 되었다. 앨프리드 히치콕 감독 이 여기서 뛰어놀며 자랐고, 나오미 캠벨이 여기서 캐스팅되어 세계적인 패션모델이 되었다. 이제 코벤트 가든은 런던에서 젊 은이들이 가장 많이 모이는 명소가 되었다.

건축의
표정

튜더 스타일에서
네오 조지까지,
영국식 주택의 매력

영국의 건축은 왕궁이나 성채, 성당과 교회, 미술관 등의 공공 공간이나 기념비 건축 외에도 민간 건축의 독특한 경향을 살펴보는 재미가 있다. 영국의 민가들은 유럽의 보편적인 건축 유전자를 보유하고 있으면서도 다른 한편으로 확실히 독특한 영국만의 인자를 보여준다. 영국의 민간 건축을 양식별로 대별하면 튜더 양식과 엘리자베스 양식, 조지 양식과 섭정 양식, 빅토리아 양식, 에드워드 양식 등으로 구분해볼 수 있다. 초기 튜더 스타일은 거의 600년 전의 주택 양식이고, 근대의 에드워드 스타일만 해도 물경 200년 전의 정통 양식을 고스란히 간직하고 있다. 이렇게 고풍이 살아 숨 쉬는 주택 양식은 영국에만 남아 있을 뿐, 그 외 유럽 지역에서는 찾아보기 힘든 풍경이다.

하물며 런던의 건물들은 골목길의 2~3층짜리 줄줄이 집까지도 현관과 창틀, 지붕이며 벽 장식에 건축사의 족보에 올라 있는 건축 어휘들을 고집스레 사용하고 있다. 계제에 여행길에 챙겨볼 만한 '길거리 건축 읽기'의 요점들을 제시해본다.

튜더 양식^{Tudor Style}(1485~1603)은 헨리 7세부터 엘리자베스 여왕까지 튜더 왕조 시절에 지어진 건축 패턴을 가리킨다. 여행 첫날 아침 산책길에서 만났던 인상적인 조형의 침니 포트와, 나무 골조 사이의 벽을 벽돌이나 흙으로 채우는 하프팀버^{Half Timber} 공법이 튜더 시절의 대표적인 유산이다. 지붕이 가파르고, 정면을 향해 크고 강렬한 박공^{gable}을 드러내며, 내닫이창이 보이면 전형적인 튜더 양식이다. 당시 현관·창틀·벽난로의 프레임 등으로 유행했던 영국식 아치는 선의 맵시가 독특하고 아름다워서 '튜더 아치'라는 고유의 이름을 얻었다.

엘리자베스 양식은 튜더 양식 가운데서 특히 여왕 시절에 유행한 추가적 특징을 일컫는데, 내민창의 돌출 기법이 발전해서 아예 위층 전체를 돌출시킨 '내민 위층' 형식이 제일 두드러진다. 하프팀버도 훨씬 더 정교하고 복잡해졌으며, 박공도 다양해졌고, 특히 빗금으로 처리된 '납세공 창살'이 민가 건축에서 크게 유행했다. 런던 시내에는 아직도 튜더 양식이나 엘리자베스 양식의 주택들이 제법 눈에 띈다. 석조 성채도 꽤 많이 지어졌는데, 유난히 창문을 많이 써서 한 층 전체의 외관이 온통 유리창인 경우도 있다. 지붕 여기저기에 작은 탑이 많이 보이면 그것 또한 엘리자베스 양식이다. 하프팀버 극장들도 여왕 시절에 많이 지어졌는데, 이는 셰익스피어가 동시대 인물인 점과 무관하지 않아 보인다.

제임스 1세 즉위 때부터 앤 여왕까지는 스튜어트 왕조(1603~1714)에 해당된다. 이 시기에는 내전과 영국-네덜란드 전쟁 등으로 인해 특기할 만한 양식이 발전하지 못했다. 이 무렵 이탈리아의 르네상스 건축(15세기 초~16세기 말)

튜더 양식

엘리자베스 양식

기법들이 전해져 영국 건축에 널리 스며든다. 개선아치를 빌린 현관 파사드며 연속 아치로 연출한 아케이드 등이 대표적인 흔적이다. 이 무렵 좌우 균형의 조짐이 보이지만, 아직 완전한 대칭에 이르지는 않는다.

특이한 것은 후기 르네상스의 거장 안드레아 팔라디오[25]의 영향이다. 영국인들은 엉뚱하게도 미켈란젤로며 베르니니 같은 불세출의 명장을 다 제쳐두고 이탈리아 북부의 소도시 비첸차를 중심으로 활약했던 팔라디오에 끌린다. 맨 먼저 팔라디오를 영국에 인용한 이는 영국 르네상스 건축의 거장 이니고 존스였다. 대표작은 앞서 언급한 바 있는 화이트홀의 뱅퀴팅 하우스와 그리니치 파크 안에 건립한 퀸즈 하우스Queen's House(1616~1635)다.

그로부터 약 80년 뒤 본격적인 '팔라디오 리바이벌' 붐이 일어난다. 희한하게도 영국 왕실은 내내 후계자 생산이 여의치 못해 곤란을 겪는데, 이번에는 후사가 끊긴 찰스 2세의 후계 문제를 놓고 의회가 둘로 갈린다. 동생 제임스 2세가 가톨릭 신자였기 때문이다. 휘그당과 토리당[26]이 이때 생겼다(1679). 우여곡절 끝에 명예혁명[27]으로 제임스 2세를 내쫓고 런던에 입성한 네덜란드의 윌리엄 3세와 메리 2세 부부는 공동으로 왕위에 올라 선정을 베풀지만, 공교롭게 두 사람도 아이를 갖지 못한다. 그래서 왕관은 다시 메리 2세의 동생 앤 여왕에게 돌아간다. 앤은 모두 19명의 아이를 임신하는데 대부분 사산되거나 상상임신이었고, 태어난 아이들도 모두 열 살을 채 넘기지 못하고 죽었다.

앤 여왕이 타계하자, 프러시아의 하노버 집안 후손이 조지 1세로 즉위하면서 하노버 왕조[28]를 연다. 망명 중인 제임스 3세(가톨릭)를 도모하던 토리당은 졸지에 미운 오리 새끼가 되었고, 모처럼 의회를 장악한 휘그당이 독일어

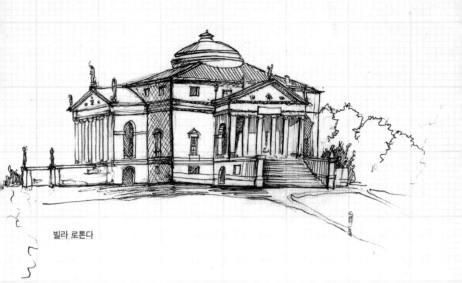

빌라 로톤다

치즈윅 하우스

만 할 줄 아는 조지 1세를 대신하여 새 내각을 꾸리게 되었다. 신교도인 휘그는 진보·합리주의·중상주의를 존중하는 부르주아 계층으로 영국에 효율과 이성을 중시하는 새 바람을 불러일으켰고, 대세를 몰아 토리당이 지지한 바로크 건축까지 비판하고 나섰다. 바로크의 권위주의와 장식미를 대체할 휘그식 대안은 합리주의와 간결미였다. 거기에 딱 맞는 건축이 있었으니, 바로 안드레아 팔라디오였다.

팔라디오 건축은 합리적이고, 간결하며, 품위가 있었다. 특히 로톤다$^{Villa Ro-tonda}$는 팔라디오 빌라의 집대성으로, 단일 건물로는 세계에서 가장 많이 모방되는 작품이다. 그리크 크로스의 평면에 정통 그리스식 페디먼트를 받친 여섯 개의 이오니아식 오더가 네 방향으로 대칭을 이루는 품위 건축의 극치다. 대대로 휘그 성향인 귀족 정치인이자 건축가 벌링턴 경이 로톤다를 런던으로 제대로 옮긴다. 전원풍 로톤다의 그리크 크로스 대칭을 도시풍 정방형 대칭으로 바꾼 치즈윅 하우스는 정면의 돔 지붕과 페디먼트, 열주 현관 양옆의 돌출 페디먼트 창문 한 쌍을 오마주하고, 그 아래는 완전 대칭의 계단과 평아치 러스티케이션으로 차별화를 꾀한다. 영국은 이 대칭이 주는 품위와 정방형 평면에 열광한다. 나중에 팔라디오 붐이 사라진 뒤에도 대칭과 정방형에 대한 열광은 사라지지 않고 영국식 주택의 애용 평면으로 자리를 잡는다.

이렇게 대칭을 핵심으로 하는 스타일이 조지 양식$^{Georgian Style}$(1714~1830)이다. 다행히도 하노버 왕조는 쑥쑥 아들을 잘 낳아 후계자 고민 없이 조지 4세까지 대를 잇는다. 그리고 인도 지배(1759), 미국 독립(1776), 나폴레옹 격파(1805) 등 격동의 시대를 거친다. 조지 양식은 현관 포치^{porch}[29]를 강조하고,

현관을 중심으로 좌우 대칭을 엄격하게 지킨다. 오더 위계[30]를 오마주한 '창문 위계'도 이때 생겼다. 아래층 창문일수록 크고 기품 있게, 위로 갈수록 작고 우아하게 하는 것이다. 창문 배치도 엄격하게 좌우 대칭을 이룬다. 특히 팔라디오풍의 돌출 페디먼트 장식 창과 위아래로 여는 섀시 창이 유행했다. 모서리의 라임스톤 악센트와 처마 가장자리의 이빨 모양 장식도 이 시기의 특징이다.

섭정 양식Regency Style은 조지 4세가 아직 왕세자일 때, 노쇠한 아버지를 대신하여 여러 해 섭정을 한 데서 유래한 이름이다. 조지 4세는 건축과 장식예술·앤티크·고고학 등에 관심이 많아서 이집트 유물과 이슬람 스타일의 돔, 중국풍 칠기와 대나무 디자인 등을 적극 차용하는 이국풍 건축을 선호했다. 이를 섭정 양식이라 부르며, 런던의 정남쪽 바닷가 휴양지 브라이턴에 존 내시

빅토리아 양식(퀸 앤 양식)

가 지은 픽처레스크 양식의 이국풍 궁전 로열 파빌리온이 유명하다. 섭정 양
식은 낭만주의 건축과 빅토리아 양식에 큰 영향을 주었다.

　빅토리아 양식(1837~1901)은 영국 최전성기의 넘쳐나는 자재와 급속한 철
도 확장을 통한 전염성 유행, 신흥 부호들의 과시욕 등이 어우러져 지구촌 식
민지 전체에서 동시다발로 유행한 화려한 건축이다. 워낙 순식간에 지구촌을
뒤덮다보니, 장인이 기계에 밀려나는 건축의 분수령도 이 시기에 생긴다. 초
기에는 조지 양식의 정방형 평면이 커지고 대칭을 벗어나면서 섭정 양식의 화
려한 장식이 가세하다가, 뒤이어 르네상스·바로크·고딕 등의 어휘가 추가되
면서 종합형 절충주의로 치닫는다. 빅토리아 양식으로 대략 아홉에서 열 종류

의 패턴이 언급되는데, 여기서는 대표 스타일로 꼽히는 퀸 앤 양식Queen Anne Style(1880~1910)을 살펴본다.

퀸 앤 양식은 빅토리아 양식의 완성형으로, 위로 갈수록 좁아지는 피라미드형 구조를 이루며 세상의 온갖 공간 형식이 정방형 평면 위로 오밀조밀 자리를 잡는다. 원형 또는 팔각형의 탑(계단실)이 이 스타일의 가장 두드러진 특징이다. 1층에는 화려한 포치가 강조되는데 심한 것은 포치로 집을 한 바퀴 빙 돌리기도 했다. 튜더 양식의 가파른 박공지붕과 내민창, 엘리자베스 양식의 '내민 2층', 조지 스타일의 처마 이빨 장식 등도 빠지지 않는 구성 요소이며, 르네상스식 연속 아치와 열주 로지아loggia31, 바로크풍의 돔도 이 양식의 단골 어휘들이다.

그런데 엉뚱한 것은 '퀸 앤 스타일'이라는 이름이다. 빅토리아 양식의 퀸 앤 스타일과 앤 여왕 시절의 건축 양식은 전혀 무관하다. 이 작명의 배경은 이렇다. 1858년 노먼 쇼Richard Normann Show의 건축 스케치가 출판돼 큰 인기를 끌었는데, 튜더 양식까지 포함한 스케치를 노먼은 '옛 영국식Old English Style'이라 명명했다. 노먼 쇼의 스케치는 당시 미국의 건축업자들에게 불티나게 인용되었는데, 언제부턴가 이 '옛 영국식'이 퀸 앤 스타일이라 불리기 시작해 전 세계 공용이 된 것이다.

미국 서부로 맹렬하게 번성해가던 퀸 앤 양식은 태평양에 가로막히며 샌프란시스코에서 인상적인 파스텔 톤의 줄줄이 집으로 피날레를 장식한다. 퀸 앤 스타일의 줄줄이 집은 '색색의 숙녀들Painted Ladies'이란 별명으로 불리며, 세계 관광 1위 샌프란시스코의 관광엽서 사진으로 한껏 사랑을 받고 있다. 그러나 퀸 앤 양식은 역설적으로 본토 영국에서는 그다지 사랑을 받지 못했다. 영국 본토에서 집중한 것은 빅토리안 고딕의 국가 양식 공공건축이었고, 주택에서는 퀸 앤 양식의 화려함보다 조지 양식을 발전시킨 세미 대칭형의 기품을 더 사랑했다.

빅토리아 여왕의 뒤를 이은 에드워드 7세 시기의 건축을 에드워드 양식 (1901~1918)이라 부르는데, 흡사 세계여행에서 돌아와서 영국식 정장으로 갈아입는 신사처럼 빅토리아 양식에 조지 양식의 기품을 입힌 밝고 세련된 스타일이 주요 특징이다. 구체적인 형식으로는 붉은 벽돌과 라임스톤의 콘트라스트, 아치의 과장된 쐐기돌과 작위적인 몰탈 러스티케이션, 다양해진 칭틀 장식 등이 꼽힌다. 반원형 아치의 돌출 페디먼트가 탄생한 것도 이 시기다. 빅토리안 고딕도 여왕 사후에 새로운 바로크의 열기로 뒤바뀐다. 크리스토퍼 렌의 바로크 문법에 빅토리아풍의 활기를 합한 절충형 '에드워드 바로크'는 레네상스Wrenaissance32라는 신조어까지 생겨날 정도로 폭넓은 인기를 누리면서 영국의 새 유행 양식으로 자리를 잡는다.

에드워드 7세에 이어 즉위한 조지 5세 때부터 영국은 국민 주택 쌍둥이 집과 줄줄이 집을 공식 주택 정책으로 추진함으로써 오늘날 영국 도시 풍경의 골격을 세운다.33 에드워드 양식의 주택은 현대적인 스타일로 진화하는 동시에 다시 엄격한 대칭과 균형으로 돌아가는데 이를 네오 조지 양식Neo Georgian Style이라 부른다. 현대적 감각을 겸비한 네오 조지의 대칭과 기품은 오늘날까지 번성하며 세계적인 유행을 누리고 있다.

광대와 신사는 원래 친구다, 피카딜리 서커스와 젠틀맨의 기원

드디어 오늘 마지막 코스인 피카딜리 서커스로 향한다. 도심 한가운데에 웬 서커스일까? 영국에서 서커스는 '도로가 만나는 지점에 있는 둥근 광장'을 말한다. 피카딜리 서커스에는 등신불에 가까운 에로스상이 있다. 팔각형의 기단과 동상의 비례가 절묘하게 아담한데, 이곳은 런던 사람들이 최고로 꼽는 약속 장소라고 한다. 원래 이름은 '섀프츠베리 자선의 천사상'. 날개 달린 천사가 활을 들고 있는 형상 덕분에 언제부턴가 에로스상[34]으로 불리다가 이제는 관광지도마저 버젓이 에로스상이라 표기하고 있는데, '사랑의 신' 에로스에게 숨겨둔 쌍둥이 동생이 있었을 줄이야.

그러나 동상 이야기는 애초의 관심사가 아니다. 군이 서울의 명동과 강남을 합한 것 같은 피카딜리 서커스를 찾아와 이야기의 한 토막을 할애한 것은 새빌로^{Savile Row}의 양복 이야기를 하고 싶어서다. 새빌로는 맞춤 전문 고급 양복점이 밀집한 피카딜리의 거리 이름이다. 이른바 영국 신사 젠틀맨^{gentleman}의 정통 이미지가 탄생한 곳이다. 새빌로의 맞춤복은 비스포크^{bespoke}라 부르는데, 10년 이상 경력의 전문가 10명이 직접 손바느질을 해서 만드는 100퍼센트 핸드메이드다. 가격은 한 벌에 600만~700만 원대로, 역대 왕들의 대관식 의상은 물론 나폴레옹 3세, 윈스턴 처칠, 주드 로, 데이비드 베컴과 같은 유명 인사들이 단골이라고 한다.

그런데 우리가 흔히 양복이라고 부르는 슈트는 참 이상한 옷이다. 언제부터인가 세계 남성의 옷차림이 한통속이 되어버렸다. 말하자면 '월드 비즈니스 유니폼'인 셈이다. 중국 인민복과 아라비아의 토브, 아프리카 마사이족의 의상 정도가 그나마 예외랄까. 이 불가사의한 유행의 진원지가 바로 새빌로다. 저 세계 유니폼의 뿌리가 하필 영국 해군의 군복이었다. 식민지 건설 돌격대의 갑옷이 진화하여, 어느덧 식민지 독립국의 남자들에게까지 아무 거부감 없이 유행하는 아이러니가 바로 새빌로에서 비롯된다.

1780년대 세인트제임스 지역에 젠틀맨클럽^{Gentleman Club}이 생겨나면서 양복점이 하나둘 모여든다. 당시는 젠틀맨의 전성시대였다. 젠틀맨은 귀족 다음가는 지주 계급으로, 통칭하여 젠트리

gentry[35]라 한다. 영국의 역사는 곧 젠트리가 성장하여 오늘날 나라의 중추가 되기까지의 연대기에 다름 아니므로, 이해를 돕기 위해 잠시 젠트리의 기원을 살펴본다.

영국은 지위를 세습하는 왕족과 귀족, 작위는 없지만 영지를 소유한 지주 젠트리, 자유민이자 자작농 계급인 요먼[yeoman] 및 노동자 계급으로 나눌 수 있다. 영국의 귀족은 윌리엄 1세가 봉건제를 실시하면서 영주로 봉한 노르망디 출신이 대부분이다. 노르만 귀족의 지배 아래 전전긍긍하던 (미래의) 젠트리들은 의회를 통해 힘을 비축했고, 세 차례의 격동을 겪으면서 빠르게 변신해간다. 헨리 8세의 수도원 철폐가 그 하나이고, 인클로저로 인한 토지 소유 대변동이 다른 하나이며, 산업혁명으로 인한 사회 변화가 나머지 하나였다.

장미전쟁으로 인해 귀족의 수는 현저히 줄어든 반면, 상업적인 성공으로 자본을 축적하며 지주로의 전환을 도모하던 젠트리는 엄청난 팽창을 앞두고 있었다. 헨리 8세의 수도원 철폐가 절호의 기회가 되었다. 국왕이 압수한 옛 수도원 땅은 재원 마련을 위해 상당 부분 매각되었고, 많은 젠트리가 이를 매입하여 새로 지주가 되거나 대토지 영주로 격상된다. 의회 내 젠트리의 입김도 더 커져갔다. 땅을 통한 신분 상승을 맛본 젠트리에게 인클로저는 불에 기름을 부은 격이 되었다. 종국에는 의회가 앞장서서 인클로저에 광분했고, 요먼 계급 상당수가 인클로저의 희생자가

되어 도시의 빈민 노동자로 전락한다.

15세기 플랑드르[36]의 모직 기술자에 이어, 16~17세기에는 가톨릭의 종교 탄압을 피해 네덜란드 남부와 벨기에로부터 신교도 기술자들이 영국으로 망명해온다. 이들을 받아들여 고급 모직물 시장을 새로 일으킨 것도 젠트리였다. 18~19세기의 산업혁명과 함께 마침내 젠트리의 세상이 활짝 열렸다. 자본주의적 경영으로 막대한 자산을 일구고 영지를 장만하여 대지주 젠트리가 되는 '열린 신분 상승'의 경험은 19~20세기 지구촌을 식민 착취의 열기로 몰아넣는 광기 어린 에너지로 작동한다.

젠트리는 경제적 성공을 사회적 지위로 멋지게 전환한다. 토지를 임대해주고 지대 소득으로 살면서 무상으로 지방의 공직과 치안판사를 맡아 하고, 하원의 주역으로서 의회를 국가 경영의 핵심 축으로 만들었다. 전쟁에도 솔선하여 나서는 등 노블레스 오블리주로 명분을 쌓아 영국의 지배 계층으로 자리잡는다. 영화로도 상영된 제인 오스틴의 소설 『오만과 편견』이 바로 신흥 상류층 젠트리에 대한 이야기다.

젠틀맨들은 품위와 매너를 중시했다. 젠틀맨의 이런 경향이 신사紳士[37]로 번역되는 과정에서 싱거운 해프닝을 낳는다. 국어사전은 '신사'를 "사람됨이 점잖고 교양이 있으며 예의 바른 남자"라 정의하고 있으나 이는 과장된 인상 풀이다. 신사는 젠틀맨에 해당되는 중국의 상류층 관료 명칭인 신사紳士를 그대로 인용한

건축의
표정

것일 뿐이다. '점잖은 상류층 사람' 정도 되는 것을, 부풀린 사대주의적 사전 풀이가 오히려 고정관념을 만들고 과장하여 고착화시킨 셈이다.

18세기 후반 젠틀맨 클럽이 들불처럼 유행한다. 품위를 좋아하는 젠틀맨들은 옷차림에도 관심이 높았다. '영국 신사'라는 닉네임이 여기서 유래한다. 이 영국 신사들, 세인트제임스 젠틀맨 클럽의 의상을 도맡은 것이 바로 새빌로의 테일러들이었다. 새빌로의 명성이 높아지면서 영국 해군이 군복 제작을 맡겨왔다. 식민지가 넓어질수록 해군의 수도 늘어갔고, 새빌로의 손길도 더욱 바빠졌다. 덕분에 새빌로의 솜씨도 발전에 발전을 거듭했다. 여기서 남성 슈트의 기본 모델인 '새빌로 실루엣'이 탄생한다.

남성 정장은 상의와 하의 그리고 조끼, 이렇게 스리피스에 넥타이를 기본으로 하는데, 영화 「아마데우스」에서 보이는 의상이 이 기본 구성의 원형인 셈이다. 길게 늘어뜨린 상의에 착 달라붙는 반바지와 긴 스타킹, 단추가 촘촘한 조끼, 그리고 아직 넥타이로 진화하기 직전의 크라바트cravat. 긴 상의는 오늘날의 연미복으로 발전했고, 퀼로트라 불린 쫄쫄이 반바지는 프랑스대혁명과 함께 운명을 다한다. 혁명을 주도했던 급진 자코뱅의 별칭이 '상퀼로트Sans-Culotte'였는데, 우리말로 옮기면 '퀼로트를 입지 않은'이란 뜻이 된다. 이들은 귀족의 상징이었던 불편한 퀼로트를 거부하고 평민들이 즐겨 입던 헐렁한 바지를 입었으며, 상의도 긴

코트 대신 활동성이 강한 짧은 재킷으로 바꾸었다.

자코뱅의 프렌치 스타일이 영국의 방직 공장을 거치면서 브리티시 스타일로 다시 태어난다. 브리티시 스타일을 선도한 것이 새빌로의 마에스트로들이었으므로 새빌로 실루엣이란 별명이 생겼다. 새빌로의 장인들이 오랜 군복 제작을 통해 학습한 활동감이 새빌로 실루엣에 녹아들었다. 정장이면서도 어깨가 편하고 활동성이 강한, 비로소 현대적인 슈트가 탄생한 것이다. 영국식 슈트는 다시 미국으로 건너간다. 슈트는 미국의 실용주의와 만나면서, 특히 서부의 골드러시Gold rush 때 간편한 투피스 복장으로 변신한다. 조끼를 버리고 대신 재킷에 주머니를 많이 장착한 것이다. 영화 「로마의 휴일」에서 그레고리 펙이 입었던 헐렁하고 세련된 박스형이 바로 아메리칸 스타일의 전형이다.

제2차 세계대전이 끝나면서 슈트는 또 한 번 변신을 한다. 이탈리안 실루엣의 탄생이다. 미국 점령 하의 이탈리안 테일러들이 영국의 새빌로로 건너가서 기술을 익혀 영국식 세련미와 미국식 실용성을 절충한 '종결자 슈트'를 뽑아낸 것이다. 제임스 본드의 슈트가 바로 이탈리안 실루엣이라고 알려져 있다. 이 이탈리안 스타일이 클라크 케이블, 헨리 폰다, 게리 쿠퍼와 같은 할리우드의 스타들의 몸을 빌려 스크린을 타고 지구촌 유니폼으로 번성하게 된 것이다.

건축의
표정

4장

풍경의 탄생,
영국식 정원과 공원

다이애나 추모 분수와
서펜타인 갤러리

영국에서 제일 부러운 건 공원이었다. 국민 1인당 공원 면적이 세계에서 가장 넓은 나라. 런던에만 80여 개가 있다고 하니 '공원 천국'이란 말은 과찬이 아니다. 자투리 공간에 어린이 놀이터처럼 꾸민 한국식 쌈지공원은 공원으로 치지도 않는다. 축구장 몇 개를 합한 규모는 되어야 최소한의 공원 대접을 받는다.

그중에서 대표적인 곳이 하이드 파크다. '뉴욕의 허파' 센트럴 파크와 '시드니의 쉼터' 하이드 파크의 모델이 된 곳이다. 총면적 142헥타르(약 43만 평). 서펜타인 호수를 경계로 자연스럽게 이어진 서쪽의 켄싱턴 가든(111헥타르)까지 합하면 무려 265헥타르에 달하는 거대 녹지에 나무와 꽃과 호수로 빚은 파라다이스가 펼쳐져 있다. 공원 안쪽으로는 수백 년 묵은 노거수들이 줄을

건축의
표정

지어 터널을 이룬다.

하이드 파크는 윌리엄 1세 때부터 웨스트민스터의 수도원에 딸린 영지였는데, 헨리 8세가 수도원을 철폐하고 압수하여 사냥 터로 삼았다. 제임스 1세 때는 관리인을 두고 상류층에 한정 공 개하던 것을 1637년 찰스 1세가 일반에 개방했다. 얼핏 공원 개 방 사실만 보면 인자한 성군의 위엄이 느껴질 법도 하지만, 뱅퀴 팅 하우스 대목에서 밝혔다시피 찰스 1세는 가혹한 종교 탄압과 의회 해산 등으로 내전을 부른 문제의 인물이다. 내전을 정리한 뒤 찰스 1세를 참수한 올리버 크롬웰은 왕실 공원들을 깡그리 몰수하여 매각한다. 호국경 크롬웰이 죽자 왕정 복고와 함께 매 각되었던 왕의 재산들이 보상 없이 예전대로 강제 귀속되고, 왕 실 공원들도 다시 시민에게 개방되어 오늘날에 이른다.[1]

그 파란만장한 하이드 파크에, 영국에는 있고 한국에는 없는 것 가운데 꼭 소개하고 싶은 두 가지 명물이 있다. 다이애나 추모 분수Diana Memorial Fountain와 서펜타인 갤러리다. 서펜타인 호수[2]는 서북방에서 동남쪽을 향해 ㄴ자로 뻗은 모양이 마치 가물치나 미꾸라지처럼 생겼다. 호수 중간을 남북으로 가로지르는 다리가 있는데, 그 다리의 남단 동쪽에 다이애나 추모 분수가 있고, 서쪽 에 서펜타인 갤러리가 있다.

먼저 다이애나 추모 분수를 살펴보자. 70억 원을 들여서 2004년 선보인 이 분수는 다이애나 왕세자비의 사후 6주년을 추

모하기 위해 만든 기념물이다. 그런데 명칭은 '분수噴水'이면서 물을 뿜지 않는다. 커다란 반지 모양을 한 100미터 길이(가로 지름 80미터, 세로 50미터)의 대리석 수로를 만들어 두 방향으로 물을 흘려보내는, 말하자면 '누운' 분수다. 그리고 명색이 추모 분수인데 추모의 방식도 좀 낯설다. 사람들이 기념물 여기저기에 걸터 앉아 있고, 심지어는 맨발을 물에 담그고 물놀이를 즐긴다. 뛰어다니는 어린이도 보인다. 여름의 폭염에는 그대로 수영장이다. 추모의 엄숙함이나 경건함은 찾아보기 힘들다. 분수를 관리하는 로열파크 측도 방문객들에게 "물가에 앉아서 발을 쉬면서Please feel free to sit on the edge of the Memorial and refresh your feet" "집처럼 편하게 feel at home" 보내라고 권한다.

알다시피 다이애나는 찰스 왕세자와 카밀라 파커볼스의 불륜으로 가슴앓이를 하다가 이혼했고, 1997년 파파라치를 피하려다 교통사고로 사망하는 비운을 겪었다. 내성적이고 다정다감한 성품의 다이애나는 여느 왕족들처럼 고통을 숨긴 채 우아함의 장막 뒤에 숨지 않고, 불륜의 고통 그리고 왕실과의 미묘한 관계, 자신의 꿈 등을 솔직하게 털어놓았다. 『타임』지는 "다이애나 왕세자비가 감정을 드러내는 것을 부끄러워하는 영국의 문화를 바꾸었고, 왕실의 라이프스타일을 현대화했으며, 낡은 왕실의 권위에 도전해 포스트 페미니스트 시대를 열었다"고 보도했다. 특히 다이애나는 어린이와 보통 사람들을 보듬는 따뜻한 품성으로 세

건축의
표정

다이애나 추모 분수

계인의 사랑을 받은 '세기의 연인'이었다. 이에 대해 미국의 NBC 방송은 "다이애나는 '사람들 마음속의 여왕이 되고 싶다'던 꿈을 이루었다"고 전했다.

추모 분수는 바로 이 점, 친화적인 다이애나의 성품을 담은 것이었다. 2001년 왕실이 '하이드 파크 안에 설치할 추모 분수에 대한 현상 설계'를 공표하자, 무려 1만여 건의 디자인이 접수되었다. 그중에서 미국의 조경건축가 캐스린 구스타프슨^{Kathryn Gustafson}의 작품이 최종 선정되었다(2002). 캐스린이 표현하고자 했던 설계 포인트가 바로 "다이애나의 품위와 친화력"이었고, 이

콘셉트가 왕실의 마음을 움직였다. 생전 어린이를 좋아했던 다이애나의 품 안에서 아이들이 뛰노는 듯한 분위기를 내뿜는 추모 분수. 이심전심이었을까. '마음의 여왕'의 따뜻한 품을 찾아서 연간 100만 명의 방문객이 이 장소를 찾는다고 한다.

다이애나 추모 분수에 담긴 또 하나의 의미가 있다. 랜드스케이프 디자인에 대한 이해다. 하이드 파크는 엄청난 크기도 크거니와, 그 드넓은 자연에 이렇다 할 인공물을 거의 설치하지 않고 자연 그대로의 흥취를 살린 점이 더욱 훌륭하다. 그런 곳에 어떤 형식의 구조물이 부드럽게 자리잡을 수 있을까. 캐스린 구스타프슨은 하이드 파크의 랜드스케이프 본능을 정확히 읽어내고, 분수를 눕힘으로써 문제를 해결했다.

물매도 원래 땅의 기울기를 살렸다. 수로는 각기 다른 형상으로 깎은 대리석 조각 545개를 잇대어 붙여 물길을 내었다. 기울기의 차이에 따라 물의 속도가 달라지면서 여러 지점에서 서로 다른 물소리가 나도록 안배했다. 협곡처럼 빠른 물매도 있고, 자갈처럼 울퉁불퉁한 지형을 원용하여 졸졸졸 시냇물 소리가 나게 만든 곳도 있으며, 작은 폭포처럼 촬촬 급한 느낌을 살린 곳도 있었다. 그것은 소리의 분수였다. 소리로 추억을 달래는 그리움의 분수였다.

서펜타인 갤러리는 주로 근·현대 작가의 작품을 전시하는 공원 속의 명소로, 명칭도 바로 옆의 호수 이름에서 따왔다. 1934년에 지은 티하우스^{Tea House}를 개조하여 1970년 개관했는데, 그동안 만 레이, 헨리 무어, 앤디 워홀, 데이미언 허스트 등 유명 작가의 작품들을 전시했다. 그러나 여기서 소개하려는 것은 서펜타인 갤러리의 미술사적 가치가 아니라, 갤러리가 운영하는 독특한 프로그램이다. 프로그램의 정식 명칭은 서펜타인 갤러리 파빌리온^{Serpentine Gallery Pavilion}으로 프로그램 입안자는 줄리아 페이튼존스 관장인데, 기획이 기발하다.

'세계적인 건축가 가운데 영국에서 공식적으로 건축설계 작업을 한 적이 없는 사람에게 1600제곱미터 되는 서펜타인 갤러리의 앞마당 잔디밭을 빌려주어, 아직 세상에 한 번도 소개된 적 없는 독특한 프로젝트를 건축하게 하자'는 게 기획의 핵심 취지였다. 바꿔 말하면, 세계적인 건축가의 '영국 데뷔 작품전'을 해보자는 이야기였다. 2000년 자하 하디드로부터 출발해 알바로 시자, 오스카르 니에마이어 등 세계적인 거장들이 해마다 5월에서 11월 사이 갤러리 앞마당에 파빌리온을 건립했다. 이 프로그램의 가장 큰 매력은, 임시 파빌리온이므로 건축가들이 평소 해보고 싶은 건축 실험을 마음껏 펼칠 수 있다는 점이었다.

파빌리온 위원회가 그해의 건축가를 선정하면, 작가는 6개월 동안 파빌리온을 완공하고, 갤러리는 3개월 동안 임시 파빌리온에서 다양한 문화 프로그램을 펼친다. 낮에는 관람하고 커피도

서펜타인 파빌리온

마실 수 있는 휴식 공간으로 방문객을 맞고, 밤에는 파크 나이트Park Night라 하여 호스트 건축가가 직접 참여하는 강연·포럼·연주회 등을 진행한다. 임시 파빌리온은 조형적 형태 실험은 물론 재료와 공법에서도 기발한 실험을 하는 공간이므로, 파크 나이트의 행사를 경험한 사람은 그 밤의 경험을 좀체 잊지 못한다. 다른 어느 곳에서도 비슷한 경험을 맛볼 수 없기 때문이다. 지금은 유럽의 다른 나라에서 파크 나이트가 열리는 기간에 서펜타인 파빌리온을 방문하는 관광 상품이 개발되어 인기를 얻는다고 한다.

예산은 전액 후원을 받아 충당한다. 갤러리 관장이자 공동대표인 줄리아 페이튼존스가 프로젝트의 총괄책임을 맡아 진행하며, 다른 공동대표인 한스 울리히 오브리스트는 파크 나이트 프로그램을 준비한다. 건축가 섭외에서부터 파빌리온 완공까지 주어진 시간은 단 6개월. 위원회는 건축가를 결정하자마자 후원자를 구하러 나서야 한다. 예산의 40퍼센트 정도는 행사가 끝난 뒤 파빌리온의 경매 수익으로 충당한다.

말하자면 꿈의 프로젝트다. 건축의 매력과 잠재력, 상상력이 물씬 느껴진다. 매년 실험적 파빌리온들을 보고, 그 공간 안에서 공연이며 강연으로 여름밤을 즐기는 런던 사람들은 청복淸福을 누리는 셈이다.

천국의 뜰,
런던의 공원들

영국은 날씨가 고약해 하루 동안 사계절을 다 겪을 수도 있다. 워낙 햇살이 귀하다보니, 영국인들은 해가 화창한 날 본능처럼 공원으로, 정원으로 피크닉을 나간다. 매트리스와 담요, 간단한 요깃거리와 책을 들고 잔디밭에 나가서 엎드리거나 누워 해바라기를 한다. 지금은 온 시민이 이렇듯 행복하게 뒹구는 공원이지만 '여러 사람을 위한 공원Park'은 18~19세기 들어서 생겨난, 전에 없던 새로운 개념이었다.

드넓은 정원은 왕족과 귀족의 배타적 전유물이었다. 백성은 출입 금지였다. 물론 공공 산책로나 도시 녹지는 이전부터 존재했지만, 조경과 설계를 통해 정원처럼 조성한 공원은 신개념이었다. 프랑스 대혁명 때 혁명 정부가 왕과 귀족, 성직자의 영지를

건축의
표정

몰수하여 그들의 정원 가운데 몇몇을 공공 산책로로 개방하면서 사람들은 정원의 효과에 눈을 뜬다. 최초의 『정원사전』을 출판한 영국의 조원가造園家 존 라우던John Claudius Loudon은 "'정원 개방'이 민중의 불만을 누그러뜨리는 데 상당한 효과를 지닌다"고 갈파했다.

현대적 스타일의 공원이 탄생하는 데는 전적으로 영국의 공이 크다. 18~19세기까지 유럽의 정원은 스페인의 중정식 정원[3]이나 이탈리아의 르네상스 정원[4], 혹은 프랑스의 바로크식 정원[5]처럼 인위적인 모습을 하고 있었다. 오늘날 세계의 공원들이 보여주는 익숙한 모습은 저렇게 우아하고 반듯한 기하학 조경이 아니다. 아름드리나무와 꽃들, 넓은 잔디밭과 호수, 편안한 산책 길로 꾸며진 현대식 공원의 자연스러운 풍경, 그것은 바로 영국식 정원에서 비롯된 스타일이다.

1858년 미국 뉴욕 시가 센트럴 파크 설계안을 공모했을 때, 우승자인 프레더릭 옴스테드Frederick Omstead가 제시한 디자인은 런던의 하이드 파크를 닮은 자연주의 공원이었다. 프레더릭의 자연주의 스타일이 자연스레 전파되면서 세계 근대 공원의 교과서처럼 인용되었고, 오늘날 지구촌 어느 도시의 공원에 가도 낯설지 않은 풍경을 만나게 된 것이다. 1995년 2월쯤으로 기억한다. 베를린 출장을 갔다가 어렵게 하루 시간을 냈는데, 무심코 포츠담의 반제 호수 공원에 들렀다가 고요와 평화에 감탄해 한나절 내내 머물렀던 기억이 생생하다.

런던의 왕실 공원[6]은 대부분 헨리 8세 때 수도원을 철폐하고 영지를 압수하여 만든 사냥터였다. 가장 먼저 공원으로 꾸며진 것은 세인트제임스 공원으로, 예전에는 갈대 무성한 늪지였다가 13세기 나환자 병원이 들어서면서 지금의 이름을 얻었다. 헨리 8세가 사냥을 위해 세인트제임스 궁전을 지었고, 여기에 찰스 2세가 대대적으로 가로수와 잔디를 심었으며, 수로에 오리도 풀어 놓으면서 공원을 대중에게 개방한다. 이후 1827년 조지 5세 때 존 내시가 전체 조경을 디자인하면서 지금의 모습을 갖추게 된다. 세인트제임스 공원은 1000여 마리의 철새와 40여 종의 물새가 즐겨 찾는 조류보호 구역으로 특히 덕 아일랜드에 사는 펠리컨이 유명하며, 공원 내에는 조류학자들이 상주하고 있다.

리젠트 공원은 런던의 공원 가운데 가장 아름다운 곳으로 꼽힌다. 조지 4세가 아직 왕세자이던 섭정 시절 존 내시에게 의뢰하여 만든 우아한 공원(1811)으로, 숲속 가운데에는 과학적 목적으로 탄생한 최초의 근대적 동물원인 런던 동물원이 있다. 1835년 윌리엄 4세가 일반에게 개방했으며, 1930년대에 공원 중앙에 영국에서 가장 큰 장미 정원 퀸 메리 가든Queen Mary's Garden이 들어서면서 지금의 모습이 완성된다.

리치먼드 공원은 런던에서 가장 넓은 공원이다. 부지가 무려 955헥타르에 달한다. 하이드 파크와 켄싱턴 가든을 합한 넓이

(253헥타르)의 네 배다. 국립자연보호 구역이자 특별과학대상 지역인 광활한 야생에서 꽃사슴과 붉은 엘크 700여 마리가 살아간다. 1637년 찰스 1세가 사냥용으로 풀어놓은 수천 마리 사슴 떼의 후예들이다. 번성한 사슴 떼가 잎이며 여린 가지의 껍질을 먹어치우는 바람에 숲이 훼손되어, 찰스 2세가 거액을 들여 숲을 복구하고 자갈을 깐 호수를 만들어 오늘에 이르고 있다.

그리니치 공원은 전체가 유네스코 세계문화유산으로 등재(1997)된 유서 깊은 공간이다. 그리니치 언덕에서 바라보는 경관은 유럽에서도 절창으로 손꼽힌다. 템스 강을 배경으로 구舊해군사관학교와 국립해양박물관, 퀸즈 하우스 등 "압도하는 듯한 영국 건축의 장관"이 도열해 있고, 멀리 북쪽으로는 밀레니엄 돔과 카나리 워프의 최첨단 랜드스케이프가 그림처럼 펼쳐진다. 그리니치는 로마 시기부터 전략적 요충이어서 청동기 시대 유물과 로마인의 유적, 앵글로색슨과 데인 족의 거주 흔적 등이 곳곳에 남아 있다.

그리니치는 튜더 왕조의 핵심 공간이었다. 헨리 7세가 흔히 그리니치 궁전이라 불린 플라센티아Placentia 궁전을 건립했고, 그 안에서 헨리 8세가 나고 자랐으며, 이혼하기 전까지 캐서린 왕후와 뜨거운 시간을 함께했다. 숙명의 두 딸 '피의 메리'와 엘리자베스가 태어났고, 헨리 8세가 그토록 갈망한 아들 에드워드 6세는 열여섯의 생일도 채우지 못한 채 플라센티아에서 눈을 감았다. 엘리자베스 여왕이 숙명의 라이벌 메리 스튜어트의 사형장에 서명을 한 곳도 플라센티아 궁전이었다.

이니고 존스가 건립한 퀸즈 하우스[7]는 플라센티아 궁전을 현대적으로 보완하기 위해 지은 여름용 소궁전이다. 횡재하듯 왕위를 이어받은 제임스 1세[8]는 그리니치 궁전을 왕비인 앤에게 선물한다. 이니고 존스는 앤 왕비의 명을 받들어 팔라디오 양식으로 영국 르네상스의 걸작을 남긴다. 그러나 앤 왕비는 착공 3년 만에 눈을 감았고, 퀸즈 하우스는 며느리인 찰스 1세의 왕비 앙리에타 마리아의 차지가 된다. 마리아는 완벽한 균형미를 자랑하는 이 여름 소궁전을 '환희의 집'이라 불렀다.

찰스 2세는 플라센티아를 부수고 새 궁전을 추진하는데, 그만 재정이 달려 꿈을 접어야 했다. 대신 루이 14세의 정원사 앙드레 르 노트르의 자문을 거쳐 그리니치를 지금의 공원에 가깝게 리모델링한다. 찰스 2세는 과학에도 관심이 많았다. 즉위(1660) 이듬해에 왕립학술원을 설립하고, 그리니치 언덕 위에 수학자이자 천문학자였던 크리스토퍼 렌 경의 설계로 왕립 천문대를 세운다(1675). 당시 바다 한가운데서 자기 위치를 설명할 수 없어서 곤란을 겪던 항해사들의 방위 설정 문제를 천문학의 힘을 빌려 해결하려는 의도였다.

그로부터 200년 뒤 막강한 해군력을 바탕으로 지구촌 구석구석에 식민지 네트워크를 구축해가던 영국은 '해가 지지 않는 제

건축의
표정

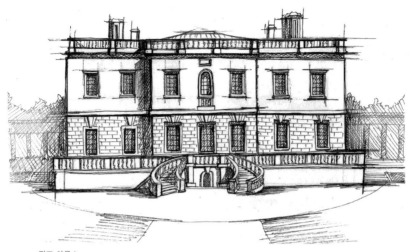

퀸즈 하우스

국'을 다스리는 과정에서 신개념에 눈을 뜬다. 바로 표준시다. 하루 24시간은 결국 지구가 한 바퀴 자전하는 시간이므로, 지구의 자전축을 중심으로 360도를 24시간으로 나누면 15도만큼의 조각, 즉 한 시간이 된다. 이것이 바로 경도다. 1851년 영국의 천문학자들은 그리니치 천문대를 지구 경도의 기준이 되는 본초자오선으로 삼고, 런던의 시간을 지구의 표준시로 결정한다. 이후 지구의 시간은 영원히 영국의 그리니치를 기준으로 돌아가게 된다. 동쪽으로는 경도 15도마다 한 시간씩 빨라지며, 서쪽으로는 한 시간씩 늦어지는 24개의 시간대를 두고, 동서의 경도가 서로 만나는 지구 반대쪽 180도 지점에 날짜변경선을 설정했다.

영국식 정원,
그 풍경과 상처

정원은 특별하다. 어쩌면 인간 본성의 고향이랄까. 고대 이집트
의 정방형 정원이며 바빌로니아의 공중정원Hanging Garden9으로부
터 인류의 정원 사랑은 한 번도 흔들린 적이 없다. 온갖 나무와
화초를 키우고, 기이한 돌과 조각들을 앉히며 별난 멋을 만들어
왔다. 지역과 시대에 따라 정원은 다양하게 진화했지만, 진화의
방향은 같았다. 앞서 간략하게 소개한 스페인·이탈리아·프랑스
의 인위적인 정원은 물론이고, 열대 식물원과 유럽 최초의 동물
원까지 동원한 오스트리아 제국의 쇤브룬 정원도, 기암괴석으로
무릉도원을 노래하는 중국식 정원과 지독하게 인공미를 강조하
는 일본식 정원까지 인간이 줄곧 꿈꾼 것은 세상에 없는 진기한
아름다움, 즉 인공의 상상력이었다.

그런데 갑자기 기하학과 장식, 그로테스크 취향과 같은 불굴의 법칙을 바꾼 예외가 태어난다. 바로 영국식 정원이다. 우거진 수풀과 덤불, 그 사이로 보이는 부드러운 잔디 구릉, 호수 언저리에 하나쯤 놓여 있는 다리. 행여 쓰러진 고사목이 반쯤 물에 종아리를 담가도 좋았다. 목가적 풍광이 자연스레 정원을 이루는 풍경식 정원, 그것은 일대 혁명이었다.

양 떼가 거니는 한가로운 목초지, 농경지와 휴경지가 뒤섞인 초록과 갈색의 모자이크, 하늘까지 한없이 펼쳐진 풍경. 이런 정원을 가지려면 도대체 땅이 얼마나 넓어야 하는 걸까. 여기에 영국식 정원의 비결이 숨어 있었다. '하하Haha'라 불리는 보이지 않는 울타리가 비법이었다. 정원을 둘러싼 담장을 걷어버리고, 경계 부분에 V자 형으로 1미터 이상의 도랑을 파서 만든 '하하'는 야생동물이나 가축이 넘어오지 못하도록 숨은 담장隱墻 역할을 하는 동시에 정원의 안과 밖 풍경을 연결하여 탁 트인 시야를 만들어주었다.

영국식 정원을 낳은 동기는 프랑스식 정원에 대한 반감과 신흥 상류층 특유의 자의식의 발로였다. 40만~60만 대군을 앞세워 걸핏하면 전쟁을 일삼는 자칭 태양왕 루이 14세의 '가톨릭 완력'에 대한 염증이 베르사유 궁전의 바로크식 정원과 오버랩되었고, 산업혁명과 함께 급부상한 신흥 산업 세력은 젠틀맨 고유의 정체성에 목말라했다. 이 수요와 공급의 교차점에 팔라디오 리바이벌과 낭만주의 건축, 그리고 풍경식 정원이 절묘하게 맞아 떨어진다.

수필가이자 시인인 조지프 애디슨은 "프랑스식 정원은 시선을 구속한다"고 비난하면서 '어떤 구속도 없는 자유로운 자연의 아름다움'을 갈파한다. 내친김에 자기 소유의 토지에 정원을 만들어 담장을 없애고, 불규칙하게 나무를 심으며, 구부러진 물줄기를 만들어 넣는다. 시인 알렉산더 포프도 식물을 가위질하여 동물 모양을 만드는 토피어리topiary 기법을 비판하면서, 인공적 포멀 정원Formal Garden을 강력하게 성토한다. "자연스러움만큼 위대한 디자인은 없다"는 지론에 따라 자신의 영지에 구불거리는 오솔길, 동굴 등의 기법으로 풍경식 정원을 조성한다.

스토 가든[10]은 하하를 도입한 풍경식 정원의 종결자로 꼽힌다. 버킹엄셔의 드넓은 목초지 한가운데 있는 스토 하우스는 담장으로 둘러싸인 방대한 바로크식 정원을 보유하고 있었는데, 1711년 리모델링 의뢰를 받은 왕실 정원사 찰스 브리지먼이 정원 담장을 철거하고 하하를 파서 정원 밖의 목초지 풍경과 연결함으로써 하늘까지 이어지는 풍경을 펼쳐 보인다.

화가 출신의 윌리엄 켄트는 여기에 낭만주의 건축과 폐허 풍경화 기법을 가미하여 미니 신전과 다양한 조각, 폐허가 된 고건축, 이국풍의 파빌리온과 다리 등으로 영국식 정원을 완성한다. 치즈윅 가든이 그 대표작이다. 벌링턴 경이 지은 치즈윅 하우스

스토 가든

는 팔라디오의 로톤다를 멋지게 오마주한 것으로도 유명하지만,
윌리엄 켄트의 영국식 정원으로 더 유명하다. 가든의 서쪽 구석
에 있는 작은 원형 연못 한가운데에 세운 오벨리스크와 맞은편
물가의 미니 판테온은 낭만주의 건축의 상징으로 회자되곤 한
다. 치즈윅 가든은 1929년부터 공원으로 사용되고 있다.

　　영국식 정원은 젠트리 지주들 사이에서 엄청나게 유행한다.
예컨대 18세기 말의 대표적인 조원가 랜슬럿 브라운 한 사람이
만든 영국식 정원만 해도 무려 500개가 넘는다. 게다가 랜드스
케이프 말고도 영국식 정원이 유럽을 매료시킨 매력이 또 있었
다. 바로 잔디 정원이었다. 전에도 정원에 잔디는 많이 쓰였지만,

오늘날과 같은 광활한 잔디밭 풍경은 18~19세기 영국식 정원의
산물이다. 영국인들은 이를 카펫 그라운드^{carpet ground}라 불렀는
데, 19세기 중반부터는 사각형 정원에 잔디밭을 조성하고 그 위
에 다채롭게 화단을 가꾸는 빅토리아식 정원이 유행한다. 1830
년대 들어 잔디 깎기 기계가 발명되고 원예 잡지 붐이 일면서 영
국의 정원 문화는 본격적으로 궤도에 오른다.

　1845년에는 유리세가 폐지되면서 영국에 대대적인 유리 온
실 바람이 분다. 유리 온실의 유행은 세계 각지의 온열대 식물
붐을 일으켰다. 해가 지지 않는 대영제국, 지구촌 각지로부터 희

건축의
표정

귀 화초들이 속속 런던으로 몰려들고, 다양한 종류의 정원 기법이 활짝 꽃을 피우며 영국을 '정원 왕국'으로 만든다. 그 중심에 세계 최대의 식물원 큐 가든[11]이 있다. 18세기 말 조지 3세가 해외 식물의 사용을 윤허한 이후 큐 가든은 세계 곳곳에서 찾아온 식물학자들이 모여서 식물을 분류하고, 희귀 표본을 연구하며, 국제적 전문 지식을 교환하는 심장부가 된다. 2000년부터는 '밀레니엄 종자은행' 프로젝트를 시작해 멸종위기 식물을 보호하는 데도 나섰다.

그런데 영국은 북위 평균 54도로, 설국雪國 홋카이도보다 한결 더 위쪽에 있다. 북해 한가운데에 자리한 이 북방의 섬나라를 정원 천국으로 만든 일등공신은 멕시코 만류와 서안해양성 기후였다. 따뜻한 해류 덕분에 겨울에도 땅이 얼지 않고, 혹한이 드물다. 그리하여 뿌리식물의 월동을 쉽게 해주며, 특히 잔디에게 좋은 환경이었다. 온갖 종류의 잔디가 풍성한 환경은 풍경식 정원과 빅토리아식 정원을 낳은 수훈 갑이었다. 악명 높은 영국의 변덕스러운 날씨도 식물에게는 사계절 내내 고른 강수량이라는 최고의 조건이 되었다.

그러나 자연스러운 멋을 강조하는 영국식 정원의 진실은 어쩌면 가장 부자연스러운 것이었는지 모른다. 영국식 정원의 부드러운 능선과 고즈넉한 호수들은 사실 인위적인 막노동의 결과물이었다. 정원의 랜드스케이프가 원래부터 구릉인 것도 있겠지만, 오히려 농경지를 정원으로 바꾼 경우가 적지 않았다. 굴삭기도 없던 시절, 수 제곱킬로미터에 달하는 구릉과 호수는 오직 수만 명의 인부가 수천만 번 삽질하여 만들어낸 인공의 능선이었다. 게다가 정원으로 바뀐 농지들은 농민을 도시 유랑민으로 내몰고 획득한 인클로저의 기념비였다. 그렇다, 저건 '풍경과 상처'다. 정원 천국의 영광마저도 인클로저가 안겨준 새옹지마의 역설이었던 것이다.

첫날 뻐꾸기창을 열고 내려다보던 마을의 안뜰 도심 정원urban garden도 인클로저가 낳은 상처의 정원이었다. 다시 요약하면, 터전을 앗긴 유랑민이 도시로 밀려들었고, 그들을 재울 숙소로서 등과 옆벽을 다닥다닥 맞댄 백투백 하우스가 등장했으며, 저 등짝들을 조금 밀어내고 가족 전용 화장실을 끼워넣은 서민용 타운하우스가 탄생했고, 18세기 말 수세식 변기의 보급과 함께 화장실이 실내로 들어오면서 타운하우스 뒤편의 공간이 미니 정원으로 진화한다. 이것이 도시계획가 레이먼드 언윈의 헌신에 힘입어 '채마밭을 겸할 수 있는 가족 단위의 후정後庭 터알'으로 자리잡았고, 여기에 빅토리아식 잔디 정원 기법이 도입되면서 오늘날 영국이 자랑하는 안뜰 도심 정원으로 발전한 것이었다.

도심 정원의 연장선상에 얼로트먼트 가든allotment garden이 있다. 일종의 키친 가든[12]이다. 국내에는 아직 활성화되지 않았는데, 이를테면 주말농장과 도시 원예를 합한 중간쯤에 해당된다.

우리나라 주말농장이 도시 근교의 농촌을 찾아가는 형식이라면, 얼로트먼트 가든은 빌딩 사이의 자투리 공간이나 철도변과 천변의 공지 등 도시 속의 유휴지를 주 대상으로 한다. 말하자면 플랫이나 서민용 임대주택 등에 사는, 정원을 갖지 못한 사람들을 위한 자투리 정원 프로그램이다.

얼로트먼트는 재배를 위해 빌려주는 공간으로, 엘리자베스 1세 때 인클로저의 보상으로 소작인의 거처 옆에 붙은 땅을 할당allot해주면서 생겨났다. 1887년에는 지방 정부로 하여금 얼로트먼트를 공급케 하는 의무 조항을 추가했고, 나중에는 '모든 사람이 정원사every-man-a-gardner'라는 구호 아래 철도변과 공원 등 도시의 가능한 모든 곳에 얼로트먼트가 조성되었다.

최근 얼로트먼트 가든이 다시 주목을 받게 된 것은 1990년대 말 웰빙 바람 덕분이었다. 지방자치단체들은 2002년부터 '얼로트먼트 재생 계획'을 운용하기 시작했고, 세인트제임스 공원도 2007년 얼로트먼트를 조성하여 관리 프로그램을 운영했으며, 이후 리젠트 공원과 켄싱턴 가든이 가세했다. 내셔널 트러스트는 2009년부터 랜드셰어 운동[13]의 일환으로 관리 중인 부지 내에 얼로트먼트를 늘려가고 있다. '얼로트먼트와 여가 정원사협회'[14]처럼 법률 자문과 기술 지원, 교육, 캠페인 등을 맡는 단체도 늘고 있다. 2011년부터 찰스 왕세자도 후원자로 참여 중이다.

얼로트먼트 희망자도 급증하는 추세다. 2011년 현재 총 8만

6787명이 대기 중으로, 한 곳당 25:1의 경쟁률을 보이고 있다. Allotments-UK.com의 설문 조사에 따르면 얼로트먼트 이용자의 62퍼센트는 "가족이 함께 정원을 가꾸고" 있으며, 81퍼센트는 "자신의 얼로트먼트에 친척이 방문했다"고 응답했다. 어쩌면 얼로트먼트가 집에 딸린 정원보다 더 편한 공간이 될지도 모르겠다. '손님 맞이 대청소'의 부담이 없다는 점에서.

이제 영국의 정원은 자연 정원, 키친 정원, 메도 정원meadow

얼로트먼트 가든

garden 15 등의 재미를 넘어 '야생 정원'의 단계로 진화하고 있다. 자기 집 정원으로 야생동물이 찾아오도록 통로를 열고, 수로를 만들며, 적절하게 나무 그늘을 드리워 비둘기, 천둥오리, 너구리, 여우 등이 편안하게 쉬어갈 수 있도록 하는 정원이다. 이러다가 조만간 '에덴의 동산' 스타일의 정원이 등장할지도 모르겠다. 에덴, 그 오래된 미래.

사교의 여왕 사빈의
'비밀의 꽃'

의외로 쉽게 런던 시내의 '도시 정원'을 방문할 기회를 얻었다. 여간해서는 남에게 자기 집 방문을 허하지 않는다 하여 '영국인의 집은 성城'이라는 풍자가 있을 정도인데, 런던에서 만난 영국 건축가에게 물어봤더니 즉각 주선을 해준 것이다. 지인이 파티를 위해 만든, 썩 괜찮은 정원의 주인이라고 했다. 서울에서 장문의 이메일로 한 달 동안 읍소를 하고도 포기했던 '도시 정원'인데, 일이 너무 싱겁게 풀렸다.

　템스 강 남쪽의 고급 주택가 완즈워스. 숙소를 나설 때는 악명 높은 영국의 날씨를 증명이라도 하듯 번개와 소나기가 요란하더니, 한 시간도 안 돼 완즈워스에 도착할 무렵에는 화창한 햇살을 뿌려주었다. 주차를 하고 건축가 팀 브루스딕Timothy Bruce-Dick을

건축의
표정

쫓아가는데, 제법 널찍한 골목길 가장자리를 따라 작은 화단이 군데군데 조성되어 있었다. 3층짜리 쌍둥이 집과 줄줄이 집이 자연스레 뒤섞인 막다른 골목이었다. 베이지 색 벽돌 건물에 흰색 반원형 내닫이창이 돌출된 빅토리아 후기 양식이 깔끔했다.

팀이 문을 두드리자 문틈으로 송아지만 한 개가 먼저 꼬리를 치며 달려나왔다. 고급스러운 캐주얼 외출복 차림을 한 안주인 사빈 타일러는 이제 막 포르투갈 골프여행에서 돌아온 참이라고 했다. 미처 짐도 풀지 못한 터인데도 사빈은 시종 웃음을 잃지 않았다. 쉰쯤 되었을까. 나이를 가늠하기 힘든 동안童顏의 얼굴로, 단아한 키에 군살 하나 없는 붉은 금발의 미인이었다. 방문객과의 대화가 끊이지 않도록 적절하게 이야기를 이끄는 그녀는 마치 사교계의 여왕 같았다.

전직 은행가였던 남편 로버트 타일러는 은퇴 후 인맥을 활용해 비즈니스 클럽을 열었다. 세계 금융과 비즈니스의 중심 런던에는 항상 유럽 여러 나라에서 비즈니스맨들이 몰려든다. 그런데 비즈니스라는 것이 그렇다. 호텔에 묵기에는 일정이 좀 길고, 그렇다고 집을 단기 임대하여 파티를 열거나 하기에는 조금 짧은 어중간한 경우가 다반사다. 로버트의 비즈니스 클럽이 바로 이 틈새를 겨냥한 것이었다. 숙소 겸 사무실로 사용하면서 상류 비즈니스 파트너들을 초대할 수 있는 클럽, 사빈은 이 클럽의 여왕이었다. 그래픽 디자이너 겸 플로리스트로서 전시회도 여러 차례 열었던 사빈이 이 클럽의 인테리어 디자인과 꽃 장식을 전담하면서 파티의 마담 역할도 한다. 그녀의 꽃 장식은 런던 주요 인사들의 행사나 파티에서도 인기가 높다고 한다.

그녀의 안내를 받으며 집을 돌아본다. 초입은 전형적인 영국식 표준 설계다. 콘솔과 모자걸이·우산꽂이가 놓인 현관, 복도 끝에서 1층 내실과 2층 계단으로 나뉘는 진입 시퀀스다. 그런데 그다음부터가 달랐다. 내실이 무척 넓다. 인테리어는 전체적으로 은은한 원목 무늬에 커튼과 소파의 붉은색으로 포인트를 주었다. 윌리엄 터너의 작품으로 보이는 풍경화가 몇 점 있고, 도자기 접시와 조각들이 장식장을 가득 채우고 있다. 에드워드 스타일의 청동색 벽난로 프레임 앞에는 빅토리아풍의 오토만 의자가 절묘하게 짝을 이루고 있다. 특히 이중 곡선 캐브리올 다리로 세팅을 맞춘 듯한 로코코식 고가구들의 품격이 인상적이다.

타일러 부부가 처음 이 집을 봤을 때는 정원과 접한 안쪽 벽이 허물어져서 방송 스튜디오의 세트처럼 실내가 훤히 드러나 보이는 상태였다. 후기 빅토리아 시대에는 층고를 높이는 것이 유행이어서, 벽과 벽 사이가 좁았다. 그러나 사빈은 거실을 넓게 쓰고 싶었기에 벽을 헐고 그 자리에 이오니아식 오더의 배흘림 원형 기둥을 받쳤는데, 운치가 그만이다. 허물어진 정원 쪽 벽은 유리창을 강조하여 햇살과 풍경을 한껏 끌어들였다.

사빈은 "가족의 역사가 구석구석 배어 있는 집"이 좋은 집이

사빈의 정원

라 믿는다. 오래된 가구들은 모두 모국 벨기에에서 어머니와 할머니가 쓰시던 것을 물려받았고, 집 곳곳의 조각품들은 출가한 딸의 체취가 담긴 것이다. 런던의 한 단추 가게가 문을 닫게 되었을 때, 장식장을 통째로 구입해다가 손질해서는 고스란히 주방 인테리어로 썼다. 식탁도 그 가게의 카운터 테이블로 쓰던 것이라고 한다.

정원은 가든 디자이너 웬디 라이트가 설계를 맡았다. 안쪽 문을 열면 정원으로 내려가는 계단이 다섯 개, 벽에 매달린 덩굴식물이며 계단참 사이로 얼굴을 내민 꽃들, 계단이 이미 화원이다. 맞은편에는 정원의 파사드로서, 포세이돈의 얼굴을 부조로 새긴 반원형 알코브[16]가 알맞게 어깨를 벌리고 있다. 포세이돈의 입에서 흘러내린 물이 아래의 반원형 연못을 채우고 알코브 뒤편으로 흘러 작은 서펜타인 도랑을 이루며 정원 안쪽으로 뻗어 있다.

안쪽에는 300제곱미터(약 100평)쯤 되는, 널따란 정원이 펼쳐진다. 이 일대가 처음부터 넓은 정원이 딸린 고급 주택지로 계획되었다고 한다. 일대의 집들이 모두 이 정도 규모의 정원을 안쪽에 두고 있으니, 배후에 웬만한 공원 하나가 있는 셈이다. 담 한쪽으로는 아름드리나무들이 줄지어 서서 수벽樹壁을 이루며, 그 안쪽으로 넓은 잔디밭이 펼쳐진다. 가장자리로는 백화가 만발한 화단이 들쑥날쑥 자연스런 곡선을 그리고, 제일 안쪽 끝에 아담한 파빌리온, 그 옆으로 허브와 채소가 자라는 키친 가든이 있다. 그 주위로는 대여섯 개의 라운드 테이블이 놓여 있다.

파티복을 편하게 차려입은 젠틀맨 클럽의 연회를 짐작으로 떠올리며 답사를 마치고 사빈에게 인사하는데, 갑자기 인기척과 함께 한 무리의 사람들이 담길을 따라 정원 한켠에 세워진 온실로 들어간다. 궁금해서 물어보니, 여기에는 사빈의 따뜻한 배려가 숨어 있었다. 본채 바로 안쪽의 온실 아래에는 작은 실내 풀이 있는데, 수요일마다 이웃 주민들에게 수영장을 개방하는 것

이었다. 우리가 찾아간 날이 마침 수요일로 집 옆 작은 담길로
아이들의 손을 잡고 수영장을 찾는 이웃들의 웃음꽃이 환했다.
저 꽃이야말로 사빈의 정원이 피워낸 가장 아름다운 비밀의 꽃
이 아닐는지.

티드콤 장원의
애매한 풍경식 가든

런던에서 서쪽으로 두 시간 거리의 월트셔 지방에 티드콤 장원 Tidcombe Manor이 있다. 유네스코 세계문화유산에 등재된 온천휴 양지 배스와 선사先史유적지 솔즈베리의 중간쯤에 위치한, 260년 된 젠트리 전성시대의 영지다. 서쪽으로 M4 고속도로를 달리다 가 A338번 국도를 만나 남행선으로 갈아탄다. 영국의 국도는 대 부분 2차로로, 양옆으로 그림 같은 풍경이 이어진다. 완만한 구 릉을 따라 연초록 목초지가 펼쳐져 있고, 여기저기서 양 떼가 새 끼들을 끌고 풀을 뜯는다. 유채꽃밭은 노란 손수건을 펼친 듯하 고, 길가에는 조팝꽃과 왕벚꽃, 재스민 꽃들이 흐벅지게 피어 흔 들거린다.

에딩턴, 우리로 치면 읍 정도 되는 작은 도시가 나온다. 3층

건축의
표정

건물이 드물 정도로 한적하고 깔끔한 모습이다. 첫 번째 주유소에서 건축가 애덤 리처즈^{Adam Richards}를 만났다. 40대 초중반쯤으로 젊어 보인다. 애덤의 차를 따라 20분쯤 달리자 이번에는 비포장 시골길로 들어선다. 옛날 마차가 다니던 길 그대로다. 18세기 사극을 찍어도 전혀 어색하지 않을 풍경이다. 어쩌면 저 고풍스런 비포장도로가 상대적으로 근대 격변기의 영국인에게 아노미^{anomie}를 덜 겪게 해준 숨은 비결은 아니었을까.

이윽고 애덤의 차가 사철나무 울타리 사이로 사라진다. 티드콤 장원이다. 조금 경사진 앞쪽으로 3만 제곱미터는 되어 보이는 장원이 펼쳐진다. 드넓은 잔디밭이 얕은 오르막 경사 너머로 사라져 장원의 경계가 보이지 않는다. 오른편으로 아담한 2층 저택이 자리를 잡고 있다. 정남향의 붉은 벽돌집이다. 박공 페디먼트를 살린 돌출 현관, 모서리의 라임스톤 장식, 완전 대칭의 창문들과 뿔처럼 쌍으로 솟은 굴뚝, 전형적인 조지 양식이다. 본채 뒤로 독립된 별채가 하나, 정문 옆으로 단층 사랑채가 두 채. 모두 합한 대지 면적이 1000제곱미터쯤 될까. 장원의 크기에 비해 지나치게 소박한 규모다. 그러나 조지 양식의 특징은 맵시와 품위다. 크지는 않아도 장원의 본채로서 기품이 당당하다.

젤리코 부부가 티드콤 장원의 주인이 된 것은 1985년 무렵이다. 노후를 준비하다가 티드콤 장원을 보는 순간 숨이 멎는 듯한 인연을 느꼈다고 한다. 고위 공무원이었던 젤리코 씨는 은퇴

티드콤 장원

를 하면서 먼저 본채 내부를 리모델링한 뒤 장원으로 거처를 옮겼다. 그리고 몇 해 전, 정문 쪽에 붙은 두 채의 사랑채를 다시 리모델링했다. 플린트 하우스^{Flint House}는 리모델링 별채의 이름으로 건축계에 알려졌지만, 인근에서는 티드콤 저택을 이 이름으로 부른다. 플린트 하우스는 본래 마구간이었는데, 파티를 좋아하던 전 주인이 30년 전 두 채의 행랑채를 묶어 파티 때 손님이 묵을 수 있는 사랑채로 개조한 것이었다. 각 채를 침실과 거실로 꾸미고 두 채 사이의 공간에 화장실을 만들어 넣은 구조였다.

젤리코 부부는 멀리서 찾아온 손님이 불편하지 않게 며칠이고 묵을 수 있도록 주방까지 딸린 온전한 구조의 별채를 원했다. 문제는 티드콤 저택이 1등급 보호지정 건물 리스트^{Grade I Listed}

건축의
표정

Building에 올라 있었다는 점이다. 1등급 지정 건물은 보호위원회의 승낙 없이는 문고리 하나, 벽돌 하나 바꿀 수 없다는 엄격한 가이드의 저촉을 받는다. 그렇다고 거실 구석을 쪼개 주방을 꾸미는 편법은 내키지 않았다. 예전에 두 행랑채를 묶을 때 만든 화장실 옆 쪽문도 별채 현관으로 삼기에는 장원의 격에 어울리지 않았다.

건축가 애덤은 저택의 뒤편, 북쪽 경계 울타리 쪽으로 현관 겸 주방을 신축하고 싶었다. 1등급 지정 건물에서는 불가능에 가까운 계획이었다. 젊은 건축가는 1퍼센트의 가능성에 도전했다. 건물 일부를 신설하면서 전통 미관을 해치지 않고도 현대적인 감각과 기능을 살릴 수 있는 공간, 주변과의 맥락이나 짜임새를 기꺼이 수용할 수 있는 외관…… 당연히 보호위원회는 펄쩍 뛰었다.

애덤은 인근 마을의 주택을 뒤지면서 일일이 사진을 찍고, 재료와 공법을 꼼꼼하게 검토했다. 이미 낡아버린 건물들의 색상까지 살펴봐 설계에 반영했다. 특히 지역 특유의 돌인 플린트를 예사롭지 않게 보았다. 플린트는 부분적으로 수정이 박힌 일종의 차돌로서, 플린트로 벽이며 담장을 장식할 정도로 주민들이 상당히 긍지를 느끼는 소재였다. 6개월여에 걸쳐 끈질긴 설득과 위원회의 새로운 지적이 반복되었다. "마침내 위원회가 플린트에 깜빡 넘어갔다. 그래서 집 이름도 플린트 하우스가 되었다."

애덤이 감개무량한 목소리로 웃으며 말했다.

신축 벽면의 하단부를 가비언^{gabion}이란 축벽용 철망 안에 플린트를 가득 채워 쌓고, 그 위에 삼나무 목재로 긴 가로선을 넣으며 내면을 통유리로 처리한 초현대식 디자인이 위원회를 통과했다. 거실 천장에 삼나무 외부선의 이미지로 조화를 이루게 하고, 같은 디자인을 주방의 천장에 적용해 짝을 맞췄다. 비율이 엇갈리게 나 있던 창 하나를 옮겨 달았는데, 기존 벽돌을 빠뜨리지 않고 고스란히 살려야 한다는 위원회의 주문이 마지막 까탈이었다.

애덤은 설계 설명을 마치고 건축주와 잠시 티타임을 가진 뒤 다음 일정을 위해 장원을 떠났다. 그러나 우리는 개인 소유의 풍경식 정원을 보게 된 모처럼의 기회를 그렇게 쉽게 보낼 수 없었다. 사진도 찍을 겸 정원 구석구석을 살펴봐도 좋다는 양해를 얻었다. 정원은 눈부시게 아름다웠다. 저택의 서편으로 아름드리나무들과 수국나무 꽃터널, 모서리에 각을 잡은 사철나무 수벽들이 주 정원을 둘러싸고 있고, 남쪽으로는 영국식 잔디 정원이 드넓게 펼쳐져 있었다. 정원 여기저기서 제철을 만난 수선화들이 세레나데를 부르고 있었다.

울타리로 둘러싸인 주 정원은 뭔가 전체 조형과 어울리지 않아 보였다. 전 주인이 미국인이었는데, 워낙 파티를 좋아했다고 한다. 정원 이곳저곳에서 파티를 벌이는 모습을 떠올리니 주 정

건축의
표정

원의 용도가 이해된다. 주 정원은 세 구역으로 나뉘어 있다. 저택 맞은편, 즉 북쪽 가장자리에는 수영장이 있다. 본채 근처까지 직선으로 수국 꽃터널이 뻗어 있는데, 이는 아마도 탈의실을 겸한 아이디어로 보인다. 중간에 시선 차단용 수벽을 조성했고, 중앙부에는 플린트 돌담을 허리 높이까지 쌓아올린 정방형의 프랑스식 화원을 만들었다. 네 개의 조각기둥을 경계로 다양한 꽃무더기가 기하학 무늬로 배치되어 있다. 돌 정원 서쪽 끄트머리에 테니스 코트가 있고, 남은 공간은 연회장이다. 여기서 고기를 굽고 술을 마시고 악기를 연주하며 춤을 췄을 것이다. 아름드리나무들에 둘러싸인 아늑한 공간, 한여름 밤의 노랫소리로도 주위에 불편을 끼칠 걱정이 없는 최적의 파티 장소다.

정원에 대해 생각이 많아진다. 정원과 조형, 아름다움과 행복에 대하여. 전 주인 미국인의 정원은 다분히 키치적이지만, 미국인답게 확실히 실용적이다. 정통 조원 방식에 비해 훨씬 더 행복했을 듯싶다. 수영장 물놀이를 좋아하는 손자 손녀들, 꽃을 즐기는 부인들, 테니스 대결을 펼치는 남자들, 슬그머니 산책을 나가는 청춘들, 파티를 즐기는 친지와 친구들……. 젤리코 부부가 키치 스타일을 굳이 정통 영국식으로 손보지 않고 그대로 둔 까닭을 알 것도 같았다.

옥스퍼드 형제의
돌집 이야기

건축가 팀 브루스딕과 그레이엄&제러미 스미스 형제는 옥스퍼드 근교에 '돌집'을 지으면서 처음 만났다. 집이 흡족하게 지어지지 않으면 건축주와 건축가의 우정은 이어질 수 없다. 집은 둥지인 동시에 인연의 끈이다. 30년 가까이 돌집의 삶은 여전히 풍성하고, 약속 없이도 우정은 여전히 훈훈하다.

옥스퍼드의 돌집은 유명하다. 학교 건물도, 인근의 장원도 모두 옥스퍼드 특산인 Lodswold 돌을 사용한다. 인기가 높다보니 돌이 동나버렸다. 이제는 Lodswold로 돌집을 지으려면 옛집의 돌을 재활용하는 수밖에 없다. 그리하여 그레이엄은 어려서 눈여겨봤던 지금의 집터를 1974년에 구입했고, 인근의 허물어진 집을 사서 돌을 확보했다. 그리고 당시 옥스퍼드대학에서 교편을 잡고 있던 팀의 신문 기사를 보고 전화를 걸었다. 그렇게 만난 인연이지만, 팀과 그레이엄은 지금도 친구처럼 돈독한 우의를 간직하고 있다.

건축가 팀에게 보내는 건축주 그레이엄 부부의 편지는 이렇게 시작된다.

The Not-So-Brief Brief:
Generally…… We want a house that's not just a house, but a home-with every square foot living and lived-in space, not 'show' space……

'그리 간결하지 않은 메모'라는 제목 아래 '이런 집을 지어주세요. 그냥 집house이 아니라 살아 숨 쉬는 집home을. 과시용 공간이 아니라 구석구석 온몸으로 비비고 살아가야 할 공간을……'로 시작하는 편지는, 스미스 부부가 원하는 집의 요모조모에 대한 상세한 요구 사항을 담고 있다. '벽이 거실을 옥죄는 느낌을 주지 않을 것, 집의 스카이라인이 문밖의 커다란 삼나무와 주위의 처웰 계곡으로 자연스럽게 이어지도록 해줄 것' 등을 포함해서 인테리어, 주방, 침실, 그리고 지붕은 어떻게 해달라는 주문까지 여간 꼼꼼하지 않다. 심지어 '창문은 팔을 내밀어 안팎을 모두 깨끗이 닦을 수 있도록 만들어줄 것'이라는 조항까지 적혀 있다.

물음표만 수십 개다. 궁금한 것은 전부 묻는다. '고압 전류의 절연재는 이중으로 할까요? 삼중으로? 아예 유리질을 입혀버릴까요? 이 문제로 우리는 한바탕 소란까지 벌였답니다'라며 애교를 부리기도 한다. 그래놓고는 다시 '수많은 물음표는 때로는 가능성을, 때로는 필요 여부를, 혹은 둘 다를 묻는 것이거나, 전혀 모른다는 고백일 수도 있습니다. 우리는 이 일에 완전히 초보거든요'라면서 꼬리를 내리기도 한다.

1978년 5월 30일자로 보낸 편지다. 낡아서 변색된 네 장 분량의 기록인데, 보관했던 편지를 보여주는 그레이엄의 표정은 긍지로 가득했다. 이제껏 이토록 모범적인 건축주는 본 적이 없다. 새로 집을 짓고자 하는 사람에게 그레이엄만큼 좋은 본보기도 없을 듯하다. 그레이엄이 그랬듯이, 건축주가 누려야 할 최고의 권리는 솔직함이다. 솔직함이 최상의 커뮤니케이션을 낳으며, 허세는 집에 해코지가 될 뿐이다. 그레이엄 부부는 첫 집 짓기 앞에서 들뜨고, 궁금해하고, 기대하고, 불안해한다. 집짓기의 즐거움과 두려움을 만끽하면서, 다른 한편으로는 차분하고 치밀하다. 모든 요구 사항을 문서로 남기고 보관했다. 편지에 밝힌, 당시 그레이엄의 건축 예산은 4만 파운드로, 인플레이션을 감안하면 지금 우리 돈으로 10억 원쯤 될까.

위컴 하우스^{Wykeham House}는 그렇게 지어졌다. 이웃의 높직한 성직자 사택과 집 뒷마당의 삼나무와 키를 맞추느라 집도 덩달

위컴 하우스

아 키가 커졌다. 팀은 집 중앙에 굴뚝을 세워 주 기둥을 삼고, 기둥 주위로 돌아가며 반 층마다 공간을 배치했다. 덕분에 매우 입체적인 설계가 탄생했다. 위컴 하우스의 매력은 거기서 시작된다. 굴뚝을 맴돌듯 배치된 계단을 걷다보면, 걸음을 따라 다양하고 율동적인 공간들이 빛의 방향에 따라 서로 다른 표정을 보여준다. 거실은 거의 두 층 반 높이로 시원하게 열려 있고, 전면의 벽 전체를 대신한 유리창으로 정원의 풍경을 고스란히 빨아들인다.

600제곱미터쯤 되는 널찍한 정원은 잔디를 기본으로 튤립이며 수국, 라벤더 무더기로 화단을 꾸민 빅토리아 스타일이다. 서쪽 벽면에는 네 개의 기둥을 세운 목재 퍼걸러에 능소화 비슷하게 생긴 덩굴을 얹었고, 동쪽의 수십 미터 아름드리 삼나무 아래로는 멋진 너럭바위 주위로 작은 동산을 만들어 입체적으로 정원의 개성을 살렸다.

안타깝게도 이곳의 흥분과 긴장, 호기심과 불안감, 새집의 감동을 함께했던 반려 엘런은 10년 전 먼저 세상을 떠났다고 했다. 게다가 위컴 하우스를 찾은 날이 하필 새로 부인될 사람과 약혼식을 치르는 날이라고 한다. 상대는 친하게 지내던 마을의 아주머니다. 아들과 딸이 아버지의 외출 채비를 거들며 환하게 웃는다. 짙은 남색 정장에 나비넥타이를 산뜻하게 맨 그레이엄은 작별 인사와 함께 시원한 웃음을 날리며 식장으로 떠났다.

집을 짓는 동안 그레이엄과 팀은 친구가 되었다. 그레이엄은 팀을 동생 제러미에게 소개했다. 형과 함께 버스 운수회사를 경영하는 제러미의 집 렉토리 팜Rectory Farm은 같은 마을에 있었다. 헛간을 개조한 집인데, 원래 튼튼한 돌집이었기에 외양은 크게 손대지 않았다. 중앙 부분에 있던 출입문을 페디먼트 포치로 바꾸고 지붕을 웨일스 산 슬레이트 조각으로 대체한 뒤, 몇 군데

248

미관상의 세부 작업을 한 것이 전부다. 그중 채광이 무시되었던 창고의 돌벽을 뚫고 새로 창을 내는 작업이 난공사였다.

렉토리 팜의 진면목은 내부에 있었다. 창고의 층고가 어찌나 높던지, 내부 작업만으로 3층 구조를 만들 수 있었다. 대들보와 도리의 굵기가 씨름 선수 허벅다리만 했으니 구조 문제도 걱정할 필요가 없었다. 높은 벽의 중간을 나누어 2층 슬라브를 설치하고, 대들보 위로 몇 군데 다락방을 열었다. 그 사이로는 통로를 만들고 남은 공간은 비워두었다. 덕분에 2층과 3층 사이가 시원하게 열리는 홀 같은 효과를 얻었다. 들보와 도리 선을 드러냄으로써 기하학적인 도안 효과를 얻은 것은 기대하지 않았던 보너스였다.

부인 수전은 "헛간이 이렇게 재미있는 공간이 될 줄 몰랐다"며 흥겨워했다. 공간 장식이 취미인 수전의 손길은 특히 대들보 부분에서 맵시를 보여주었다. 굵게 뻗은 삼각형의 대들보 선 위로 수전의 손때가 묻은 각종 장식이 자리를 잡았다. 비워둔 천장은 샹들리에를 드리우기에 적당한 높이를 만들어주었고, 들보 사이를 연결한 통로의 난간은 태피스트리를 거는 데 최적의 스크린이 되었다. 가장자리 벽면의 들보 팀버에는 중세풍의 방패 장식을 걸어 독특한 분위기를 연출했다. 그 사이로 샴고양이가 물건을 떨어뜨리지 않으면서 날렵하게 지나갔다.

정원은 간단명료하게 그냥 잔디 정원이었다. 1000제곱미터

렉토리 팜

쯤 되어 보이는 넓은 정방형 뒷마당을 잔디로 뒤덮었다. 양쪽 가장자리에 일렬로 직사각형 화단을 만들어 장미와 허브 등을 심었고, 가장 안쪽 끝에는 키친 가든을 일궈 채마를 가꾸었다. 가지런히 다듬어놓은 잔디의 매무새로 보아 주인이 정원에 무관심한 것도 아니었다. 다만 아주 간결한 취향이었다. 이 무미건조한 잔디 정원이 18세기 유럽을 경악시키며 일대 유행을 불러일으켰고, 오늘날 정원과 공원의 기본 문법을 형성한 바로 그 '카펫 그라운드'였다.

　잔디 정원 저편 끝에서 느린 움직임이 감지되었다. 오랜만에 자신의 작품을 되돌아보는 팀이 감회가 새롭다는 표정으로 연신 디지털카메라의 셔터를 눌러대고 있었다.

5장

도시의 대안
'미래형 공동주택'

탄소 제로,
모두가 꿈꾸는 전원 마을
베드제드

인클로저로 인한 난민 폭발과 런던의 '백투백' 줄줄이 집들, 게다가 콜레라 재앙까지. 저 살풍경 속에서 영국은 기적처럼 미래형 주택을 상상한다. 레이먼드 언원은 그린벨트와 도심 정원을 정착시켰고, 에버니저 하워드^{Ebenezer Howard}1는 세계 최초로 전원도시^{Garden City}를 설계했다. 오늘날 미래형 공동주택에 관해서도 영국은 전위다. 특히 런던 남쪽의 서턴 지역에 둥지를 튼 베드제드^{BedZED} 마을은 친환경으로 세계적인 관심을 끄는 프로그램이다.

2002년 82가구의 주거 공간과 일부 사무 공간 및 공동체 시설이 포함된 아담한 생태 주거단지가 완공된다. BedZED는 Beddington Zero Energy Development의 약자다. 조명이나 난방을 위한 화석연료 소비를 제로로 낮추겠다는 의지가 담긴 이

254

름이다. 그렇다고 최첨단 신기술을 동원한 것도 아니다. 이미 검증된 친환경 기술을 최대한 활용하여 최상의 결과를 도모한 패시브 건축passive house 2 프로젝트다.

길게 이어진 3층 연립 형식의 베드제드는 갈색 벽돌을 기본 외형으로, 지붕은 검은 방수목 패널로 둥글게 마감한 귀여운 외형을 하고 있는데, 안을 들여다보면 벽 두께부터 심상치 않다. 특수 단열재 두께만 30센티미터이며, 바깥 목재 패널까지 합하면 50센티미터가 된다. 집들은 모두 남향이고, 남쪽 벽은 전부 유리창으로 설계했다. 유리창은 기본 3중창, 단열 유리창은 공기층 두께가 1센티미터에 달한다. 열 손실을 최소화한 구조다. 지붕에는 닭 벼슬 모양을 한 굴뚝들이 빨강·노랑·파랑 색색으로 줄줄이 늘어서 있다. 바람의 방향을 따라가며 실내에 공기를 공급하도록 하는 환풍기인데, 외부의 찬 공기와 실내의 더운 공기를 뒤섞는 열교환기가 장착돼 있어 창문을 열지 않고도 환기가 된다.

연립이면서 영국인의 로망인 정원 문제도 해결하고 있다. 동과 동 사이의 간격은 5미터 안팎으로, 그 사이를 잇는 구름다리가 집집마다 놓여 있다. 3층 바닥 높이의 구름다리 저편에는 쌈지 정원이 있다. 쌈지 정원은 맞은편 앞 동의 북쪽 지붕이 되어 겨울철의 한기와 여름철의 복사열을 막아준다. 정원은 가구 단위로 구획되어 집주인이 취향대로 가꾸도록 되어 있으며, 철제 난간을 경계로 이웃과 안면을 트고 경작물을 교환할 수도 있는

베드제드

구조다. 옥상 정원은 빗물 수집 기능을 겸한다. 정원에서 받아낸 빗물은 지하에 설치된 물탱크에 저장되었다가, 다시 정원용수 및 화장실용으로 사용된다.

  가장 감탄했던 것은 설계의 섬세함이었다. 베드제드는 주거 단지와 사무 공간, 공용 스포츠센터와 여가시설, 그리고 복합 상업지구가 효과적으로 결합되어 있다. 주거 공간도 원룸부터 방 4개짜리 복층 구조까지 다양하게 구성되어 있다. 쌈지 공원이 딸린 가구를 중심으로 원룸이며 사무실이 자리를 잡는데, 특히 업

건축의
표정

무 공간의 역할이 눈여겨볼 만하다. 주거 공간을 최대한 남향으로 앉히고 북향은 상대적으로 자연 채광이 덜 요구되는 사무실 차지가 된다. 게다가 낮의 전기 사용량이 많은 상업 공간과 주로 저녁 이후에 전기를 쓰는 주거 공간의 에너지 수요 균형을 감안한 배합은 절묘하기 짝이 없다.

베드제드는 전기를 거의 자급자족한다. 단지 한켠의 소형 열병합발전소CHP, Combined Heat and Power에서 단지 내 소요 전력의 90퍼센트를 해결한다. 자치구 인근의 목재소에서 나오는 목재 찌꺼기와 매립장에서 분리 처리한 바이오매스를 주 연료로 하여 소음과 매연 공해 없이 하루 100킬로와트가량의 전력을 생산한다. 나머지 10퍼센트는 지붕 및 3층 유리창에 설치한 태양광 패널을 통해 해결한다. 패시브 설계 덕택으로 베드제드는 주변보다 전기 사용량은 45퍼센트, 물 사용량은 58퍼센트, 난방 에너지는 81퍼센트를 절감할 수 있었고, 쓰레기도 60퍼센트나 줄었다.

베드제드는 대중교통과 자전거, 보행으로 일상이 가능하게끔 '휴먼 스케일'에 설계의 기반을 두었다. 주민은 누구나 태양전지로 움직이는 공용 전기자동차를 예약해서 사용할 수 있으며, 주차장에는 공용 충전 시설도 마련되어 있다. 이용료는 월말과 연말에 정산하며, 일반 자동차 비용의 3분의 1이면 충분하다. 그 결과 서턴 지역의 평균 자동차 사용률에 비해 64퍼센트의 절감 효과를 얻었다.

베드제드 부지는 원래 서턴 자치구의 오수처리장이 있던 곳인데, 주택 전문 자선 기관 피바디 트러스트[3]가 바이오리저널 개발 그룹과 손잡고 프로젝트를 진행했다. 그래서 30퍼센트는 저소득층 대상이고, 30퍼센트는 피바디 트러스트와 입주자가 공동 소유하며, 나머지 40퍼센트는 일반 분양으로, 임대주택과 분양주택을 적절히 엮어주는 사회적 혼합Social Mix을 추구했다. 패시브 설계로 집값이 일반 주택보다 30퍼센트가량 비싸지만, 에너지 절약 효과로 몇 년이면 가격 차이를 충분히 상쇄할 수 있다고 한다.

설계는 친환경 생태건축가 빌 던스터Bill Dunster가 맡았다. 그는 주민의 커뮤니티 활동에 설계의 초점을 두고, 운동장과 스포츠 센터, 야외 공공 스페이스, 공공시설들을 배치했다. 단지의 전체 규모를 82가구, 220명 정도로 잡은 까닭도 주민의 공동체 활동을 감안한 것이었다. 덕분에 베드제드는 살사댄스며 요가, 태극권, 연주 동아리 등 주민들의 여가활동이 매우 활발한 곳이 되었다. 특히 쌈지 정원을 활용한 유기농 활동이 두드러진다. 자체 유기농 시장을 열고, 직접 생산한 농산물을 거래한다. 유기농 식사 모임과 파티 등도 열린다. 자체 통계에 따르면, 주민의 86퍼센트가 유기농 식품을 섭생하고 39퍼센트는 직접 기른 채소를 먹는다고 한다.

방문했을 때 다행히도 베드제드는 모델하우스를 연장 운영하고 있었다. 우리 부부는 마치 집을 사기라도 할 것처럼 구석구석 꼼꼼하게 뜯어보았다. 두툼한 복층 유리의 두께며, 50센티미터의 두꺼운 단열벽이라니. 호사스런 마감재 대신 기능에 충실한 친환경 자재가 더욱 미더웠다. 침실과 계단실에는 천창이 설치되어 있었다. 천창에 대해서는 평소 부정적인 편견을 가진 터였다. 새로 지은 집에 천창을 달고 가을 밤하늘의 별을 본다던 지인은 겨울철 혹한의 냉기에 입을 다물었고, 이듬해 여름 찜통 열기를 견디지 못하고 천창 위로 지붕을 덮어버렸다. 그런데 혹시 영국식 복층 유리의 3중창이라면, 한국의 혹한과 혹서를 견딜 수 있을까? 구름다리 건너의 쌈지 정원이 절창이었다. 정원을 가꾸는 재미도 재미려니와, 남향 거실에서 마주 보는 정원은 흡사 바빌로니아의 공중정원 같은 느낌을 자아냈다.

베드제드는 2001년 RIBA의 하우징 디자인상을 시작으로 2005년까지 스털링상과 세계주거상 등 모두 15개의 상을 휩쓸었다.

미래는 도심 속에 있다,
그리니치 밀레니엄 빌리지

베드제드가 전원 공동 주거의 미래형이라면, 도심 주거의 미래형으로 좋은 사례가 있다. 도클랜드 동쪽의 그리니치 반도에 자리잡은 그리니치 밀레니엄 빌리지Greenwich Millennium Village가 그 본보기다. 밀레니엄 돔 입구의 노스 그리니치 전철역에서 나와 돔을 등지고 10분쯤 걷다보면 빨강·노랑·하양·파랑의 알록달록한 귀여운 아파트 단지를 만나게 된다. 아파트 단지라 해도 한국처럼 대규모 타운에 고층 건물들이 숲처럼 빽빽하게 들어선 살풍경이 아니다. 하나의 건물이라도 지붕선이 오르락내리락하게 키를 맞추지 않았으며, 발코니도 들쭉날쭉 집마다 모양이 제각각이다.

GMV는 '21세기 도시마을' 모델을 궁구하기 위해 영국 정부가 밀레니엄 커뮤니티 프로그램^{Millennium Communities Programme}의 일환으로 작심하고 추진한 주거 프로젝트다. 모두 7개의 밀레니엄 시범 지구를 선정하여 추진했는데, GMV가 첫 번째이자 대표 모델이 된다. GMV는 생태와 주거 공간이 어우러진 '도심 속의 녹색 주거'를 지향한다. 핵심은 '자연 친화+인간 중심 설계'다. 마스터플랜에 따르면, 중앙의 드넓은 잔디 광장에서 북쪽의 템스 강까지 연못과 생태습지, 인공호수로 이어지는 3개의 주 공원(센트럴 파크, 서던 파크, 에콜로지 파크)을 네 개의 단지가 둘러싼 모양이다. 공원에 식재된 나무만 해도 무려 12만 그루다. 생태습지 위로는 목재 다리를 놓아 공원 전체의 순환 산책로와 연결했다. 공원 끝의 강변에는 작은 부두가 있다. 그리니치 요트 클럽의 관문인 피어트리 와프^{Peartree Wharf}다.

강과 호수, 요트, 울창한 수풀을 낀 산책로 등의 낭만을 베드제드의 전원풍과 변별해주는 GMV의 진면목은 전천후 교통 시스템이다. 그리니치 반도가 영국 정부의 눈길을 끈 것은 세계문화유산인 그리니치 공원을 지척에 둔 도심 속 유휴지라는 점, 그리고 바로 왼편 도클랜드의 배후지라는 점이었다. 강 건너 고층 건물 밀집지역인 카나리 워프의 종사자들을 거주자로 유치할 수 있다면, GMV의 연착륙은 물론 저들의 출퇴근 교통량 감소만 해도 엄청난 망외의 효과를 낼 터였다. 서울로 치면 송파구 올림픽 선수촌쯤 되는 위치인데, 유적공원 몽촌토성을 끼고 있는 점까지 묘하게 닮아 있다.

　더블 S자 모양의 말발굽형 강굽이에 갇힌 고립무원의 반도 땅 GMV에 시나브로 꿈의 교통망이 탄생한다. 북쪽 도클랜드로 건너가는 블랙월 하저터널(1897년 개통)을 손질하면서 8개의 버스 노선이 GMV를 거친다. 그중 3개는 24시간 운행을 한다. 초장에서 밝혔듯이 지하철 주빌리 라인의, 역마다 강을 건너는 말발굽형 지형의 캐나다 워터-카나리 워프-노스 그리니치-캐닝타운 구간도 다분히 GMV를 의식한 설계로 보인다. 그리하여 세인트 폴 대성당이 있는 센트럴 런던까지 버스로 21분, 지하철로 13분밖에 걸리지 않는다. 인근 도심지까지 운행하는 경전철LRT

그리니치 밀레니엄 빌리지

은 단지 안에서 400미터 간격으로 정차한다.

이번에는 강이다. 런던 리버 서비스는 밀레니엄 돔 바로 동쪽으로 노스 그리니치 부두를 개설하고 출퇴근 보트를 운행한다. 더욱이 2012년 6월에는 에미리트 항공의 후원으로 노스 그리니치 역에서 강 건너 2시 방향에 있는 로열 빅토리아 경전철 역까지 케이블카가 개통되었다.

육해공과 지하까지 대중교통에는 투자를 아끼지 않는 GMV이지만, 교통 체증과 대기 오염의 주범인 승용차에는 냉정하다. 주차장은 가구당 1.25대로 한정했으며, 더욱이 주차장은 주택과 별도로 구입해야 한다. 한 대 공간에 3000만 원 정도 한다. 지상 주차장은 공무용으로 최소화하고 모두 지하 주차장과 주차 타워로 치워버렸다. 주차장 옥상은 공원과 광장으로 쓰인다. 그래서 GMV에서는 차량이 눈에 잘 띄지 않는다. 단지 내 도로는 구급차나 이사 차량 등 긴급 용도로 포장을 최소화하는 한편, 보행과 자전거 복지에 주력했다.

주거 동은 층수를 복합적으로 처리했다. 공원과 인접한 동은 3~6층으로 주저앉히고, 바깥쪽 동들은 6~13층으로 일으켜 세워 조망권을 폭넓게 안배했다. 평면도 원룸에서 침실 네 개짜리 복층까지 복합적으로 구성했다. 주민의 연령 사이클에 따라 공간을 재구성할 수 있도록 열어둔 설계도 GMV의 득의의 카드다. 아이가 성장해서 외지로 나가거나 부모가 은퇴하여 함께 살게 되었을 때, 칸막이벽을 조정해서 방을 하나 없애거나 아래위층을 연결할 수 있게 한 방식이다. 잠시 살다가 팔고 떠나는 부동산이 아니라, 평생을 지내는 도시 속 마을이 갖는 유연한 구조 개념이다.

마을 커뮤니티를 활성화하기 위해 단지는 여러 개의 작은 광장을 중심으로 둘러앉듯이 배치했으며, 학교와 탁아시설, 병원과 헬스장 등 커뮤니티 시설들이 동선의 중심을 이루게 했다. 임대용과 분양용 주택을 뒤섞어 배치한 것도 커뮤니티 강화를 위한 설계다. GMV의 30퍼센트는 임대주택이며, 그중 3분의 2는 장애인과 저소득층을 위해 임대료를 40퍼센트 정도 할인해준다. '사회적 혼합Social Mix'은 영국이 지향하는 미래 공동체의 핵심 모토인 것이다.

친환경 시설은 기본이다. 단지 중앙에는 풍력발전기를 설치해 물을 공급하는 펌프의 전력을 자체 해결한다. 열병합발전으로 이산화탄소 배출을 줄이고 태양열 집열판, 고성능 단열재, 절전형 등, 일조 조절 센서 등을 적극 활용해 기존 주거단지보다 에너지 소비를 50퍼센트나 절감했다. 빗물 재활용, 중수도 시스템, 절수형 변기, 스프레이형 수도꼭지 등으로 물 사용량도 30퍼센트를 줄였다. 친환경 자재 사용을 의무화해 페인트마저도 유독가스가 적게 나오는 무공해 페인트를 사용함으로써 GMV는 영국의 친환경 주택 인증 테스트에서 최초로 excellent 등급을 받았다.

여기서 유념할 점은 GMV가 최고급 아파트 생산을 목표로 한 재개발redevelopment이 아니라 도시의 치유를 위한 재생regenera-tion 프로그램의 일환이란 것이다. 그리니치 반도는 100년 이상 대규모 가스 저장 및 처리시설이 있던 곳이었다. 1985년 공장이 문을 닫으면서 77만 제곱미터의 땅이 방치된 채 건축 폐기물까지 버려지며 애물단지가 되었다가 밀레니엄을 앞두고 잉글리시 파트너십English Partnerships4을 주축으로 본격적인 재생 프로젝트가 가동되었다. 템스 강 수변 공간과 생태 보존지역까지 연계하여 반도 전체 181헥타르를 친환경 공원 형식으로 되살리는 프로그램이다. 밀레니엄 돔과 GMV(29헥타르)도 이 프로그램의 일환으로 진행된 것이다.

GMV의 설계는 휴머니즘 건축으로 유명한 랠프 어스킨Ralph Erskine5이 맡았다. 지역 커뮤니티 중심의 저층고밀을 추구해온 어스킨은 '21세기 도시마을'의 모델로서 GMV가 현대의 아파트촌이면서 동시에 18~19세기 런던의 거리와 마을의 뉘앙스를 갖길 원했다. 평소 "건축은 건축가의 기념물이 아니라, 인간의 존엄과 평등 및 자유를 존중하는 표현물이어야 한다"고 말해온 어스킨은 단지 안에 거주 예정자들이 방문할 수 있는 사무소를 설치하고, 건물의 형태와 평면, 학교 및 탁아소의 위치, 주민의 희망 사항 등을 지속적으로 수렴해왔다.

어스킨은 GMV의 완공을 보지 못하고 2005년 3월, 91세를 일기로 눈을 감았다. GMV의 주 진입로 초입에는 어스킨의 말을 새긴 현판이 세워져 있다. "이것(GMV)은 내 삶의 궁극적인 도전이다. 평생 쌓아온 모든 경험을 쏟아부었다. 몇 년 전까지 이 땅에는 아무것도 없었다. 지금 이곳에는 최고의 병원과 학교, 생태공원이 들어섰다. 텅 빈 백지 같았던 땅에 지금은 삶이 숨 쉰다."

혁신의 작은 거인,
머리 그로브

영국에서는 다양한 공동 주거 실험이 진행되고 있다. 특히 정원과 미니 광장, 쌈지 공원을 챙기는 영국식 정서는 거의 본능이라 할 만하다. 며칠 동안 차를 몰고 어버드 할로^{Abode Harlow}, 발링 코트 프로젝트^{Barling Court Project}, 센추리 코트^{Century Court}, 하우징 인 캠던^{Housing in Camden}, 머리 그로브^{Murray Grove}, 뉴홀^{Newhall} 등 런던 근교의 공동 주거 프로젝트들을 돌아보았다. 다소 특색들을 띠는 가운데 거개가 2~3층, 높아야 5층 정도에 한국의 아파트 단지 하나쯤 될 만한 아담한 규모였다. 이 정도 규모가 이웃과의 소통이며 주거 커뮤니티의 영국식 적정치인 셈이다. 단지 중앙의 잔디 광장에서 공을 차며 뒹구는 꼬마들, 유모차에 아이를 태우고 이야기를 나누며 걷는 아주머니들, 손을 잡고 산책길에 나선 노부부 등의 한가로운 모습이 자동차 중심의 한국식 아파트 문화와 대조적이었다.

　서울에서 의정부 거리쯤에 해당되는 어버드 할로는 2~3층의 집들로 한적하게 꾸민 전원 주거단지로, 집에서 미니 광장으로, 그리고 마을 중앙의 잔디 광장으로 흐르는 동선이 물처럼 자연스러워서 좋았다. 고속도로에서 국도로, 그리고 마을 진입 도로로 접어들 때 속도가 눈에 띄게 느려지도록 꾸민 길의 설계 또한 눈여겨볼 만했다. 샘물이 도랑을 흘러 내를 이루고 강과 만나듯, 길 또한 그렇게 점증과 점강의 속도로 만나고 있었다. 길의 효과 덕분이었을까. 어버드 할로는 이웃 커뮤니티를 잘 구현한 설계(설계자 프록터 앤드 매슈스Proctor&Matthews)로 스털링상(2004)과 RIBA 내셔널 어워드RIBA National Award(2005) 등 하우징 프로젝트 부문에서 9개의 상을 받았다.

　지방 도시 글로스터셔 첼트넘에 있는 센추리 코트도 인상적이었다. 옆으로 길쭉한 5층 건물과 양쪽 끝에 각각 원형 별채 하나씩을 세운 미니 주거단지였는데, 흰 벽과 원목 외장을 교차시킨 디자인이 매우 깔끔했다(설계자는 필던 클레그 브래들리Feilden Clegg Bradley). 낡은 오피스 빌딩이 있던 부지를 2000~2001년 리모델링한 것으로, 영국에서는 인기 없는 플랫 스타일이 고가의 호황을 누리는 매우 보기 드문 사례였다.

　센추리 코트는 건물 면적의 다섯 배쯤을 광장과 화단으로 할

270

애했다. 주차장과 운동 시설은 전부 지하로 들어갔다. 특히 멋진 부분은 단지 정문에서 광장을 지나 각 동의 출입구로 이어지는 부챗살 같은, 드러나지 않는 가상의 동선이었다. 가로로 긴 건물의 전면에는 첼시 가든 어워드 우승자가 설계한, 건물 길이만큼이나 기다란 화단이 조성되어 있었다. 이 화단 사이로 뚫린 보행로가 가상의 부챗살 동선을 유도하는 것이었다. 동 출입구별로 파편화되는 한국의 아파트 문화를 연상해보면, 화단의 설계 하나로 발생하는 '이웃'의 효과가 새삼스럽다.

그리고 빠뜨릴 수 없는 멋진 실험, 머리 그로브(설계는 카트라이트 피커드Cartwright Pickard)가 있다. ㄱ자 모양의 서민용 플랫 한 동에 불과한 초미니 프로젝트이지만, '혁신의 작은 거인'이라 불릴 만큼 혁혁한 성과를 남겼다. 혁신의 주인공은 베드제드에서 소개한 피바디 트러스트다. 1998년 3월 런던의 해크니 구로부터 규격화된 모듈 공법을 전제로 재생 프로젝트를 하나 맡으면서 고민이 시작된다. 머리 그로브 거리의 2차 교차로 모퉁이에 1~2룸 30가구를 수용하는 5층 건물을 짓는 자그마한 일이었다.

피바디는 1920년대 독일 건축가 발터 그로피우스Walter Gropius [6]가 주창했던 건식 공법dry construction을 떠올렸다. 공장에서 미리 건축 부재를 만들어두었다가 현장에서 조립함으로써 콘크리트 성형이나 미장 공사 등에 필요한 물을 전혀 쓰지 않는 친환경 공법이다. 특히 도심에 현장이 있을 경우 신속한 조립으로 공사 기

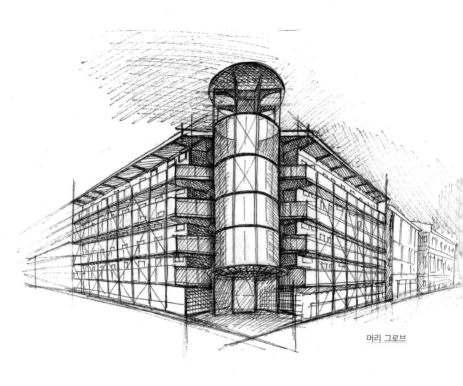

간을 단축하는 효과가 뛰어나며, 그만큼 교통 체증을 최소화하
는 장점이 있다. 같은 원리로 대량생산도 가능하다. 다만 1960년
대에 유행했던 사전 성형 콘크리트 패널 공법의 부작용(결로, 누
수, 퇴화, 곤충 서식 등)이 숙제였다. 이에 선택한 결론은 녹슬지 않
는 아연 도금 강판과 알루미늄 등 첨단 자재를 사용한 혁신 공법
이었다.

먼저 ㄱ자의 학 날개에 해당되는 양익의 긴 몸체는 공장에
서 미리 만든 일체형 금속 프레임 박스(8×3.2×3미터)를 기초 위

에 크레인으로 쌓아가며 일일이 볼트로 조립했다. 미세 진동을 방지하기 위해 프레임마다 5층 높이의 둥근 스테인리스 파이프 기둥을 세우고, 다시 대각선으로 프레임들을 고정하는 강철 케이블을 교차시켜 걸었다. 바닥에는 공장에서 미리 성형한 프리캐스트 콘크리트 패널을 깔았고, 도로 쪽 벽은 모듈에 맞춰 미리 만들어온 테라코타 타일로 마감했다. 복도 바깥의 난간은 무수히 구멍을 뚫은 알루미늄 스크린을 사용해 파이프 기둥 및 와이어와 어울리도록 반투명 효과를 냈다.

양 날개 동이 만나는 교차로 모서리 부분은 원통형 알루미늄 실린더 타워로 해결한다. 중심 부분에 엘리베이터 통로를 기둥으로 세우고 주위에 계단을 두른 뒤, 그 바깥을 구멍투성이 반투명 알루미늄 스크린으로 원통형 실린더를 씌워 디자인을 완성했다. 날개 동의 복도는 원통 실린더의 계단과 엘리베이터로 자연스럽게 이어진다.

머리 그로브 건축의 백미는 안쪽에 있다. ㄱ자형 건물 안쪽의 정방형 공간에 멋진 정원을 꾸민 것이다. 작은 정원 하나가 그리 대수일까 싶지만, 머리 그로브가 33~50제곱미터(10~15평)쯤 되는 원룸과 투룸 임대주택임을 떠올린다면 정원의 존재가 전혀 다르게 다가온다. 마침 건물의 위치는 서북쪽이고, 가구마다 V자로 내민 동남향 발코니가 하나씩 있는데, 거기서 정원을 내려다보는 즐거움이 꽤 크다. 아마도 이곳 월세 주택 경쟁률은 예사롭

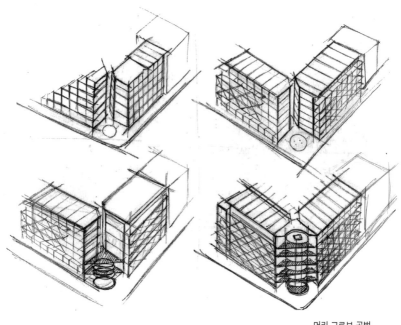

머리 그로브 공법

지 않을 듯싶다.

건축주가 요구했던 '규격화된 모듈 공법'은 복도와 방, 발코니와 부엌과 화장실, 문·창틀 따위의 규격을 정해서 시공 및 보수의 효율화를 도모하는 기법으로 진행했으며, 덕분에 머리 그로브의 공사 기간은 단 7개월밖에 걸리지 않았다. 처음 시도한 혁신 기법은 대만족이었다. 건물 유지와 보수, 내부 비품을 포함한 한 해 관리비가 다른 공동 주거에 비해 5분의 1에 불과했고(3만 4400파운드 대 7000파운드), 에너지 효율도 기대 이상으로 좋아서

건축의
표장

가구당 한 해 연료비를 250파운드(약 50만 원) 정도 줄일 수 있었다. 머리 그로브의 성공에 힘입어 피바디는 이후 여러 대형 프로젝트에 이 기법을 적극적으로 적용하고 있다.

머리 그로브는 RIBA 어워드, 시빅 트러스트 어워드, 하우징 디자인 어워드 등 모두 12개의 굵직한 상을 받았다. 시빅 트러스트 어워드의 심사위원이 남긴 평을 조금 옮겨본다. "빌딩은 지역의 환경을 향상시켜야 하고, 지역 커뮤니티에 순기능을 해야 한다. 머리 그로브는 모듈로 디자인되어 공장에서 만들어지고 부지에 조립된 뒤, 지역 환경에 훌륭하게 공헌하고 있다. 머리 그로브는 미래의 '적정 주택'[7]을 실험하고 학습하는 모범적인 본보기다."

찰스 왕세자의 미래 주거 실험, 파운드베리

좀더 본격적인 영국식 미래 주거 실험인 파운드베리Poundbury를 살펴보자. 런던에서 기차로 세 시간쯤 걸리는, 한국으로 치면 전라남도 순천쯤 되는 곳에 도체스터라는 유서 깊은 도시가 있다. 1993년 이 도시의 서쪽에 인접하여 작은 신도시 파운드베리가 건설되기 시작한다. 마스터플랜은 모두 4단계였다. 1단계 7.5헥타르는 1996년 여름에 완공했고, 2단계 13.5헥타르는 1999년 10월에 허가를 받아 2006년 공사를 마쳤다. 3단계는 2011년 9월 승인을 얻어 공사가 진행 중이며, 2025년까지 4단계를 모두 마무리한다는 계획이다.

한국인의 기질로 보면 답답할 만큼 거북이 걸음이지만, 정작 파운드베리는 가로수조차 100년 뒤 나무가 무성해진 이후의 크기를 감안하여 듬성듬성 심었을 정도로 느긋한 호흡이다. 이제 10년 남짓, 거리는 신축 건물의 깔끔한 표정이 생생한데, 영국 전통 가옥의 스타일을 원용한 복고풍 때문인지 의외로 마을 분위기가 은근하고 차분하다. 집들은 2~3층 규모로 베이지색이나 붉은 벽돌, 혹은 돌로 지은 것이 많고, 지붕은 처마도 없이 단출한 맞배지붕과 우진각지붕이 대부분이다. 웨일스 슬레이트나 붉은 기와를 덮은 지붕에는 침니 포트와 뻐꾸기창들이 고개를 내민 채 옛 마을의 정취를 돋우고 있다.

이 작고 소박한 시골 도시가 왜, 무엇 때문에 미래 주거 실험에 있어 초미의 관심사로 떠오른 것일까. 파운드베리는 기획 초기부터 언론의 대서특필을 받으며 세계 건축계의 관심을 끌었고, 착공 10년 만에 부지 가격이 10배 이상 오르는 성과를 거둔다. 물론 프로젝트의 주인공이 찰스 왕세자라는 점도 강력한 유인 요소가 되었다. 찰스 왕세자는 오래전부터 영국의 전통적인 마을과 주택의 형식에 관심이 많았다. 그리하여 1989년 『영국의 미래상A Vision of Britain』이란 책을 통해 '지속 가능한 미래 도시'의 대안을 주창한다. 그 구상을 자신의 콘월 영지에 실제로 구현한 실험 마을이 파운드베리다.

파운드베리의 첫 번째 철학은 보행 중심이다. 도시 안에서는 보행과 자전거가 주 교통수단이고, 자동차는 도시 밖 장거리용이다. 상가와 학교, 우체국 등 도시 안의 주 활동반경은 걸어서

파운드베리

10분 안에 가능하도록 배치했다. 도로 설계도 차량이 속도를 낼수 없도록 70미터마다 나무를 심거나 길을 꼬부리는 데 주안점을 두었다.

두 번째는 골목의 부활이다. 파운드베리에는 막다른 골목이 없다. 모든 골목길은 꼬불꼬불 뻗어서 도로로 이어지고, 결과적으로 모든 집은 길에 인접해 있다. 이는 20세기에 유행했던 퀴드삭Cul-de-Sac 8 기법의 단점을 보완한 것으로, 포도송이 모양의 막다른 집 구조는 사생활을 보호하기에는 유리하지만 범죄에는 취약한 문제가 있었다. 이면 도로는 자갈과 마사토로 포장해 스케이트보드나 인라인스케이트로 인한 소음 피해의 여지를 없앴다. 대신 골목 여기저기에 불쑥 넓어지는 공터를 만들고 벤치를 놓아 주민들끼리 자연스레 마주칠 기회를 늘렸다.

세 번째 핵심은 자생적 커뮤니티다. 주택과 상가, 의료, 회사와 공장을 자연스레 섞어서 마을 자체가 자생적 커뮤니티를 형성하게 만드는 방식이다. 소도심에 홀과 광장을 배치해 공연 및 장터·퍼브 등을 활성화하고, 인근 건물의 1층은 가게나 카페, 사무실 용도로 설계한다. 무공해 친환경 업종에 한해 마을 안에 공장도 유치하고 있다. 현재는 소프트웨어 개발 회사와 콘플레이크·초콜릿 공장 등이 운영되고 있는데, 특히 도체스터 초콜릿은 국가적인 브랜드로서 종업원의 20퍼센트가 파운드베리에 거주하며 직주근접職住近接의 꿈을 실현하고 있다.

마지막으로 사회적 혼합Social Mix이다. 베드제드의 피바디 트러스트처럼 파운드베리에는 기네스 트러스트[9]가 참여해 전체 주택의 20퍼센트를 저소득층 임대주택으로 지원하고 있다. 마을 안에 부자와 세입자가 함께 어울릴 수 있는 커뮤니티를 추구하는 실험이다. 세계의 관심이 쏠린 것도 바로 이 부분으로, 지금까지는 상당히 긍정적인 평가를 얻고 있다고 한다.

찰스 왕세자의 파운드베리 구상에 결정적인 영향을 준 것은 미국 플로리다의 신개념 도시 시사이드Seaside였다. 시사이드는 영화 「트루먼쇼」의 촬영지로도 유명하다. 마이애미 일대에서 부동산 개발 사업을 하던 로버트 데이비스는 1978년 할아버지에게 별장을 상속받는다. 냄비 손잡이처럼 삐죽 내민 플로리다 반도의 서쪽 가장자리에 있는 별장 일대는 인적이 드물고 바람이 좋았다. 데이비스는 한적하고 아름다운 바닷가에 어울리는 작은 신도시를 만들고 싶었다. 당시 데이비스는 룩셈부르크 출신의 건축가 레온 크리에Leon Krier가 주창하는 "반경 400미터, 면적 32헥타르 정도의 규모로, 도시의 어느 곳이든 자동차를 이용하지 않고 5분 이내에 걸어서 갈 수 있는 전통 도시"라는 개념에 심취해 있었다.

그 무렵 데이비스는 젊은 부부 건축가 안드레아스 듀어니와 자이버크Andres Duany&Elizabeth Plater-Zyberk를 만나게 된다. 마침 듀어니 부부는 '휴먼 스케일의 근린주구近隣住區'[10]라는 화두에 골몰하고 있었다. 운명처럼 듀어니 부부에게 시사이드 설계가 맡겨졌고, 1980년 최초의 건물이 들어섰다. 그리고 정부의 지원이 전혀 없는 가운데 학교, 우체국, 소방서, 시민회관, 원형극장, 테니스 클럽 등의 공공시설을 갖춘 순수 민간 신도시가 탄생했다. 도시 어디에서나 바다로 이어지는 산책로를 갖춰 해변을 철저하게 공공재로 승화시킨 해변 커뮤니티로서, 시사이드는 1990년 『타임』지로부터 "지난 10년 동안의 최고의 설계"라는 극찬을 받는다. 각종 언론의 대서특필이 줄을 이으며 시사이드는 10년 만에 주택 부지 가격이 10배 이상 오를 정도로 세계적인 명물이 되었고, 인근에 워터컬러, 로즈마리비치, 다운타운캐리온 등 유사한 소규모 도시 붐을 불러일으켰다.

시사이드 프로젝트에서 찰스 왕세자는 지속 가능한 도시의 새로운 패러다임을 발견한다. 20세기 말 영국은 환경오염과 교통 체증, 도심 공동화 등의 문제에 직면해 있었다. 찰스 왕세자는 자신의 영지 어딘가에 지난 세기의 숙제를 풀 꿈의 도시를 구현할 수 있음을 직감했다. 찰스는 1987년부터 전문가들을 집중적으로 만나면서 재단을 설립하고, 협회를 만든다. 『영국의 미래상』도 그 연장선에서 출간된 책이다.

1988년 찰스는 레온 크리에를 만나 전격적으로 파운드베리의 설계를 맡긴다. 특히 두 사람은 '전통 도시 디자인'이라는 점에서 완전히 의기투합했다. 유리와 철골, 노출콘크리트 같은 모더니즘 스타일을 일절 금지한 파운드베리는 19세기 영국을 닮은 복고풍 마을을 오마주한다. 어반 빌리지, 즉 마을 같은 도시라는 영국식 미래 도시 패러다임의 명칭이 여기서 탄생한다.

1989년 찰스 왕세자는 영국 왕립건축가협회 창립 150주년 기념식에서 "건축가나 도시계획가는 건물이나 도시에서 실제로 살아갈 일반 대중의 바람보다 비평가나 동료 건축가의 평가에 더 관심을 갖는다. 그러나 이제는 지속 가능한 도시 건축을 위해 전문가들의 반성과 변화, 그리고 실천이 필요하다"라는 연설과 함께 '파운드베리 프로젝트'를 발표한다. 청출어람인 파운드베리는 멘토 도시인 시사이드를 능가하는 유명세를 과시하며 미래 도시 실험의 현재진행형으로 주목을 받고 있다.

주거는
진화한다

1991년 가을 미국 캘리포니아의 요세미티 국립공원 안에 있는 한적한 호텔 아와니에 일군의 건축가와 도시계획가들이 모였다. 이 모임에서 시사이드의 설계자 듀어니&자이버크 부부와 미국 새크라멘토 동남쪽의 교외도시 라구나 웨스트Laguna West를 설계한 피터 칼소프Peter Calthorpe, 파운드베리를 디자인한 리온 크리에 등 6명의 건축가와 도시계획가는 현대도시의 문제점을 갈파하고 그 대안으로 호텔 이름을 딴 '아와니 원칙The Ahwahnee Principles'을 천명한다.

문제의 핵심은 무분별한 도시 팽창에 있었다. 스프롤 현상sprawl phenomenon 11 으로 불리는 난개발은 무엇보다 20세기 중반의 폭발적인 승용차 보급과 도로의 급속한 확장에 기인한다. 특히 공업단지와 행정타운, 잠만 자는 베드타운처럼 도시를 기능 위주로 분리하면서 촉발된 교통량은 엄청난 교통 체증과 매연에 의한 환경오염을 유발했다. 확장 신도시를 위한 도로와 상하수도, 송전시설 등의 신설, 유지, 관리에 소요되는 사회적 비용(세금)도 과소평가되었다. 구도심의 공동화가 심화되고, 밤이면 인적이 끊기면서 범죄가 늘어나는 부작

용도 발생했다.

대안은 지속 가능한, 고밀도·친환경·커뮤니티 도시였다. 발표자들의 면면에서 짐작할 수 있듯이, 아와니 원칙은 첫째, 모든 커뮤니티가 주택과 직장, 학교, 공공기관, 상점과 공원 등을 포함하는 복합 기능을 지닐 것, 둘째, 시설을 도보권 안에 둘 것, 셋째, 다양한 사회계층과 연령층의 주민이 공존할 것, 넷째, 에너지 소비 억제와 환경 보전 등으로 파운드베리에서 언급한 내용과 흡사하다. 이후 아와니 원칙은 미국과 유럽의 건축 관계자들에게 상당한 설득력을 지니며 뉴어바니즘New Urbanism과 어반 빌리지 운동 등으로 빠르게 확산해간다.

뉴어바니즘과 어반 빌리지 운동은 내용도, 탄생 시기도 쌍둥이처럼 닮은꼴이어서 굳이 선후를 짚어보는 게 무의미하지만, 명칭과 조직화에서 먼저 모양을 갖춘 것은 찰스 왕세자가 구심 역할을 한 영국의 어반 빌리지였다. 왕세자의 주장에 공감한 건축가, 도시계획가, 교육자들이 1989년 어반 빌리지 협회를 조직했고, 1993년에 어반 빌리지 포럼으로 규모를 확장한다. 미국에서는 아와니의 주역들이 주축이 되어 1993년 10월 버지니아 주 알렉산드리아에서 CNU(the Congress for the New Urbanism)를 결성했고, 1996년 27개 조항의 뉴어바니즘 헌장Charter of the New Urbanism을 채택한다. 헌장의 핵심은 토지와 자원의 효율적 개발, 보행 중심의 설계, 인간성 회복을 위한 커뮤니티, 지속 가능한 환경·에너지 개념 등이다. 현재 세계적으로 500명 이상이 CNU 회원으로 활동하고 있으며, 미국에서만 200개 이상의 뉴어바니즘 프로젝트가 진행되고 있다.

17~18세기 콜레라를 양산하던 백투백 하우스로부터 뉴어바니즘과 어반 빌리지까지, 도시는 신개념으로 거듭 패러다임을 바꿔가며 진화해왔다. 혹자는 인류 진화에 위대한 기여를 하기도 하고, 혹자는 화려한 몽상으로 도시의 역할에 치명타를 입히기도 했다.

산업혁명의 후유증으로 심각한 도시 문제들이 생겨나자 18세기 후반 들어 로버트 오언[12]의 이상공장촌(1824)과 샤를 푸리에[13]의 팔랑스테르Phalanstère(1829), 티투스 솔트 경[14]의 솔테어Saltaire(1876) 등 10여 개의 다양한 '이상도시 계획안'이 나왔다. 막연한 이론적 몽상이거나 전 재산을 날리는 모험도 적지 않았는데, 오늘날까지 당당히 살아남아서 본보기를 보이는 계획도시가 있었으니, 에버니저 하워드의 레치워스와 웰윈이 그렇다.

에버니저 하워드는 1898년 출간한 저서 『내일의 전원도시』를 통해 도시와 농촌의 매력을 함께 지닌 자족적인 커뮤니티로서 녹지에 둘러싸인 전원도시를 제안했다. 400헥타르 정도의 면적에 인구 3만 명 안팎의 도시를 적정 규모로 여겼으며, 중심부에 공원·공공시설·쇼핑용 수정궁 등을 둔다. 외곽지대에는 철도와 순환도로, 농장과 공장 등을, 중간지대에는 주택과 학교·도서관·극장·전시장 등 근린시설을 배치한다. 그래서 전원도시가 어느 정도 자리를 잡으면 적절한 거리에 새로운 전원도시를 개발하는 방식으로, 중심도시를 둘러싸는 원형의 '도시 네트워크' 개념을 제안했다.

전원도시는 놀라운 반향을 불러일으켰고, 이듬해 전원도시협회Garden City Association가 결성되었으며, 1903년에는 런던 북쪽 54킬로미터 지점에 최초의 전원도시 레치워스(설계자는 레이먼드 언윈과 리처드 배리 파커Richard Barry Parker)가 건설되었다. 17년 뒤 런던 북쪽 36킬로미터 지점에 두 번째 전원도시 웰윈(설계자는 루이 드 수아송Louis de Soissons)이 들어섰다. 전원도시는 런던의 숙박용 교외Dormitory Suburb가 아니었다. 1966년 인구통계에 따르면, 레치워스의 런던 통근자는 약 2.5퍼센트, 웰윈은 약 6.5퍼센트에 불과했다.

하워드는 전원도시가 처음부터 적정 면적과 인구, 그리고 상업·공업·행정·교육 등 도시의 본질적 기능이 잘 짜여져 유기적으로 작동하기를 원했다. 필요한 산업을 자체 확보하여 경제적 자립성을 갖추며(웰윈은 한때 영국 필름 산업의 중심지였다), 도시를 둘러싼 숲과 농업용지를 영구히 보전하여 도시의 맹목적 팽창을 억제하고, 개발 이익을 지역 주민에게 환원하는 '균형 잡힌 공동사회'가 하워드의 바람이 담긴 전원도시였다. 꿈은 이루어졌다. 레치워스는 주민에 의해 운영되는 세계적으로 드문 도시가 되었다. '레치워스 헤리티지 파운데이션'이라는 조직이 토지와 건물을 기본 재산으로 다양한 활동을 펼치며 도시에 활기를 불어넣는다. 거리마다 100여 년 된 아름드리 가로수들이 금강 역사처럼 도시를 지키고 서 있다.

하워드의 전원도시는 순식간에 전 세계 신도시의 롤모델이 되었다. 런던 주변에서만 하워드의 개념에 따라 80여 곳의 전원도시가 건설되었고, 유럽과 미국·캐나다, 중남미의 신도시들도 하워드의 개념을 빌렸다. 도시문명 비평가 루이스 멈퍼드Lewis Mumford는 "20세기의 위대한 발명 두 가지를 꼽으라면 인간에게 날개를 달아준 비행기와 새로운 주거를 만들어준 전원도시를 꼽고 싶다. 새로운 차원에서 도시를 효율성 있게 계획하는 데 광범위한 기초를 최초로 제시해준 하워드에게 우리는 감사해야 한다"며 찬사를 바쳤다.

다른 한편에서는 도시의 기능에 중점을 둔 기능주의 구상이 활발하게 전개되었다. 1882년에는 스페인의 도시계획가 소리아 이 마타[15]가 선상도시Linear City를 제안했고, 1917년에는 프랑스 건축가 토니 가르니에[16]가 공업도시Industrial City 구상을 발표했다. 이들 기능주의 도시 아이디어는 현대 건축의 토대를 구축한 천재 건축가 르코르뷔지에[17]를 만나면서 활짝 꽃피운다.

르코르뷔지에는 1922년 '300만 명을 위한 현대도시Ville Contemporaine' 계획안을 발표한다. 직사각형의 넓은 녹지 위에, 강철 철골조에 유리 커튼월을 두른 열십자 평면의 60층 고층 건물을 집중해 짓는 도시계획이었다. 얼핏 보면 오늘날 메트로폴리스의 풍경을 예언한 듯하지만, 르코르뷔지에의 현대도시는 조금 달랐다. 그는 낙관적 몽상가였다. 그가 노래한 꿈의 도시는 상상의 미래였고, SF 같은 구상이었다. 도시 한가운데에 거대한 교통 허브 빌딩을 두어 각각의 층에 철도역, 고속도로 교차로와 버스터미널이 위치하며, 맨 위층에는 공항이 자리를 잡는다. 옥상에서 상업용 여객기가 번갈아 이착륙하는 르코르뷔지에의 상상은 어쩌면 「브레이드 러너」 「제5원소」 「가타카」 같은 SF 영화에 강한 영향을 끼쳤는지도 모른다.

르코르뷔지에는 막 태동하는 근대의 기술력과 문명의 이기를 맹신했다. 특히 자동차와 비행기에 의한 공간 지배력에 심취했다. 당시는 교통 체증이라는 요상한 현상이 생기기 전이었다. 1925년에는 유명 자동차 회사의 후원 아래 부아쟁 계획Plan Voisin을 발표한다. 센 강 북쪽의 파리 중심부를 밀어버리고, 공원 같은 녹지 위에 격자형 도로망을 가설하며, 그 위에 '현대도시'에서 주장한 십자형 평면의 60층 빌딩숲을 세우자는 주장이었다. 당시 파리는 1853년부

건축의
표정

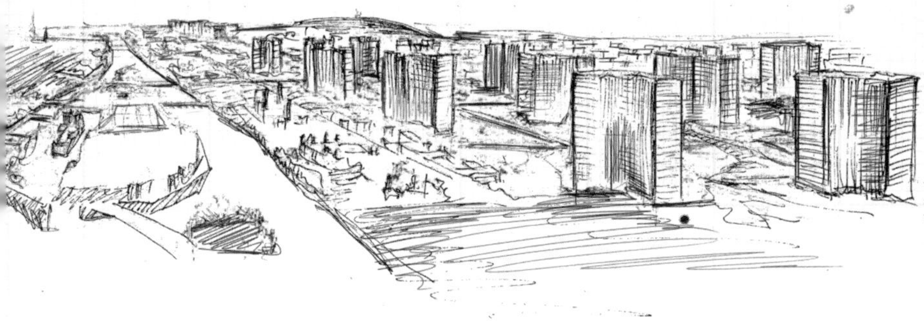

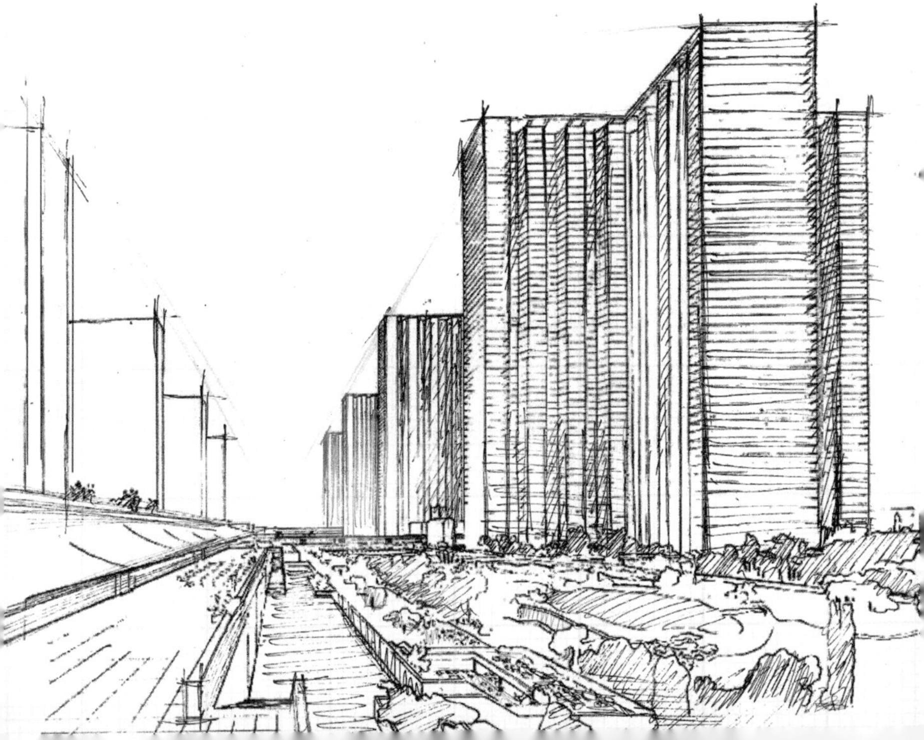

터 오스만 남작이 주도한 대대적인 파리 개조 사업[18]의 성공으로 세계로부터 갈채를 받고 있었기에 부아쟁 계획은 무시되었다. 그러자 르코르뷔지에는 자신의 도시계획 아이디어를 심화시켜 1935년 저서 『빛나는 도시La Ville Radieuse』를 출간한다.

그 와중에 1928년 6월 스위스의 라사라 성城에서 의미심장한 모임이 열렸다. 스위스 예술계의 유력한 후원자 엘렌 드 만드로 부인이 8개국 건축가 25명과 정치인, 자본가, 예술가, 비평가들을 초대한 자리였는데, 사실상 모임을 주도한 이는 르코르뷔지에였다. 이날 모인 건축가들은 근대건축국제회의 CIAM[19]를 결성하고 철근 콘크리트라는 새로운 기법의 수용, 전통 건축 방식 대신 새로운 미학의 건축 추구, 건축의 표준화와 공업화, 새로운 도시계획 발의 등을 주장하는 '라사라 선언'을 채택한다.

CIAM은 1956년까지 30년 가까이 지속적으로 대회를 열고 결과를 발표하는 등 현대도시계획 이론에 지대한 영향을 끼쳤다. 특히 1933년 지중해 선상에서 열린 제4회 대회에서는 아테네 헌장을 발표해 건축사에 획을 그었다. 헌장의 골자는 도시를 주거·근무·여가의 세 가지 기능으로 분리하고 제4의 기능인 교통으로 이들을 다시 결합시킨다는 이상주의적 제안으로, 건축 고층화와 녹지 확보, 도시 기능 분리, 보행·차도 분리와 도로 확장, 과학적 교통 설계와 교차로 입체화 등 95조로 이루어져 있다.

그러나 바케마Jacob Bakema, 캔딜리스Georges Candilis 등 젊은 건축가들이 1953년 그룹 팀텐Team X을 결성해 CIAM의 이상주의, 형식주의, 독단적 행태 등을 맹렬히 비판하자 CIAM은 1959년 해체를 선언하게 된다. 맞선 두 주장의 우열이 밝혀지는 데에는 20년도 채 걸리지 않았다. 20세기 도시계획 이론의 상징으로 꼽히던 미국 세인트루이스의 프루트이고^Pruitt-Igoe 아파트 단지(미노루 야마사키 설계, 1954년 완공)는 1972년 3월 방송에 생중계되며 폭파, 철거되었다. 르코르뷔지에의 이론에 입각해 설계한 네덜란드 암스테르담의 벨마미아 단지(1968년 완공)도 준공 이듬해부터 주민의 항의 집회가 거듭되는 파행 끝에 1985년부터 도시설계 자체를 변경해야 했다. 르코르뷔지에의 역작인 인도의 찬디가르 신도시도 명백한 실패작으로 거론된다.

제2차 세계대전 이후 지구촌에 광범위하게 불어닥친 건축 붐은 대형화와 고층화에 불을 질렀다. 신도시가 우후죽순처럼 급팽창했고, 구시가지도 재생보다 철거와 재개발이 유행이었다. '고층'과 '교통'을 골자로 한 신도시 설계 문제가 지속적으로 제기되자 일군의 건축가와 도시계획가들이 1979년 페루의 잉카 유적지 마추픽추에 모여서 아테네 헌장의 오류를 인정하고 보완하는 마추픽추 헌장을 발표한다. 여기서는 건축과 환경의 균형, 오염 대책, 도로 확장 비판, 공동체 조성, 도시 기능 분리 지양, 문화적 대상 보호, 주민의 커뮤니케이션에 바탕을 둔 사용자 중심의 건축 등이 이슈로 제기되었다.

1987년에는 유엔의 「브룬트란트 보고서」[20]에서 처음으로 '지속 가능한 발전' 개념이 제기되었고, 1990년대에 들어서면서 유럽을 중심으로 도시 오염 방지, 신규 개발 억제, 문화재 보전, 대중교통 중심 등 압축도시 개념이 확실히 자리를 잡기 시작한다. 미국에서는 스마트 성장이 주요 이슈로 떠오른다. 1994년에는 세계의 도시계획 전문가들이 이탈리아 나폴리의 메가리드 섬에 모여서 메가리드 헌장을 발표하고, 10개 조항의 '21세기 평화와 과학의 도시를 위한 기본 원칙'을 채택했다.

이제 막 확산 일로에 있는 뉴어바니즘과 어반 빌리지 운동은 메가리드 헌장의 실천적 본보기인 셈이다. 신기한 것은 뉴어바니즘과 어반 빌리지의 유전자가 100여 년 전 에버니저 하워드의 전원도시의 맥을 잇고 있다는 점이다. 이 와중에도 한국에서는 세계적인 추세에 아랑곳하지 않고 베드타운 기능의 아파트 신도시가 대규모로 건설되고 있다.

6장

경계 밖에서 만난
'제5의 계절'

세계의 여덟 번째 불가사의,
콘월의 에덴 프로젝트

파운드베리에서 서쪽으로 한 시간여 운전하다보면 콘월 지방의 소도시 세인트 오스텔이 나온다. 우리나라 지도에 견준다면 전남 강진쯤 되는 위치다. 이곳에 무섭게 떠오르는 명물이 있다. '세계의 여덟 번째 불가사의' '현대판 노아의 방주' '사람과 식물이 어우러진 생태극장' 등의 별명을 지닌 초대형 식물원 에덴 프로젝트Eden Project다.

세인트 오스텔을 벗어나 한적한 지방도로로 접어든 뒤 야트막한 구릉지대를 30분쯤 달리면 에덴 프로젝트 푯말이 보이고, 주차하고 나면 자연스레 전망대인 '방문객 센터'로 길이 열린다. 남쪽 전망대서부터 에덴은 방문객을 환호케 한다. 지반이 꺼진 듯 폭삭 내려앉은 15헥타르의 널찍한 식물원 전경이 항공사진을

에덴 프로젝트 전경

보듯 한눈에 들어온다. 전망대에서 내려가는 가파른 경사는 한 계령 고갯길처럼 갈지자로 그림을 그리고 있다(전망을 즐기며 계단으로 걸어 내려가도 되고, 본관까지 왕복하는 코끼리 셔틀을 이용할 수도 있다).

에덴 프로젝트에서는 거대한 비닐하우스가 제일 먼저 눈에 들어온다. '세계의 여덟 번째 불가사의'로 불리는, 지상 최대의 온실 바이옴[1]이다. 바이옴은 모두 8개의 에어 돔으로 만들어졌는데, 맞물린 비눗방울 모양으로 이어진 돔이 네 개씩, 두 개의 온실을 이루고 있다. 마름모꼴 부지의 북쪽 모서리를 등지고 정남향으로 앉은 커다란 것이 아열대 온실(240×100×50미터, 바닥 면적 15,590제곱미터)이다. 런던 타워를 넣을 수 있을 정도의 크기로, 열대림 거목의 가지를 쳐줄 때는 헬륨 풍선기구를 띄워 작업할 정도라고 한다. 그 동쪽의 조금 작은 바이옴이 온대 온실(150×65×35미터, 바닥 면적 6500제곱미터)이다. 두 온실의 바닥 면적만 2헥타르가 넘는 매머드급 규모다.

이 거대한 인조물이 기둥 하나 없이 제 몸 껍질만으로 버티고 서 있다. 그래서 불가사의다. 이제까지는 지오데식 돔[Geodesic Dome 2]이 가장 튼튼하고, 가장 큰 부피의 공간을 만드는 기술이었다. 그러나 상상해보라. 바이옴 규모의 슈퍼 돔을 정삼각형 강철 파이프로 지오데식 구조를 짰다면 그 과도한 무게감과 답답함이 어떠했을까. 전체 유리의 무게는 또 얼마나 대단했을까. 이 문제를 풀기 위해 에덴은 최첨단 하이테크 건축의 고수를 초빙한다. 니콜라스 그림쇼^{Nicholas Grimshaw}[3], 런던 워털루 지하철역과 레스터 국립우주센터를 통해 유리 하이테크의 금자탑을 세운 건축가다.

니콜라스는 변형 지오데식과 그레이트 서클 돔^{Great Circle Dome}[4] 형식을 조합해 해법을 찾는다. 굵직한 강철 파이프 3개를 트러스^{truss}[5] 구조로 엮어서 무지개처럼 휘게 돔을 가로지르고(바깥 가장자리 프레임과 비눗방울이 겹친 듯 보이는 부분 등), 벌집의 육각형 모양에서 착안한 패널을 변형 지오데식 구조로 짠 뒤, 다시 패널들을 일일이 꿰어주는 고탄성 그레이트 서클 골조를 추가로 교차시켜 강력한 지지력을 얻는 방식이었다.

유리의 무게를 벗기 위한 묘수도 파천황이었다. 짐작하시다시피 여기 쓰인 비닐은 예사 비닐이 아니다. ETFE[6]라는 최첨단 투명 플라스틱 피막으로, 육각형의 경금속 프레임 안에 3중 막을 치고 공기를 채워 풍선 패널을 만들었다. 그런 다음 502개의 풍선 패널을 벌집처럼 맞물려서 지오데식 구조의 탄성을 확보한다. 가장 큰 패널은 직경이 11미터에 달한다. 패널들을 꿴 고탄성 서클 골조는 돔의 지지대인 동시에, 아주 가벼운 패널들이 바람에 흔들리지 않도록 붙잡아주는 고리 역할도 하는 셈이다.

ETFE는 유리 무게의 100분의 1도 되지 않으면서 놀라운 강도와 유연성을 자랑하며, 유리보다도 햇빛을 더 잘 통과시킨다.

에덴 프로젝트 내부

잘 접히거나 찢기지 않으며, 태양열에 늘어나지도 않는다. 정전
기도 없어서 먼지나 새의 분비물이 빗물에 쉽게 씻겨나간다. '풍
선'의 공기층은 이중창 같은 역할을 해서 보온력도 뛰어나다. 아
열대 온실은 열대우림 식물을 위해 연중 온도를 섭씨 18~35도
로 유지하는데, ETFE 덕분에 바이옴에 필요한 전체 열에너지의
15퍼센트를 태양열로 충당한다고 한다. 과열될 때는 돔 정수리
에 설치된 삼각형의 창문들이 자동으로 열리며 온도를 조절한

298

다. ETFE의 수명은 25년 안팎이다. 그냥 온실을 위해 태어난 소재이구나 싶을 정도다.

온실의 습도 관리도 중요하다. 바이옴의 습도 관리 시스템은 운명적 해프닝에 의해 탄생했다. 콘월 지역은 산업혁명 이후 고령토 광산으로 160년 동안이나 번창했다가 도자기 산업이 쇠퇴하면서 침체된 지역이었다. 에덴 프로젝트의 푹 꺼진 지형도 오래도록 고령토를 파내서 생긴 결과였다. 그런데 설계 막바지에 사고가 터졌다. 배수가 잘 되지 않는 점토질 특성 때문에 장마로 물바다가 된 것이다. 그것이 또 전화위복의 계기가 되었다. 어차피 돔을 고정할 콘크리트 기초가 필요한 상황이었기에 겸사겸사 지하에 거대한 집수장을 만들고, 빗물이 흘러드는 수로에 여러 겹의 여과장치를 설치했다. 여과된 맑은 물은 다시 온실로 보내져 폭포수가 되고, 스프링클러가 되고, 천장의 스프레이를 통해 안개가 된다.

아열대 온실의 중앙에는 25미터 높이의 폭포수가 우렁차게 쏟아지고 있다. 주위로 남아메리카의 아마존, 말레이시아의 보르네오, 서아프리카, 카리브 해의 섬들, 오세아니아 등 적도 인근 지역에서 공수해온 20만여 그루의 열대우림 수목들이 하늘을 뒤덮으며 밀림을 이루고 있다. 이 안개 자욱한 바이옴의 밀림은 영화에도 등장했다. 「007 어나더데이」(2002)에서 본드걸 '징크스'가 바이옴 정수리 통풍구에서 밧줄을 타고 밀림 사이로 내려온다. 갑자기 우당탕 총격전이 벌어지고, 물속으로 뛰어들어 헤엄을 치다가 수면 위로 고개를 내밀면 난데없는 아이슬란드의 얼음궁전이다. 북해 한구석에 악당의 소굴이 있다는 설정인데, 특수효과 덕분에 에덴 프로젝트의 ETFE 바이옴이 북극의 설원에도 잘 녹아들어, 밖의 빙판과 안의 밀림을 오가는 액션이 그럴싸하게 펼쳐진다.

에어 돔의 천장 가까이에는 울창한 밀림의 생물군계生物群系를 조망할 수 있는 공중산책로를 설치했다. 수 킬로미터에 달하는 정글 산책로는 자연스레 온대 온실로 이어진다. 온대 돔은 섭씨 7~25도의 건조한 환경으로 지중해성 기후의 식물들이 뿌리를 내리고 있다. 올리브나무, 코르크나무, 포도나무 등 지중해 일대와 남아프리카, 캘리포니아 연안 등지에서 들여온 식물들이다. 지중해성 기후 지역은 지구 표면 전체의 2퍼센트에 지나지 않지만, 이 지역 식생의 종류는 지구 전체 식물의 20퍼센트에 달한다. 식물 다양성의 보고인 셈이다.

에덴 프로젝트는 애당초 지구 최대의 식물 다양성을 보유한 현대판 노아의 방주로 기획되었다. 기후 변화와 서식지 파괴 등으로 상당수의 생물이 멸종되어가는 위기의 지구, 2050년이면 세계 식물종의 4분의 1이 사라질 운명이라고 한다. 에덴 프로젝트는 부지가 결정되자 1997년 10월 '밀레니엄 씨앗은행'이라는 이벤트를 시작한다. 왕립식물원 큐 가든의 주도 아래 2010년까지 세계 모든 식물종의 10분의 1에 해당되는 2만4000여 개의 종자를 에덴 프로젝트로 모은다는 계획이었다. 세계 각지에서 혹은 나무로, 혹은 묘목으로, 혹은 씨앗으로 식물들이 속속 모여들었다. 에덴의 전체 식물 가운데 절반 이상은 온상에 씨앗으로 뿌려져 싹을 틔웠고, 10여 년 사이에 수십 미터 높이로 자라났다.

온도 관리를 위해 설치한 바이옴이 유명세를 타는 바람에 아열대와 온대 식물이 지나치게 강조된 감이 있는데, 사실 에덴 프로젝트의 식물종 가운데 상당수는 야외 식물원에서 자라고 있다. 에덴 프로젝트는 향후 건조열대 지역을 추가할 구상도 하고 있다. 사막이나 고산지대처럼 수분이 희박한 지역의 식물들을 위한 공간이다. 지붕에 스프레이를 설치하여 일정한 간격을 두고 갑작스레 한 번씩 비를 쏟아주어, 우기가 지난 뒤의 사막처럼 식물이 일제히 그리고 급속히 자라는 흥미로운 풍경을 기대하고 있다.

'노아의 방주'를 기획한 사람은 의외의 이력을 가진 인물이었다. 네덜란드 태생의 영국 사업가 팀 스미트는 대학에서 고고학과 인류학을 전공했지만, 엉뚱하게도 작곡가 겸 음반 제작자로서 부와 명성을 얻었다. 1980년대 말 콘월 지역으로 이사해 조경 사업을 새롭게 하던 중, 버려진 고령토 폐광지를 보고 노아의 방주를 떠올렸다고 한다. 자비를 들여가며 퇴비와 음식물 쓰레기 등을 섞어 점토질 토양 8만3000톤을 비옥한 토질로 바꾸는 등

애를 쓰다가 때마침 밀레니엄 프로젝트를 만난다. 3조 원의 복권 기금을 바탕으로 밀레니엄 브리지, 테이트 모던 갤러리 등을 건립한 바로 그 프로젝트다. 팀 스미트는 1억3000만 파운드(약 2500억 원)를 지원받아 꿈의 식물원을 완성할 수 있었다.

2001년 개장과 함께 에덴 프로젝트는 '신개념 생물 보존 실험실'로서 언론에 대서특필되었고, 오래지 않아 세계적인 명소가 되었다. 이제는 매년 160만 명 이상이 찾아오는 테마파크로서, 누적 방문자는 1400만 명을 훌쩍 넘어섰다. 성인 1인당 입장료가 23.50파운드로 적잖은 금액임을 감안한다면 방문객 수가 놀랍기 그지없다. 한 해 수입 2200만 파운드(약 400억 원) 가운데 입장료 수입이 80퍼센트에 달한다. 디즈니랜드 같은 놀이시설하나 없는, 오로지 생태환경 테마파크에 이렇듯 사람들이 모여드는 까닭은 뭘까.

에덴의 숨은 매력은 바로 프로그램에 있었다. 봄에는 알뿌리축제, 여름에는 정글의 밤, 가을에는 야생화전, 겨울에는 얼음축제 등 이벤트가 끊이지 않으며, 재즈 콘서트·천연염색·조립식원주민 집짓기 등 프로그램이 즐비하다. 특히 에덴 프로젝트의핵심은 어린이를 대상으로 한 교육 프로그램이다. 온대 돔 바로남쪽에 코어Core라 불리는 생태교육관이 있다. 이곳은 아이들의천국이다. 영화와 애니메이션, 그림·과학 실험·종이접기·찰흙공예 같은 체험놀이들로 방 구석구석 아이들의 웃음이 흘러넘친다.

건축의
표정

다른 환경 캠페인들이 '4초마다 축구장 하나 크기의 열대우림이 사라진다'는 식의 우울한 미래를 경고하는 방식이라면, 에덴 프로젝트는 커피·초콜릿·바닐라·설탕 등 일상의 필수품이 어디서 어떻게 생산되는지, 지구가 어떻게 서로 의존하고 순환하며 공존하는지를 보여줌으로써 자연에 대한 애정을 일깨워준다.

에덴 프로젝트는 현재 교육자선 기관인 에덴 트러스트^{Eden} Trust 소유로, 전체 수입의 80퍼센트를 환경 및 교육 관련 자선사업에 쓴다. 불우 청소년에게 환경 관련 직업 훈련 기회를 주고 일자리도 알선한다. 2009년에는 정부의 '1만 개 녹색 일자리 만들기' 프로젝트의 민간 파트너로 선정되어, 교육 단체 및 중소기업 등과 협력 시스템을 갖추고 있다. 세계 여러 학교와 네트워크를 맺고, 지구촌 각지의 자연환경을 배우며 인적 교류를 하는 기회를 만들기도 한다. 아프리카 케냐와 인도 등 빈곤지역의 어린이를 대상으로 쌀과 옥수수를 기르게 하는 농사짓기 프로젝트에는 세계 40개 학교에서 2만5000명이 참여하고 있다.

지역 경제에 끼친 영향도 적지 않다. 예전에 콘월 주는 전체 인구(약 50만 명)의 22.9퍼센트가 연금으로 생활하는, 영국 4대 빈곤지역 가운데 하나였다(1인당 GDP가 영국 전체 평균의 62퍼센트 수준). 광산업이 쇠락한 이후 이렇다 할 발전의 여지가 없었고, 지질과 지층이 불안정한 폐광지역이다보니 건축 개발도 여의치 않았으며, 광산 폐기물은 처치 곤란으로 지역 발전을 가로막기 일

쑤었다. 그런데 에덴 프로젝트의 등장으로 지역에 훈풍이 불기 시작한다. 에덴의 직원 500여 명 가운데 85퍼센트가 콘월 지역 출신이고, 사용하는 식자재의 83퍼센트가 인근 농장에서 조달되며, 사용 연료의 15퍼센트가 지역에서 수급된다. 6주에 한 번씩 주민들과 간담회도 갖는다. 그 밖에 관광객 증가에 따른 파급 효과에 이르기까지 에덴 프로젝트가 콘월 지역에 가져다준 경제 효과는 무려 2조 원 정도로 추정된다.

관람을 마치고 코어를 벗어나는데, 조각 몇 점이 눈길을 끈다. 3~4미터 되는 해골 로봇 형상인데, 재료가 냉장고와 텔레비전, 컴퓨터, 다리미 등 고물이 돼버린 문명의 이기들을 분해하여 활용한 것이어서 은근한 상징을 담고 있었다. 수백 년 고사목의 줄기 부스러기들을 엮어 만든 황소 조각도 인상적이었다. 창의적인 생태 환경 교육이 빚어낸 재미의 여운이 마음에 파문으로 번져갔다.

웨일스의 심장 카디프의
'오발 베이슨'

동북쪽으로 차를 돌려서 두 시간여를 달리자 잉글랜드의 서쪽 경계인 웨일스가 나온다. 붉은 용 문양을 국기로 쓰는 '용의 고향', 신비의 고대 문명 켈트의 전통을 간직한 독특한 문화, 켈트 영웅 카라타커스의 후예들. 스노도니아 국립공원과 브레컨비컨스 국립공원이 있는 하이킹의 성지다. 우리나라로 치면 태안반도와 변산반도를 합한 위치인데, 산세가 제법 건장하여 산업혁명의 절정기에 석탄과 철광석의 주요 공급지 역할을 했다.

그런데 험한 산세와 절벽은 서쪽으로 비켜나고 정작 잉글랜드와의 접경지역에는 방패막이랄 만한 것이 없어서 웨일스는 잦은 침공에 시달려야 했다. 서기 43년 잉글랜드로 진입하는 로마군에 밀려, 브리튼 섬에 널리 자리잡았던 켈트 족은 웨일스와 스코틀랜드, 아일랜드로 이주하여 원주민과 함께 토착 문화를 형성한다. 로마 점령 뒤에도 브리타니아를 떠나지 않은 켈트 족을 브리튼 족이라 부르는데, 이들은 로마에 이어 새로 들이닥친 앵글로색슨의 배타성을 견디지 못하고 서남쪽 끝 구석의 콘월이나 웨일스로 쫓겨갔다. 일부는 바다 건너 프랑스 서북쪽 모서리의 아르모리카 지방으로 이동하여 브르타뉴를 건설한다.

앵글로색슨의 '7왕국Heptarchy'[7] 시절 머시아 왕국의 오파 왕이 '오파의 제방'[8]을 쌓아 잉글랜드와 웨일스의 경계를 지은 이래로, 웨일스는 다양한 경로로 잉글랜드에게 시달림을 받는다. 잉글랜드(13만439제곱킬로미터)와 스코틀랜드(7만8783제곱킬로미터), 웨일스(2만798제곱킬로미터)의 면적만 비교해봐도, 웨일스가 겪었을 오랜 시련이 바로 실감난다. 앨프리드 대왕과 윌리엄 2세 때 속국이 되었고, 심지어 로빈 후드 영화의 감초 악역인 '지질이 챔피언' 존 왕은 민심이 흉흉할 때면 국면 전환을 위해 습관적으로 웨일스 원정에 나섰을 정도다. 그러다가 '모범의회'로 유명한 잉글랜드의 중흥 군주 에드워드 1세가 스코틀랜드 원정에 앞서 1276~1283년 웨일스를 정복하여 영국에 편입시켜버렸다. 그리고 왕자에게 웨일스 공작을 제수하면서 이후 왕세자의 칭호를 Prince of Wales라 부르는 관행이 생겨났다.

웨일스의 고성들 상당수가 외침 방어용이 아니라 웨일스인의 반란을 막기 위해 지어진 점도 씁쓸한 아이러니를 보여준다.

건축의
표정

카디프 성은 서기 55년 로마군이 진주하면서 지은 것을 1090년 윌리엄 2세 때 노르만 양식으로 증축한 것이다. 19세기 들어 윌리엄 버지스 후작이 지금의 모습으로 다시 보수한다. 웨일스의 수도 중심에 위치한 성채의 규모가 의외로 작은 까닭은 바로 여기에 있었다. 외침 방어용 성채는 외적에게 포위를 당했을 때 왕과 군사, 백성이 성안에 모여 몇 달이고 방어전을 치를 만한 공간을 만들기 마련이다. 조선의 진주대첩과 행주대첩이 그렇게 성채 안에 웅크리고 버티면서 거둔 승리다. 그러나 카디프 성은 웨일스 민중의 봉기가 일어났을 경우 주둔군 병사들이 재빨리 성안으로 피해서 런던의 지원군이 오기까지 며칠만 기다리면 되는 구조였다. 에드워드 1세는 웨일스를 정복한 해에 작심하고 보마리스와 카나번, 콘위, 할렉과 루들란 등지에 반란 진압용 성을 건립한다. 1400년 오웨인 글린더의 지휘 아래 웨일스인들이 대대적인 봉기를 일으키지만 헨리 4세에 의해 진압되고 만다. 이것이 웨일스 최후의 항거였다.

산업혁명 이후로는 착취가 본격화되어 웨일스는 잉글랜드의 '고약한 뒤뜰(광산, 원자력발전소 등)' 취급을 받는다. 조악한 휴양지 개발로 해안선이며 울창한 오크 삼림이 흉물스럽게 파괴되었고, 무분별한 개발로 농경지가 사라져갔으며, 광산들도 호황이 지나자 미련 없이 토사구팽되었다(놀라운 자연의 복원력 덕분에 지금은 아름다운 풍광이 상당히 복구되었다).

그러나 힘에서 꺾였을지언정 웨일스의 정신은 꺾이지 않았다. 잉글랜드의 냉대와 집요한 동화 정책에도 굴하지 않고 웨일스는 켈트의 전통이 녹아든 문화와 생활양식을 지켜왔다. 웨일스 사람들은 활달하고 유쾌한 기질로 가무를 즐겼으며, 18~19세기 광산업 호황기에는 럭비와 남성합창단으로 명성을 떨치기도 했다. 웨일스에서는 오래전부터 하프와 음유시가 발달했다. 웨일스의 유명한 페스티벌 아이스테드바드Eisteddfod는 원래 시와 음악 콘테스트에서 출발한 것으로 1176년에 처음 개최되었을 정도로 깊은 역사를 자랑한다.

웨일스인들은 오래도록 스펠링도 어순도 영어와 전혀 다른 웨일스 고유의 언어 웰시Welsh[9]를 썼다. 웰시는 콘월어나 브르타뉴어와 비슷하고 라틴어의 영향이 남아 있는 것으로 미루어 브리튼 족이 썼던 말로 짐작된다. 웨일스 자치정부는 1942년부터 웨일스어를 영어와 함께 공용어로 사용했고, 1982년부터 웨일스어 전용 TV 채널도 개통했다. 지금도 거리 곳곳에서 위에는 영어, 아래엔 웰시로 쓰인 안내판을 흔히 볼 수 있다. 이를테면 '막다른 길' 표지판엔 END OF ROUTE라 되어 있고 그 아래에 DI-WEDD Y LLWYBR라 표기되어 있으며, '천천히'라는 안내판엔 SLOW와 함께 ARAF란 웰시가 쓰여 있다.

웨일스에서 제일 먼저 가보고 싶었던 곳은 앞서 광장 이야기로 잠시 언급했던, 웨일스의 수도 카디프의 오발 베이슨이다. 카디프는 1955년에 정식 수도로 지정된 '유럽에서 가장 젊은 수도'이며, 카디프 항은 역사상 가장 성공적인 항구 재개발 사례로 꼽힌다. 19세기 카디프 항은 물동량 세계 1위를 자랑하던 석탄 수출 항구(당시 세계 석탄 수출량의 3분의 1이 웨일스 산)였다. 제2차 세계대전 이후 광산업이 퇴조하면서 덩달아 카디프 항의 물동량도 급감하여 급기야 부두를 폐쇄하고 매립했던 것을, 밀레니엄 프로젝트에 힘입어 현재의 모습으로 환골탈태를 꾀하게 된 것이다.

카디프 항은 콘월 반도와 웨일스 사이로 파고든 브리스틀 해협의 끝자락에 면해 있으며, 해협 안쪽 깊숙이 글로스터 방향에서 흘러오는 세번 강이 토해놓는 토사 문제가 심각한 상태였다. 1987년 처음으로 카디프 만 재개발 논의가 시작되었고,

카디프 항 전경

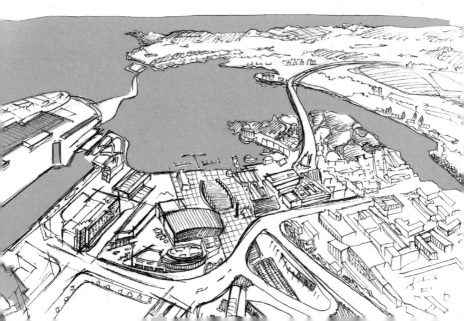

1994~1999년 갯벌의 토사가 강으로 밀려드는 것을 막고 조수 간만의 영향도 줄이기 위해 하구언河口堰 댐을 완성했다. 하구언 안쪽으로는 엘리 강과 태프 강에서 흘러드는 맑은 물이 2제곱킬로미터 규모의 거대한 호수를 형성하고 있으며, 주위의 크고 작은 둑들을 연결하여 카나리 워프처럼 물과 빌딩이 멋지게 어울린 워터프론트의 걸작을 탄생시켰다.

설계는 다용도 광장을 중심으로, 시민 위주의 공간을 구성하기로 의견이 모아졌다. 철로와 야적장이 있던 부지는 주거단지로 개발되었고, 주민 산책로의 구심점이 되도록 광장을 만들기로 했다. 그리하여 지금의 위치에 정남향으로 길쭉한 타원형의 광장이 탄생했다. 그래서 이름이 오발 베이슨이다. 페스티벌이 열리고, 계절별로 마켓이 펼쳐지며, 웨일스의 각종 공예품과 음식을 즐길 수 있는 열린 공간이다. 광장 양쪽으로 9개씩 12미터 높이의 훤칠한 조명탑이 타원으로 늘어서 아늑한 공간감을 형성하고 있으며, 모퉁이의 '인어 부두'에는 다양한 음식점 거리가 조성되어 있다.

광장의 남쪽은 바로 호수와 만날 수 있도록, 예전에 매립했던 흙을 파내고 호수를 끌어들였다. 입구에는 선착장을 마련하여 보트를 탈 수 있게 했다. 부두 인근에 있던 둑들도 모두 재정비하여 요트 정박지로 쓰거나, 수로로 활용한다. 보트를 타고 카디프 항을 관광하는 것은 물론, 워터 버스를 타고 시내 중심의 카

오발 베이슨 광장

디프 성까지 갈 수도 있다. 물과 뭍의 경계에는 동서 방향의 제방을 따라 길게 철재 산책로를 놓았고, 그 안쪽으로 광장 북쪽까지 오크로 만든 산책로가 이어진다.

광장 북쪽에는 24미터 높이의 워터 타워가 우뚝 서 있다. 이름대로 물이 흘러내리는 유리 구조물 분수다. 이 타워를 기점으로 주위에 웨일스 밀레니엄 센터와 카르디프 만 방문센터, 웨일스 의회 등 세계적인 건축가들이 디자인한 랜드마크 건축들을 세웠다. 자하 하디드[Zaha Hadid]가 디자인한 웨일스 밀레니엄 센터(위 그림에서 광장 끝에 보이는 반원형 지붕의 건물)는 오페라 하우스로 쓰이는데, BBC의 웨일스 국립 오케스트라가 상주해 수준 높은 공연을 펼친다.

광장 이곳저곳을 거닐다보니 어느덧 호수 위로 낙조가 드리우고, 웨일스 밀레니엄 센터의 정면이 환해졌다. 건물 정면에는 커다란 글자가 가득 새겨져 있었는데, 밤이면 황금빛으로 빛난다. 정확한 뜻을 알 수는 없었지만, 소수 민족의 희귀 언어 웰시가 환히 밝혀지는 모습이 보기 좋다. 자기 언어, 자기 문화를 지키려는 애정은 얼마나 아름다운가.

전 세계 헌책방의 메카, 헤이온와이

카디프를 뒤로하고 북쪽으로 한 시간쯤 달리면 브레컨비컨스 국립공원이 펼쳐진다. 호수와 침엽수림, 황무지와 고원이 번갈아 달려드는 그림 같은 풍광 사이로 가로질러 난 도로를 다시 한 시간가량 따라가다보면 공원 동북쪽 끝자락 경계에 아담한 마을이 기다리고 있다. '세계 최초의 책마을'로 유명한 헤이온와이^{Hay-on-Wye}다. 이름을 풀어보면 와이 강가에 있는 헤이 마을이란 뜻으로, 우리나라 파주의 예술인 마을 헤이리에도 영향을 준 곳이다. 렌터카 덕분에 쉽게 도착했지만, 대중교통으로 찾아가기에는 만만치가 않다. 런던의 패딩턴 역에서 웨일스 헤리퍼드 역까지 기차로 세 시간, 그리고 다시 버스를 타고 시골길을 한 시간 가까이 달려야 헤이온와이 마을에 다다른다. 기차와 버스를 기다리

는 시간까지 감안하면 다섯 시간은 잡아야 한다.

걸어서 마을 구석구석을 돌아보는 데는 두세 시간이면 넉넉한 작은 마을이다. 이 촌구석에 전 세계에서 한 해 50만 명 이상의 관광객이 찾아온다. 그 비결은 바로 책이다. 주민 1500명 남짓한 작은 마을이 온통 책방으로 바글거린다. 그것도 곰팡내 폴폴 나는 헌책 전문 서점들이다.

옛날식 주택은 물론 헛간과 외양간을 개조한 서점들이 중심가의 좁은 도로를 따라 도열하여 저마다의 표정으로 손짓한다. 헤이온와이의 헌책방 40여 곳에서 한 해 동안 거래되는 책은 무려 250만~300만 권에 달한다고 한다. 시스템도 최첨단이다. 서점들이 모두 도서 분류 시스템을 갖추고 전 세계를 대상으로 온라인 주문 판매를 한다. 시대별·작가별·주제별 관리는 기본이며, 서점마다 시집 전문, 영화 전문, 그림동화 전문, 원예 전문, 미스터리 전문, 과학소설 전문 등 독자적인 영역에 특화시킨 전문 마케팅을 한다.

헤이온와이가 책마을로 알려지기 시작한 것은 1960년대 중반이다. 한때 잘나가던 탄광촌이었는데, 1950년대를 고비로 석탄 수요가 주춤하면서 폐광촌이 되었고 사람들은 하릴없이 떠나갔다. 이 벼랑 끝 마을을 세계적인 관광지로 일으켜 세운 것은 책에 대한 한 청년의 밑도 끝도 없는 열정이었다. 어려서부터 책을 좋아했던 리처드 부스는 1962년 옥스퍼드대학을 졸업하자마자 부모님이 바라는 회계사의 길을 버리고 촌구석인 이곳에 헌책방을 차린다. 사방에서 비웃고 수군거렸지만, 스물네 살의 청년 리처드에게 헌책방은 운명이었다. 리처드의 자서전 『헌책방 마을 헤이온와이』에 따르면, 자주 찾던 헌책방의 주인 피너런은 열네 살 소년에게 신탁을 내리듯 예언한다. "너는 나중에 멋진 헌책방 주인이 될 거야."

1938년 서식스에서 태어나 헤이온와이로 이사 와 성장한 리처드는 사람들이 떠나가는 고향을 책마을로 만들겠다는 서원^誓願을 세운다. 그는 고향의 잠재력과 책의 가능성을 믿었다. "좋은 책을 모은다면 전 세계에서 손님이 찾아올 거야." 폐광촌의 소방서 건물을 헐값에 구입한 리처드는 건물을 손질하여 헌책방을 연 뒤 열정적으로 책을 모으기 시작했다. 좋은 책이 있다는 곳은 어디든 달려갔다. 영국 전역의 귀족 저택을 일일이 찾아가서 세습되는 책들을 구입했고, 때로는 며칠씩 곰팡이와 먼지를 마셔가며 고서들을 정리해주고 사례로 책을 얻기도 했다. 재정난으로 문을 닫게 된 도서관의 책을 인수하는 횡재도 있었다. 그러다가 세계 각지를 돌며 헌책을 모으기 시작했다.

파트너가 점점 더 많아졌고, 고급 네트워크가 갖춰졌다. 헤이온와이를 찾는 사람도 늘어갔다. 언제부터인가 "헤이온와이에서는 희귀본을 구할 수 있다"는 소문이 퍼지기 시작했다. '007 시리즈'로 유명한 작가 이언 플레밍의 에피소드가 소문에 불을 붙

헤이온와이

였다. 이언 플레밍은 『데카메론』이나 『신곡』처럼 기념비적인 책의 초판본을 수집하는 취미를 지녔는데, 우연히 들른 헤이온와이에서 다윈의 『종의 기원』 초판본을 구입했던 것이다. 헌책 도매상이 하나둘씩 헤이온와이에 가게를 열었고, 용기를 얻은 일부 주민도 책방을 냈다. 어차피 대안 없는 폐광촌이었다. 사람들이 찾아와서 식당을 찾았고, 숙소를 물었다. 자연스레 카페와 식당, 식품점과 호텔, 골동품 가게가 들어섰다.

리처드 부스는 책마을 헤이온와이를 널리 알리기 위해 다양한 프로그램을 펼쳤다. 마을의 상징인 헤이 성을 구입하여 대대적으로 손질한 뒤 헌책방으로 꾸몄다. 지상 3층, 지하 1층에 빼곡

건축의
표정

히 꽂힌 70만여 권의 장서는 어지간한 대학 도서관 못지않은 규모를 자랑한다. 성 마당에는 돌담을 따라 책장을 길게 짜맞춰놓고 '정직 서점Honesty Bookshop'을 열었다. 책장에 있는 책을 선택한 뒤 구매자가 요금을 자율적으로 결정해 요금함에 넣는 일종의 무인서점으로, 책의 재고 처리 겸 홍보 효과를 노린 아이디어였다. 12세기에 노르만식으로 지어진 고색창연한 돌성을 배경으로 푸른 잔디밭 위에 널찍하게 펼쳐진 '정직 서점'의 풍경 사진이 알려지면서 헤이온와이는 본격적으로 유명세를 타기 시작했다.

1977년 4월 1일에는 헤이온와이 왕국의 독립을 선포했다. 리처드 부스는 왕관을 쓰고 곤룡포를 입고 손에는 홀을 든 채 성대하게 '서적왕' 즉위식을 거행했다. 독자적인 화폐와 우표, 여권도 발행했다. 헤이온와이의 유쾌한 해프닝은 30년 뒤 한국의 남이섬으로 이어졌다. 2006년 3월 1일 남이섬은 국기와 국가를 만들어 나미나라 공화국을 선포하고, 여권과 비자를 발급하며, 세계 22개국 대사를 불러 수교를 했다. 고유 문자를 만들고, 화폐와 우표를 찍는 일련의 프로그램은 헤이온와이의 선례를 발전시킨 것이었다.

1988년부터는 매년 5~6월, 11일 동안 헤이 페스티벌이 열린다. 축제의 출발은 유쾌한 해프닝에서 비롯됐다. 1987년 노먼 플로렌스와 피터 플로렌스 부자가 포커에서 딴 돈으로 시작한 축제가 이제는 연극과 영화, 음악과 춤, 전시, 요리, 거리 퍼포먼스 등 180여 개의 프로그램이 펼쳐지는 세계적인 행사로 자리잡았다. 노벨문학상 수상자들과 세계적인 작가·배우·코미디언·음악가들도 참석하여 시 낭송과 강연을 한다. 축제 기간 동안에만 10만 명 이상의 관광객이 이곳을 찾으며, 마을의 숙소는 1년 전부터 예약이 끝나버린다. 유럽에서는 헤이온와이 테마관광 코스가 따로 운영될 정도라 한다. 『뉴욕타임스』는 헤이 페스티벌을 "마을 결혼식 잔치처럼 벌어지는 국제적인 행사"라고 묘사했다.

여름 시즌에는 환경보호 캠페인을 연다. 헌책을 통해 자연보호와 자원 재활용에 대한 중요성을 환기시키는 행사다. 매년 헤이온와이에서 거래되는 수백만 권의 헌책이 아니었다면, 그래서 그만큼의 책을 새로 찍어야 했다면, 얼마나 많은 나무를 베어내야 했을지, 얼마나 많은 숲이 사라져야 했을지를 되짚어보는 행사다. 헤이온와이는 지역 자생 프로그램으로서도 중요한 의미를 띤다. "대형 마트에서는 절대로 살 수 없는 물건"이 헤이온와이가 내세운 슬로건이다. "그렇기 때문에 작은 마을의 희망이 되는 물건, 그게 바로 헌책"이라는 것이다.

어느덧 벨기에의 르뒤와 몽스, 네덜란드의 브레드보르트, 룩셈부르크의 비안덴, 프랑스의 몽톨리외, 노르웨이의 트베데스트란 등 세계 곳곳에 헤이온와이를 벤치마킹한 헌책방 마을이 10여 군데나 생겨났다. 헤이온와이가 독립을 선포한 지 21년 되던 1998년에는 전 세계 책마을 연합이 리처드 부스를 '헌책방 제

건축의
표정

국의 황제'로 추대했다. 뇌종양 수술의 후유증으로 얼굴 근육의 절반이 마비된 황제는 지팡이를 짚고 다니며 여전히 노익장을 과시한다. 최근에는 아프리카 중북부에 있는 말리의 팀북투 마을에 새로운 책마을을 건설하고 있다. 리처드 북숍의 벽면에 큼지막하게 걸린 세계지도가 리처드 부스의 꿈을 대변해주는 듯하다.

마침 바로 옆의 책장에서 예기치 않은 아이템을 손에 넣었다. 북미 인디언의 전설과 토템을 신화체 필치로 즐겨 그리는 화가 수전 세돈 불렛의 화집이었다. 연모하던 화가의 화집을 우연히 헤이온와이에서 발견하다니, 무슨 신탁이라도 받은 기분이었다.

느긋한 걸음으로 마을의 고샅을 돌았다. 건축·조경 전문 서점에서 정원에 관한 책을 몇 권 집어들었고, 가이드에게도 책 한 권을 선물했다. 무척 게으르고 방심한 걸음으로도 마을은 데자뷔처럼 금세 같은 풍경을 반복해서 보여주었다. 그렇게 작은 마을인데도 마음을 사로잡는 매력이 은근하고도 강했다. 무엇이었을까, 한참을 골몰히 살펴봤는데, 의외였다. 그것은 절제의 미덕이었다. 헤이온와이의 풍경은 자기 몸집에 맞는 만큼만, 자기 여건에 맞는 만큼만 가꾸어져 있었다. 어디는 손질이 조금 덜 된 듯도 했고, 어디는 새로 지어버리면 좋을 듯싶은데, 반추해보면 그게 아니었다. 딱 그만큼의 제 모습으로 서 있었다.

문득 과도한 투자로 꿈같은 한 시절을 보내고 이제는 세계적으로 '지자체 부도'의 대명사가 되어버린 일본 홋카이도의 유바리^{夕張}가 떠올랐다. 같은 폐광촌의 운명을 유바리는 '유바리국제판타스틱영화제'로 극복했다. 전성기였던 1995년에는 한 해 200만 명 이상의 관광객이 유바리를 찾았다. 영화 「킬 빌」의 쿠엔틴 타란티노 감독은 '고고 유바리$^{Go!\ Go!\ Yubari}$'라는 이름의 강력한 여자 갱 캐릭터를 설정해 유바리영화제에 뜨거운 애정을 바쳤다. 그러던 유바리가 갑자기 스키장, 리조트, 박물관 등 관광시설에 '미친 투자'를 하면서 눈사태 같은 빚더미에 짓눌리게 되었다. 급기야 2006년에는 파산을 선포하는 지경에 이르렀고, 영화제도 문을 닫아야 했다. 우리나라의 평창, 인천, 성남 등 재정 적자 뉴스가 빈발하는 지자체들에게 헤이온와이와 유바리, 앞서나간 두 도시의 역정이 남의 이야기처럼 들리지 않는 까닭이다.

대안기술센터,
작은 고원의 무공해 파라다이스

늦은 오후에 헤이온와이를 떠났다. 다음 방문지인 매헌세스[10]가 바로 웨일스 산악의 심장부 외곽에 해당되는 만만찮은 오지여서 숙소가 걱정되었기 때문이다. 가는 길에 작고 예쁜 마을을 만나면 아무 B&B[11]에나 들어갈 생각이었다. 생각보다 길이 까다로웠다. 아내가 열심히 지도를 짚어가며 최적의 코스를 찾았고, 아내의 손가락을 따라 웨일스의 산길이 구불구불 밤을 향해 이어졌다. 나무 그림자가 길어지기 시작하자 조바심이 이는데, 들르는 B&B마다 방들이 예약되어 있었다.

　서너 차례 퇴짜를 맞을 무렵 가이드가 갑자기 "아, 뱅크 홀리데이!" 하고 짧은 탄식을 한다. 뱅크 홀리데이는 말 그대로 '은행이 쉬는 날'로, 온 국민 또한 덩달아 쉬는 독특한 영국식 휴일이다. 5월 첫째 주와 마지막 주 월요일, 8월 첫째 주(스코틀랜드만)와 마지막 주 월요일 등을 쉼으로써 금요일 오후부터 짜릿한 연휴를 선사하는 시스템이다. 뱅크 홀리데이 기간에는 영국 전역에서 미리 예약하지 않고는 펜션이나 방갈로를 구하기 어려울 정도라고 한다.

뱅크 홀리데이의 유래는 이렇다. 18세기 초중반 영국에서 금융업이 번성하기 시작할 때 은행들이 문 닫는 날을 예고하곤 했는데, 은행 업무를 보지 못하게 된 가게와 회사들이 내친김에 따라서 쉬면서 자연스럽게 쉬는 날로 자리잡게 되었다. 승승장구하던 나라 영국, 기념일도 점점 늘어서 한때는 공휴일이 40일을 넘긴 적도 있었다. 52주의 주말까지 합하면 90여 일, 물경 3개월이 공휴일이었던 셈이다. 그래서 공휴일 제도를 전면 수정해, 일각에서 자연스럽게 자리를 잡은 뱅크 홀리데이를 나라 전체의 공휴일로 삼게 되었다고 한다.

가이드는 미안한 기색을 내비쳤지만, 반대 입장이라 해도 일정상 언제 어디를 지나갈지 불확실했으니 책임 문제도 아니었다. 서로 의기투합하여 노숙露宿을 하기로 결정하고 나니 오히려 느긋해졌다. 매헌세스 팻말이 보일 무렵 정말 작고 예쁜 마을을 만났다. 날이 밝을 때까지 남는 게 시간이라, 굳은 방값으로 저녁부터 푸짐하게 시키면서 호사를 누렸다. 맥주도 한잔, 낯선 산골의 식탁 위에 모처럼 이야기꽃이 피었다. 마침 벌판 쪽으로 시야가 확 트인 곳에 마을회관이 있었고, 아담한 주차장과 공중화장실도 있었다. 웨일스의 산골에서 맞는 5월의 밤하늘에선 별이 쏟아졌고, 신선한 바람은 들꽃 향기를 실어왔다.

연일 거듭된 강행군 때문에 고단했던 듯하다. 좁은 차 안에서의 새우잠이 달았다. 차창으로 햇살이 눈을 파고든다. 잠이 깬 아내와 세안을 하고 이른 아침의 마을길을 걷는다. 예의 쌍둥이 집과 줄줄이 집들이 도로를 따라 이어져 있는데, 튜더 스타일의 가옥이 의외로 많았다. 짙은 갈색의 하프팀버 골조와 흰 석회 벽의 콘트라스트가 아침 햇살에 더욱 산뜻해 보인다. 이따금 눈에 띄는 초가지붕이 특히 인상적이었다. 새치^{thatch}라는 억새로 이엉을 단단하게 엮어 올린 지붕인데, 우리 초가보다 훨씬 더 두텁고 가장자리는 반듯하게 다듬어주어서 야무진 인상을 풍긴다. 산책을 마치고 매헌세스에 들러서 식당을 찾았다. 우리나라로 치면 읍내쯤 되는 크기인데, 깔끔하고 아름다운 도시였다.

대안기술센터$^{CAT, Centre for Alternative Technology}$는 매헌세스에서 북쪽으로 30분쯤 달리는 거리에 있었다. 한국의 산세와는 비할 바 못 되지만, 매헌세스를 지나면서 확실히 땅의 굴곡이 두드러지고, 울창한 숲과 바위 절벽도 자주 눈에 띄었다. 드디어 푯말이 보이고 오른쪽으로 곁길이 갈라진다. 외길을 따라 10분쯤 들어가면, 양옆으로 들판을 거느린 제법 높직한 고원이 불쑥 앞을 가로막는다.

고원 아래 주차장에 차를 세우고 나니, 고개를 꺾어야 올려다 볼 수 있을 정도로 험준한 경사가 눈에 들어온다. 입구의 방문객 센터로 들어서면 한 량짜리 벼랑열차가 기다리고 있다. 60미터 높이의 가파른 경사를 오르는, 말하자면 기울어진 엘리베이터다. 열차에 오르자 갑자기 물소리가 들리더니 스르릉 열차가 비탈을 미끄러져 올라간다. 오전이어서 다른 손님도 없었는데, 위에서 텅 빈 열차가 내려온다. 에너지 절약을 생명으로 삼는 환경단체에서 빈 열차를 운행하다니? 고개를 갸웃하며 열차에서 내려 통나무집 역사驛舍를 나오자 꽤 널찍한 호수가 펼쳐져 있다. 바로 여기에 비결이 있었다.

열차의 동력은 바로 물이었다. 두 열차는 맞교대하면서 상대 차의 동력이 되어주고 있었다. 위 열차에 물을 가득 채우고 아래 열차의 물을 빼면 어른 17명을 끌어올릴 수 있는 힘이 생기는 방식이었다. 마침 CAT가 들어선 고원은 수량이 풍부한 지역이었다. 그 동력을 얻기 위해 구성원들이 직접 삽으로 역사 입구까지 호수를 팠다. 호수의 물로 수력발전기도 돌린다. 호수 주위로는 20여 채의 크고 작은 친환경 건축물들이 오밀조밀 자리잡고 있다.

맨 먼저 작은 집과 공중전화 부스가 방문객을 맞는다. CAT의 메커니즘을 말해주는, 일종의 맛보기 사례다. 부스 지붕에는 태양열 집열판이 부착되어 있고, 그 위로 치솟은 기둥 끝에는 바람

벼랑 열차

개비가 달려 있다. 이 태양열과 미니 풍력발전으로 공중전화에 필요한 전기를 얻는다. 작은 집은 CAT의 건축 양식과 보온 방식을 말해주는 모델하우스다. 기둥과 들보는 자체 공급하는 목재로 지었고, 30센티미터 두께의 벽은 볏짚을 넣고 안팎으로 흙을 바르는 스트로베일 공법을 썼다. 일부 벽은 인근 농가에서 쉽게 구할 수 있는 양털로 가득 채웠다.

CAT의 전력은 대부분 풍력과 소수력발전, 태양열 등으로 자체 해결한다. 태양열 발전은 구름이 많은 영국 기후를 감안하여 2~3분마다 태양의 위치에 맞춰 집열판 각도를 자동 조절하도록 설계되었다. 풍력발전은 소형 포터블 사이즈부터 대형 발전기까지 여러 장비를 갖추고 있다. 인근 언덕 위에 세워진 7톤 중량의 15킬로와트급 대형 발전기는 CAT 인근의 계곡 전체에 공급할 전기를 생산할 수 있다고 한다. 남는 전기는 송전 장치를 통해 전력회사에 판매한다. 겨울철이나 악천후로 인한 비상시에 대비해 디젤 발전기를 병행 운용하는데, CAT의 1인당 연간 전기 요금이 영국인 1인당 평균 요금의 200분의 1(1.8파운드 대 240파운드)에 불과하다.

CAT는 '대안을 실험하는 선구적 공동체'를 표방한다. 이를 풀어서 설명해보면 •지구에 손상을 주지 않는 '지속 가능 대안 기술'을 연구하여 •친환경 라이프스타일에 적용·실험하고 • 공동체 성원들이 실제 삶으로 실천(선구)해 보임으로써 •사람

328

대안기술센터

들로 하여금 생태적 삶을 살고 싶다는 흥미를 유발시켜 •CAT
를 방문하게 하고 •적절하며 쉬운 노하우를 제공하여 •실제
삶에 적용하도록 지원하겠다는 것이다. 방문객들은 친환경 오두
막 에코 캐빈Eco-Cabin에 머물면서 생활 속의 대체에너지를 체험
한다. 예컨대 자연에너지관에 설치한 태양열 전지와 수력발전
모형은 관람객이 직접 체험하면서 학습할 수 있게 되어 있다. 자
그마한 지오데식 다면체 미니 온실에는 식물을 이용한 물의 정
화 및 재활용 과정을 보여주는 시스템을 갖추었고, 유기농법 코

너에서는 각종 퇴비의 변화와 친환경 해충구제 노하우 등을 관찰할 수 있다.

CAT의 전체 면적은 16헥타르가 조금 넘는데, 이 가운데 생태 테마 공원으로 일반에 공개되는 영역은 3헥타르 정도다. 나머지 13헥타르는 비공개 영역으로, 공동체 주거지와 과수원, 밭과 숲으로 이루어져 있다. 건물은 벽과 창문, 지붕마다 패시브 공법으로 철저하게 에너지 보존 시스템을 구현하고 있으며, 몇몇 집은 지붕 위에 흙을 덮고 풀꽃을 심는 옥상녹화 방식으로 효과를 보고 있다. 과수원과 밭에서는 유전자 조작을 하지 않은 식물들을 무농약 자연농법으로 재배하여 자급하고, 공원 내 레스토랑에도 공급한다.

생활하수는 공용 하수처리장으로 모아져 자갈과 모래, 갈대와 부레옥잠 등을 이용해 정화한 뒤 농작용수와 원예용수로 사용한다. 종이나 음식물 쓰레기 등 고형물은 지렁이와 미생물 등을 이용해 1년 동안 단계별로 발효시킨 뒤 과수와 정원수 등의 거름으로 활용한다. 생활 쓰레기에도 다양한 아이디어를 궁구한다. 예쁜 모양의 분리수거 통은 아이들에게 인기 만점이고, 빈 병과 폐가전 제품 등을 활용한 모형이나 조형물은 아기자기한 전시물 노릇을 한다.

지금은 건축가, 조경·원예가, 생물학자, 엔지니어, 교육자, 디자이너 등 다양한 전임 활동가들이 참여하는 국제적인 전문 그룹이 되었지만, 시작은 은둔이었다. 1960년대 '자연으로 돌아가자'는 히피운동에 감화를 받은 제럴드 모건그렌빌은 1974년 전 재산을 털어 웨일스의 슬레이트 광산 폐광터 40에이커를 구입한 뒤 친환경 생활 공동체를 개창한다. 당시 영국과 미국에 비슷한 공동체가 여러 곳 생겨났지만, 실천적인 기술과 방법이 이상에 미치지 못하는 게 태반이었다. 그렌빌은 최초 회원 37명과 함께 화석에너지와 공해성 공산품에 의존하지 않는 대안기술Alternative Technology 공동체를 제창한다. 생태적 삶을 지탱해주는 구체적인 기술과 노하우를 개발하고 실현하는 것이 주목적이었다.

공동 생산·공동 소비를 원칙으로 하는 비공개 은둔 공동체로 출범한 CAT는 엘리자베스 여왕의 부군 필립 공의 방문을 계기로 사회적으로 커다란 반향을 일으켰고 1970년대 후반부터 공원 일부를 공개하면서 지금의 생태 테마 공원으로 발전하게 되었다. 지금은 매년 전 세계에서 10만여 명의 견학·연수자가 대안 기술을 배우기 위해 이곳을 찾는다. 장단기 자원봉사자들이 상주해 있으며, 건축가와 원예가, 엔지니어 등 전문 활동가들도 평상시 30명 정도는 늘 CAT에 머물고 있다.

CAT의 매력을 보여주는 아이러니가 하나 있다. 그렌빌이 구입한 광산의 슬레이트는 지붕재로 쓰이는 편평한 편마암의 일종으로, 앞서 소개한 옥스퍼드 돌집에서도 웨일스 슬레이트를 썼을 만큼 유명한 돌이었다. 그러나 폐광터는 자연토가 부족해 친환경 농법에는 최악의 환경이었다. 그래서 CAT는 슬레이트 부스러기와 퇴비, 인조 토양을 섞는 유기농법을 개발했는데, 이 노하우는 오늘날 마당이 없는 아파트의 가정 원예와 빌딩의 옥상 농법 등 현대의 도시 원예에 더욱 적합한 방식으로 각광을 받고 있다.

레이크 디스트릭트와 내셔널 트러스트

고속도로를 따라 북진하다보면, 스코틀랜드와 잉글랜드의 접경 서남쪽에 영국의 국립공원 1호 레이크 디스트릭트Lake District가 나온다. 직역하면 '호수 지방'쯤 되려나. 이름은 좀 싱겁지만 커다란 호수만 14개, 작은 산지호수들은 셀 수도 없이 많은 호수의 본향이다. 해발 800미터가 넘는 봉우리가 모두 35개로, 바다 바로 옆의 산이므로 이 해발은 에누리 없는 진짜 높이다. 기원전 13만 년 전부터 유럽은 수백 미터의 얼음이 덮인 빙하지대였다. 그러다가 9500년 전 이 일대가 해빙기를 맞아 거대한 빙하가 바다로 빠져나가며 산을 깎아 커다란 U자형 계곡을 만들었다. 이 계곡과 호수와 하늘이 서로 다른 푸른빛으로 만나서 천하의 절경을 이룬다.

더욱 놀라운 것은 웨일스의 절반 크기만 한 천하절경 지대가 개발의 손길을 뿌리치고 18세기의 고풍스런 모습을 간직하고 있다는 점이다. 어찌 개발의 유혹이 없었으랴. 레이크 디스트릭트는 140년 전 참으로 오지랖 넓은 선남선녀의 처절한 투쟁 덕분에 오늘날의 자태를 간직할 수 있었다. 그 선남선녀의 의기투합으로 태어난 내셔널 트러스트[12]는 영국의 대표적인 생태환경·문화유산 보호 기구가 되었고, 오늘날 영국 건축의 핵심 어젠다인 '지속 가능한 개발'의 살아 있는 유전자 역할을 하고 있다. 여기한 시절 치열했던 열정의 비망록을 간략히 소개한다.

내셔널 트러스트 탄생의 주인공은 여성 사회운동가 옥타비아 힐[13]과 성공회 신부 캐넌 론슬리, 변호사 로버트 헌터[14]다. 옥타비아 힐과 캐넌 론슬리는 19세기 예술비평가이자 사상가였던 존 러스킨[15]의 제자다. 옥타비아가 메릴본 빈민가에서 주거개선 운동에 한창 투신하고 있을 때 러스킨의 권유로 캐넌이 합류하면서 인연을 맺는데, 몸이 약했던 캐넌은 과로로 신경쇠약에 걸리는 바람에 레이크 디스트릭트로 요양을 갔다가 그곳 레이 교회의 교구 신부가 되면서 성직자의 길을 걷는다. 옥타비아와 로버트 헌터는 1874년 스위스 코티지필드를 개발로부터 지켜내는 캠페인에서 처음 만났다. 보존이 실패로 돌아가자 두 사람은 오픈 스페이스[16] 보전 캠페인에 본격적으로 가담하게 되었다. 로버트는 공유지보존협회의 법률자문으로 뛰었고, 옥타비아는 협회의 재무 담당으로 일했다.

그리고 예기치 못한 또 하나의 인연이 있었으니, 캐넌 론슬리와 헬렌 베아트릭스 포터의 만남이었다. 1882년 부모를 따라 레이크 디스트릭트로 휴양 온 헬렌은 때 묻지 않은 대자연의 풍광에 깊이 매료된다. 16세의 내성적인 소녀 베아트릭스는 그 무렵 토끼와 다람쥐, 고양이, 오리 등을 의인화하는 그림에 빠져 있었는데, 그녀의 그림에 담긴 따뜻함에 주목한 캐넌 신부는 동화를 출판하도록 조언한다. 이 짧은 만남이 훗날의 든든한 인연이 되리라고는 당시 두 사람은 꿈에도 생각지 못했으리라.

1884년 묘한 일이 발생한다. 런던의 데프트포드에 있는 세이즈 코트Sayes Court의 주인이 옥타비아 힐을 찾아왔다. 운영난 끝에 장원을 국민에게 기부하고 싶은데, 기부할 합법적인 단체도 없고 저택을 보존할 마땅한 대책도 없다는 이야기였다. 옥타비아는 세이즈 코트 건을 가지고 로버트 헌터를 찾았다. 로버트는 합법적으로 기부를 받아 운영할 기구의 설립에 대해 고민했으나, 답은 쉽게 떠오르지 않았다.

이듬해에는 캐넌 론슬리가 로버트 헌터를 찾아왔다. 레이크 디스트릭트가 부동산 투기꾼들에 의해 훼손될 위기에 직면했기 때문이다. 당시 캐넌 신부는 '레이크 디스트릭트 보호협회'의 열혈 회원이었고, 로버트는 '오픈 스페이스 보존운동'으로 이름을 날리던 변호사였다. 1885년 '레이크 디스트릭트의 아름다움을 해치는 철도 부설의 심각성'을 알리는 캐넌 신부의 캠페인에 옥타비아와 로버트가 동참했고, 그로부터 10년 뒤 런던 웨스트민스터 공작의 저택 그로스브너 하우스^{Grosvenor House}에서 내셔널 트러스트가 출범했다.

처음부터 모금을 통해 모든 비용을 조달했는데, 나중에는 이것이 자연스럽게 내셔널 트러스트의 핵심이 되었다. 내셔널 트러스트의 첫 성과는 서식스 지방의 앨프리스턴 마을에 소재한 낡은 목사관이었다. 1896년에 10파운드(약 1만8650원)를 주고 매입했는데, 수리에는 그 30배인 300파운드가 들었다고 한다. 캐넌 신부는 1915년에 시인 윌리엄 워즈워스가 레이크 디스트릭트에서 3년간 살았던 집 앨런 뱅크를 사들여 사용하다가 1920년 눈을 감으면서 내셔널 트러스트에 기증했다.

세계적인 베스트셀러 작가(그림동화 『피터 래빗 이야기』(1902)가 100년 동안 30여 개 언어로 번역되어 1억 부 이상 판매됨)가 된 헬렌 포터는 레이크 디스트릭트와의 짧은 만남을 가슴에 담고 살다가 47세 되던 1913년 마음의 고향을 찾아와 여생을 보낸다. 캐넌 신부가 떠난 뒤 그녀는 내셔널 트러스트의 열렬한 지지자가 되어 막대한 유산과 평생 번 돈으로 레이크 디스트릭트의 산과 호수, 농장들을 사들였다가 1943년 남편에게 전 재산을 내셔널 트러스트에 기부해달라는 유언을 남긴 채 홀연히 떠난다. 만혼의 남편 윌리엄 힐리스 변호사도 아내의 유언에 보태어 자신의 전 재

내셔널 트러스트 앨런 뱅크

산까지 내셔널 트러스트에 기부하며 아내의 뒤를 따른다.

윌트셔 지방의 레이콕은 마을 전체가 내셔널 트러스트에 기증된 특이한 사례다. 영화 「해리 포터」의 촬영지로도 유명한 레이콕은 로마 유적지 배스 인근에 위치한 전원마을이다. 수도원을 중심으로 형성된 레이콕 마을은 헨리 3세(1207~1272) 때 수도원 건립과 함께 장원에 딸린 일꾼들이 거주할 수 있도록 조성되었다고 한다. 우리로 치면 일종의 사하촌寺下村인 셈이다. 헨리 8세의 수도원 철폐령으로 문을 닫게 된 레이콕(1539)은 노퍽 가문에 불하(1550)되었다가 건물 노후에 따른 과도한 관리비와 세금

부담에 짓눌려, 수도원과 함께 마을 전체가 1944년 내셔널 트러스트에 기증된다. 마을에는 대략 86가구가 살고 있는데, 내셔널 트러스트는 엄격한 심사를 거친 뒤 집과 마을의 풍습을 보존하는 조건으로 주민에게 임대를 해주고 있다.

2000년에는 오노 요코 여사가 존 레넌이 스물세 살까지 살았던 멘딥스의 집을 구입해 내셔널 트러스트에 기증한 일이 화제가 된 바 있다. 이후로도 수많은 건물과 유적, 자연 등이 '국민을 위한 영구 보전'을 전제로 내셔널 트러스트에 증여되고 있다. 내셔널 트러스트는 2015~2016년 현재 전체 해안선의 12퍼센트(775마일), 25만 헥타르의 토지, 500채 이상의 역사적 건물과 성채, 문화 유적과 정원·공원 부지 등을 보유한 영국 최대의 시민 단체가 되었다.

참으로 부러운 열광이 아닐 수 없다. '친환경 올림픽'이 바로 이 열광의 연장이고, '지속 가능한 개발'을 외치는 영국 건축의 미래 또한 마찬가지다. 요상하게 미칠 줄 안다는 것, 참 신기한 지혜다.

7장

영원한 자유정신,
스코틀랜드

Scottish not British를
외치는 까닭

드디어 기행의 종착지인 스코틀랜드다. 백파이프와 스카치위스키, 타탄과 킬트의 나라. 우아한 실버 숀 코네리의 고향. 영화 「브레이브 하트」의 영웅 윌리엄 월리스의 조국……. 스코틀랜드는 책 한 권 분량으로도 모자랄 만큼 숱한 이야깃거리를 가진 곳이다. 이 책에서는 아쉬운 대로 영국사에서 빠뜨릴 수 없는 잉글랜드와 스코틀랜드의 앙숙 이야기를 압축하여 정리해본다. 자유정신의 기념비 스코틀랜드 국회의사당은 그래서 더 난해하기 짝이 없는 고난도 의문형 건축으로 태어나야 했는지도 모른다.

스코틀랜드는 브리튼 섬 북부와 북해 섬들로 이루어져 있으며, 3분의 2가 황무지 산악지대다. 남부 업랜드는 잉글랜드 접경의 산지 사이로 비옥한 평야가 펼쳐져 있고, 중부 롤런드는 에든

340

버러와 글래스고를 중심으로 한 산업지대로 인구 대부분이 이 지역에 거주한다. 특히 세 번째 도시 애버딘은 '유럽의 석유 수도'로 불리며, 그 앞바다는 유럽연합 전체에서 석유가 가장 많이 매장되어 있는 지역이다. 북부 하일랜드는 사암과 화강암 중심의 산악지대로 브리튼 섬의 최고봉들이 빙하 협곡 및 호수와 어우러지며 그림 같은 풍광을 자랑한다. 위치는 일본의 사할린 섬보다 훨씬 더 북쪽인 북위 54도에서 61도 사이이며, 북해와 접해 있는데도 의외로 기후가 온화하고 청량하며 한겨울에도 매서운 혹한이 없어 여행지로 인기가 높다.

로마는 이 땅을 칼레도니아라고 불렀다. 기원전 6~기원전 4세기경 아일랜드를 거쳐 들어온 게일 족과 로마에게 쫓겨온 켈트 족이 먼저 자리를 잡았고, 언제부턴가 북해 오크니 제도로부터 건너온 픽트 족이 동북부를 차지했다. 그리고 5세기경 스코트 족이 서남부 지역에 왕국을 세우고 차츰 브리튼 섬 북부를 통합해 간다. 로마는 끝내 칼레도니아를 점령하지 못했고, 북방 민족의 발호를 막기 위해 하드리아누스 방벽과 안토니누스 방벽을 쌓아야 했다.

이 북방 민족들이 융합되어 오늘날 스코틀랜드인의 조상이 된다. 스코틀랜드인은 용맹하면서 권위적이지 않고, 소박하고 솔직하며, 특히 자유를 강조한다. 잉글랜드를 상대로 한 수백 년 독립전쟁의 소산이다.

스코틀랜드는 오늘도 독립을 꿈꾼다. 현재진행형이다. 2011년 압도적 단독 과반수로 집권한 스코틀랜드 국민당[SNP]은 당론으로 영연방 탈퇴와 스코틀랜드 분리 독립을 추진하고 있다. 2014년 9월 18일에는 '2016년 스코틀랜드 독립'을 묻는 국민투표를 실시했다. 찬성 44.7퍼센트 대 반대 55.3퍼센트로 부결되었지만, 독립 의지가 사라진 것은 아니다. 사이버 공간에는 성 안드레아의 십자가[1]가 물결치고, 독립을 외치는 'Scottish not British'의 구호가 여전히 아우성을 친다.

'유럽연합'이라는 대세에도 불구하고 오매불망 독립을 외치는 수백 년의 고집불통이라니, 납득하기 쉽지 않은 풍경이지만, 이 시퍼런 열정을 이해하지 못하면 스코틀랜드의 가슴은 느낄 수 없다. 스코틀랜드의 건축도 문화도 자유와 독립의 코드 없이는 만져지지 않는다. 먼저 간략하게나마 잉글랜드와 스코틀랜드의 속 깊은 사연을 살펴보기로 한다.

흔히 이웃한 두 나라는 흥망성쇠에 따라 국경을 밀고 당기는 분쟁을 겪기 마련이다. 그러나 스코틀랜드와 잉글랜드의 전쟁은 단순한 국경 분쟁이 아니었다. 동서고금 유례가 드문 징그러운 숙명이었다. 영토 크기(1.7배)며 인구수(8~9배)가 말해주듯 전쟁은 대부분 절대 강자인 잉글랜드의 북진으로 시작되었고, 스코틀랜드는 오랜 패배를 통해 습득한 청야전술[2]로 맞섰다. 하일랜드 황무지를 배후로 삼아 집요하게 치고 빠지는 극한의 청야淸野

게릴라에 바짝 약이 오른 잉글랜드군은 도시에서 약탈과 파괴로 분을 풀곤 했다. 위기를 넘긴 뒤에는 접경지대를 두들겨대는 스코틀랜드의 보복이 뒤따랐다.

영국 지도를 보면 좀 특이한 현상을 발견하게 된다. 런던-버밍엄-리버풀-맨체스터-요크로 이어지는 남부와 중부의 도시가 눈부신 발전을 보인 데 비해, 뉴캐슬 이북 지역에는 앞 장에 소개한 레이크 디스트릭트 같은 자연녹지와 국립공원이 유난히 많다. 스코틀랜드도 마찬가지다. 양대 도시 글래스고와 에든버러를 수평 축으로, 남쪽 지역은 국립공원과 녹지의 연속이다. 우리나라 지도로 치면 인천-속초에서부터 평양-원산에 이르는 광활한 지역 전체가 일종의 DMZ 역할을 하는 녹지인 셈이다. 수백 년 동안 되풀이된 전투로 인해 브리튼 섬 중북부에서는 도시다운 도시가 발전할 틈이 좀체 없었던 것이다.

'이쯤은 싸워야 원수지'
잉글랜드와
스코틀랜드

1.

두 나라 국경이 지금의 경계처럼 틀이 잡힌 것은 1018년경 맬컴 2세 때였다. 초기 노르만 왕조와의 관계도 나쁘지 않았다. 정복자 윌리엄은 맬컴 3세를 꺾은 뒤 봉신관계로 동맹을 맺었고, 헨리 1세는 프랑스와 대륙의 영지 쟁탈전을 벌이느라 맬컴의 딸 마틸다와 결혼함으로써 '햇볕정책'을 택한다. 맬컴의 막내아들 데이비드 1세는 자형 헨리 1세와 매우 친해서 1113년 잉글랜드의 헌팅던과 노샘프턴셔의 영지를 제수받고 봉신이 되었으며, 헨리 1세의 치세 모델을 도입해 '데이비드의 혁명'이라 불리는 개혁을 단행한다. 노르만계 잉글랜드 귀족 상당수가 이 시기에 스코틀랜드로 귀화하여 유력 가문으로 자리를 잡는다.

두 나라를 철천지원수로 몰고 간 장본인은 에드워드 1세였다. 데이비드 1세로부터 150년에 이르는 황금시대가 알렉산더 3세의 돌연사로 종언을 고하고, 유일한 혈육인 손녀 마거릿이 여왕으로 즉위한다(1286, 당시 네 살). 에드워드

346

1세는 마거릿 여왕을 며느리로 삼아 스코틀랜드를 통합하려고 김칫국을 마시는데, 핏덩이 여왕마저 싱겁게 세상을 뜬다. 빈 왕좌를 두고 존 드 베일리얼과 로버트 브루스가 맞서며 에드워드 1세에게 지원을 요청하자, 에드워드는 봉신관계를 강조하며 존의 손을 들어준다.

그러나 이후 사법권까지 침해하는 에드워드의 과도한 내정 간섭으로 불만이 쌓인다. 1293년 에드워드가 프랑스 필리프 4세를 상대로 대륙의 영지 탈환 전쟁을 벌이며 존 베일리얼에게 봉신의 의무로 참전할 것을 강요하자 이것이 결정타가 된다. 헨리 2세 때 방패세scutage라는 세금이 있었다. 방패에 부가가치세를 매긴 게 아니라, 일종의 군역 대납세였다. 헨리 2세의 프랑스 영지[3] 싸움에 영국의 귀족들이 직접 참전하기를 꺼려 용병 비용을 대납하는 제도였다. 자국의 신하들조차 방패세로 출정을 미루는 판국에 이웃 나라 왕에게 참전을 강요한 꼴이었으니, 경우가 없어도 심하게 없는 상황이었다.

존 베일리얼은 프랑스를 공격하는 대신 비밀 사절을 보내 동맹을 맺는다. 향후 수백 년 동안 잉글랜드의 유럽 전략에 두고두고 '등의 칼' 역할을 하게 되는 이른바 고대 동맹Auld Alliance[4]의 탄생이었다. 화가 난 에드워드 1세는 1295년 '모범의회'를 소집하여 막대한 군자금을 확보한 뒤 이듬해에 대군을 이끌고 국경을 넘는다. 전투는 일방적이었고, 에드워드는 대대적인 약탈과 살육을 명령함으로써 스코트인들의 가슴에 천추의 원한을 새긴다. 100일도 못되어 존 왕은 백기를 들었고, 에드워드는 존을 압송하여 런던탑에 가둬버린다. 이때 함께 가져간 스콘의 돌[5]도 두고두고 스코틀랜드의 원한을 되새기는 불티가 된다.

스코틀랜드 전역에서 저항이 들불처럼 일어난다. 대표 인물은 바로 영화 「브레이브 하트」의 주인공 윌리엄 월리스로, 1297년 트위드 강의 스털링 다리 전투에서 대승을 거두며 스코틀랜드의 수호자로 떠오른다. 윌리엄의 게릴라 전술에 분개한 에드워드는 프랑스의 긴급 전선을 방어로 돌려놓고 몸소 스코틀랜드 청소에 나선다. 1305년 체포된 윌리엄 월리스는 런던으로 압송되어, 거세되고 내장이 뽑히고 머리가 잘린 뒤 몸이 네 토막으로 나뉘는 형을 받고 죽었다.

윌리엄 월리스의 죽음은 로버트 1세라는 새로운 영웅을 낳는다. 첫 전투에 패하고 왕비와 딸, 여동생까지 끌려가는 피눈물 속에 로버트는 청야전술로 잉글랜드의 맹공을 견뎌낸다. 20여 차례나 스코틀랜드를 두들겨대던 '스코틀랜드의 망치'[6] 에드워드 1세는 1307년 7월 원정길에서 눈을 감는다. 에드워드 2세는 능력도 열정도 아버지에 한참 못 미쳤다. 1314년 6월 로버트는 중부지대 스털링 성 인근의 배넉번 언덕까지 세 배가 넘는 잉글랜드 대군을 깊숙이 끌어들여 몰살시켰고, 에드워드 2세는 시종조차 버리고 도망을 쳐야 했다.

1320년 스코틀랜드는 교황 요한 22세에게 독립을 호소하는 아브로스 선언[7] 문서를 보낸다. 1328년 마침내 "잉글랜드는 공식적으로 스코틀랜드 왕국에 대한 모든 권리를 포기한다"는 노샘프턴 평화조약이 체결되고, 로버트의 어린 아들 데이비드와 에드워드의 딸 조애나의 결혼으로 두 나라는 동맹을 맺는다.

그러나 그것은 1차 독립에 불과했다. 새 왕 에드워드 3세는 조약을 전면 파기하고 군대를 모았다. 다섯 살 데이비드가 왕위에 오르면서, 처남 매부 사이에 2차 독립전쟁이 시작되었다. 에드워드 3세는 할아버지보다 더 탁월한 전략가였다. 잉글랜드 장갑 기사단과 웨일스의 장궁^{長弓} 부대를 혼합한 에드워드의 신전략은 천하무적이었다. 스코틀랜드군은 완전 궤멸되었고, 1333년 데이비드 2세는 왕비와 함께 프랑스로 망명길에 오른다.

배후를 정리한 에드워드 3세는 영지 탈환을 외치며 해협을 건넌다. 1337년 백년전쟁이 시작되었다. 에드워드 3세의 신전술은 눈부셨다. 파죽지세로 3~4배의 프랑스 중장갑 기사단을 추풍낙엽처럼 휩쓸어버렸다. 전쟁의 소란을 틈타 1341년 귀국한 데이비드 2세는 엉망이 된 나라를 수습한 뒤 1346년 고대 동맹의 예로써 잉글랜드의 배후를 친다.

어차피 이름처럼 백년전쟁은 전투의 승리 몇 번으로 끝날 전쟁이 아니었다. 프랑스와의 공방도 끝이 없었고, 스코틀랜드의 청야 게릴라도 끝이 없었다. 1356년 에든버러 로디언 일대를 불바다로 만든 것을 마지막으로 에드워드 3세도 마침내 1357년 베릭 협정을 맺고 스코틀랜드의 독립을 인정하고 만다. 이후 150년 동안 두 나라는 국경을 놓고 오르락내리락 지긋지긋하게 싸움을 벌인다.

2.

수도 에든버러는 기적의 도시다. 시비가 있을 때마다 에든버러는 잉글랜드의 주요 타깃이었다. 스코틀랜드의 심장 에든버러 성이 험난한 역사를 온몸으로 증언해준다. 방문객들은 흔히 캐슬 록 위에 우뚝 선 에든버러 성을 보고 난공불락의 요새라 생각하기 쉬우나, 사실 옥신각신 성을 번갈아 함락한 공식 기록

만 열다섯 차례가 넘는다. 오히려 에든버러 성은 왕과 귀족들이 게릴라 본대의 전열을 가다듬는 동안 비장하게 최후를 불사르는 안간힘의 배수진이었다.

에든비러의 처절함을 보여주는 상징적인 사건이 있다. 1544년부터 3년여 동안 자행된 '난폭한 구혼Rough Wooing'이라는 희한한 이름의 전쟁이다. 주인공은 또 그 남자, 전쟁광 헨리 8세. 이해를 돕기 위해 조금만 더 과거로 올라가보자. 장미전쟁을 끝내고 튜더 왕조를 연 헨리 7세는 외교의 귀재였다. 순식간에 유럽의 다크호스로 떠오른 헨리는 배후의 스코틀랜드 때문에 골머리를 앓고 싶지 않았다. 그리하여 제임스 4세와 에이턴 평화조약(1497)을 체결하고, 장녀 마거릿을 제임스의 왕비로 보내(1503) 평화를 더욱 공고히 했다.

1509년 풍운아 헨리 8세가 즉위하면서 평화는 끝났다. 즉위 2년 만에 헨리는 프랑스를 침공했고, 프랑스는 오랜 동맹 스코틀랜드에게 잉글랜드 배후 공격을 요청한다. 헨리 8세와는 처남 매부 사이로 제임스 4세의 입장이 크게 곤란해졌다. 교황청과 에스파냐에 평화 주선을 요청해보지만 무위로 끝나고, 잉글랜드와의 징그러운 역사를 떠올리며 제임스 4세는 용단을 내린다. 그러나 잉글랜드군은 강했다. 보름 남짓의 혈전 끝에 왕과 귀족이 몰살당하는 참사가 벌어지고, 스코틀랜드는 비상이 걸린다. 17개월 된 갓난아이가 제임스 5세로 즉위(1513)하고, 프랑스에서 지원군이 건너와 연합군으로 간신히 잉글랜드군의 공세를 막아낸다.

다행히도 헨리 8세의 야망은 한동안 대륙에 쏠려 있었다. 제임스 5세는 자라서 프랑스 귀족 마리 드 기즈와 약혼한다. 그 무렵 제인 시모어와 사별한 헨리 8세도 새 부인을 찾고 있었다. 열혈장부 헨리는 주저 없이 조카의 약혼녀

에든버러 성

에게 러브레터를 보내는데, 마리 또한 주저 없이 연하의 꽃청춘을 택하여 스코틀랜드로 날아간다. 스코트－프랑스 동맹은 더 긴밀해지고, 헨리의 분노도 그에 따라 강렬해진다. 1542년 7월 헨리는 벼르던 칼을 뽑는다. 11월 들어 전황이 급격히 헨리 쪽으로 기울고 후퇴하던 제임스는 화병으로 서른이라는 아까운 나이에 눈을 감는다. 딸 메리 스튜어트가 태어난 지 일주일 되던 날이었다.

핏덩이 메리 스튜어트가 왕위에 오르는데, 메리는 할머니 마거릿 튜더 덕분에 잉글랜드의 왕위 계승권도 함께 가지고 있었다. 프랑스의 지원을 받는 모후母后 마리 드 기즈의 섭정으로 치세는 비교적 안정적이었는데, 헨리 8세가

스털링 성

또 사고를 친다. 예의 '난폭한 구혼' 전쟁이다. 아들 에드워드 6세를 갓난아이 메리 여왕하고 엮어서 스코틀랜드를 단박에 집어삼킬 천재일우의 기회였다. 회가 동한 헨리 8세는 러브레터를 보냈던 여인에게 이번에는 사돈 제안을 한다. '거절'의 결과는 전쟁이었다. 1544년 사실상 납치가 목적인 '구혼 군대'가 스코틀랜드를 향해 떠났다. 모후 마리는 메리를 후방의 요새 스털링 성으로 옮겼다. 헨리 8세는 파죽지세로 수도 에든버러를 불태우고 약탈했다. 난폭한 구혼은 몇 년 동안이나 스코틀랜드 중남부를 참혹하게 유린했고, 1547년 1월 헨리 8세가 눈을 감은 뒤에도 약탈은 멈춰지지 않았다.

긴급 대책 회의 끝에 프랑스 왕세자와 약혼이 성사되었고, 앙리 2세는 함대를 보내 다섯 살의 메리 스튜어트를 데려간다. 메리 스튜어트는 어려서부터 될성부른 미모로 프랑스 궁궐에서 인기가 높았고, 열다섯 살 되던 1558년 소

건축의
표정

꼽동무 프랑수아 도팽 왕자와 결혼식을 올린다. 마침 그해는 아버지 헨리 8세에 의해 사생아로 낙인찍혔던 엘리자베스가 여왕으로 즉위한 해이기도 했다.

이 대목에서 운명의 여신이 장난을 치기 시작한다. 결혼 이듬해에 앙리 2세가 40세의 팔팔한 나이에 갑자기 사고로 세상을 떠나고 프랑수아 2세가 즉위하면서 메리는 왕비가 된다. 다시 이듬해에 젊은 왕마저 병으로 세상을 뜨고, 모후 마리 드 기즈도 파란만장한 삶을 마친다. 줄초상으로 연고를 잃은 미망인 메리는 13년 만에 귀국하는데, 스코틀랜드도 옛날의 고향이 아니었다.

프로테스탄트의 종교개혁 물결은 스코틀랜드에도 거세게 밀려들었다. 1559년 말 종교개혁 지도자 존 녹스[8]를 따르는 프로테스탄트 무리가 수도원을 습격했고, 마리 드 기즈는 프랑스에 지원군을 요청한다. 그러자 엘리자베스 여왕은 1560년 1월 에든버러 외항인 포스 만으로 함대를 급파한다. 긴박한 대치 상태에서 건강이 악화된 마리 드 기즈가 눈을 감았고, 스코틀랜드는 오랜 '고대 동맹'을 접으며 두 나라의 즉각 철군을 요구한다. 그해 스코틀랜드에서는 종교개혁이 급물살을 타면서 가톨릭 미사가 폐지되었고 프로테스탄트가 주도권을 쥐게 된다. 이 폭풍의 눈 속으로 가톨릭 여왕 메리 스튜어트가 뛰어든 것이었다.

당시 메리 여왕의 나이는 방년 19세였다. 황금 혈통과 떠들썩한 미모에 대한 소문으로 유럽 왕족들의 세레나데는 그칠 줄 모르는데, 운명의 여신은 메리에게 하필 남자 보는 눈이 깜깜인 장난을 걸어놓았다. 두 번째, 세 번째 고르는 남자마다 최악의 '얼짱' 건달이었는데, 메리와 남자 때문에 어지러워지는 정세를 보다 못해 스코틀랜드 귀족들이 한 살배기 아들 제임스에게 강제 양위를 시키고자 여왕을 협박한다. 1568년 내전이 벌어졌고 여왕의 군대는 패했다. 여왕은 마지막 승부처로 왕위 계승권이 있는 잉글랜드를 택한다. 그러나 엘리자베스 여왕에게 황금 혈통 메리는 뜨거운 감자였다. 메리는 엘리자베스의 교묘한 수에 걸려 줄곧 성에 연금되었다가 망명 19년 되던 1587년 2월 반란 주동의 혐의로 목을 떨군다.

청년이 된 제임스 6세는 얼굴도 기억나지 않는 엄마의 처형 소식에 가벼운 외교적 항의만 했을 뿐, 왕위 계승이 확실시되는 상황에서 구태여 군대를 움직이지는 않았다. 처녀 여왕이 후사 없이 눈을 감은 뒤 제임스 6세는 잉글랜드의 제임스 1세가 되어 왕좌에 올랐다. 헨리 8세가 '난폭한 구혼' 횡포까지 벌이며 욕심을 부린 스코틀랜드 합병 야망이 거꾸로 스코틀랜드 왕에게 잉글랜드 왕관을 깨끗하게 진상하는 정반대의 결과로 귀결되었으니, 역사의 아이러니가 아닐 수 없다. 그렇게 기적 같은 행운으로 왕위에 오른 왕이 수백 년 스코틀랜드의 숙원을 풀어줄 법도 하련만, 역사는 다른 운명을 준비하고 있었다.

3.

시작은 좋았다. 두 나라 국기를 합친 최초의 영국 국기가 탄생했고, 북아메리카에 새 국왕의 이름을 딴 '제임스타운'도 건설되었다. 특히 피바람에 시달린 종교계의 꿈은 간절했다. 초기 동군연합[9] 분위기에 힘입어 새 국왕이 스코틀랜드 장로교와 잉글랜드 국교회를 화해시켜주리라는 기대가 팽배했다. 잉글랜드 장로교는 물론, 가톨릭이나 청교도도 관용의 확산을 기대하며 들떠 있었다.

그러나 제임스 1세의 생각은 전혀 달랐다. 변방 도시 에든버러에 살다가 졸지에 인구 20만의 메트로폴리스 런던에 거주하게 된 제임스는 순식간에 낭비벽(왕실 경비가 전임 여왕의 7배)에 빠져든다. 왕에게 이런저런 요구를 일삼는 의회라는 것도 도대체 이해할 수 없는 존재였다. 보다 못한 의회가 대헌장Magna Carta 10을 지킬 것을 요구하자 제임스는 의회를 해산시켜버렸다(1614). 7년 뒤 재정상의 필요에 의해 다시 의회를 소집했다가 거절당하자 일부 의원을 구속해버렸다. 종교에 대해서는 일관성 없이 강경한 태도로 혼란을 불렀다.

왕권신수설에 심취한 찰스 1세는 더 독단적이었다. 프랑스 앙리 4세의 막내딸 앙리에타 마리아와 결혼하면서 결혼 조약The French Marriage Treaty으로 가톨릭 보호 비밀 약정을 맺고, 비판을 받자 의회를 해산시켜버린다. 찰스는 청교도에 특히 가혹했는데 청교도인의 집회를 혹독하게 금지하는 바람에 수만 명이 아메리카의 뉴잉글랜드(지금의 필라델피아)로 떠난다.

정작 황당한 쪽은 스코틀랜드였다. 환호 속에 배웅한 왕은 14년 만에 한 번 고향을 찾았을 뿐이고(서면 통치), 세 살 때 떠난 찰스 1세는 스코틀랜드를 아버지의 고향 정도로 여겼다. 찰스가 우연히 스코틀랜드를 방문하게 되었을 때 현지에서는 자기네 왕이 온다고 좋아했고, 찰스는 먼 북쪽의 지방 순시쯤으로 여겼다. 그런데 그 '먼 지방'이 장로교를 중심으로 통치되는 것을 보고 찰스는 잉글랜드 국교회 의식을 따르도록 명했다. 스코틀랜드가 발칵 뒤집혔다. 우리 왕을 보내줬는데 거꾸로 우리보고 삶의 방식을 바꾸라고? 그렇다고 자기들이 보내준 왕과 싸우자니 혼란으로 뇌가 뒤집힐 지경이었다. 이 혼돈 속에서 새로운 정체성의 핵으로 떠오른 것이 스코틀랜드 장로교였다.

찰스 1세는 1637년 장로 중심 교회를 주교 중심으로 바꾸도록 하고, 국교회 기도서를 강제했다. 찰스가 즉위했던 에든버러의 세인트 자일스 대성당에 국교회 기도서가 등장하자 민심이 폭발했다. 장로교는 국민서약National Covenant[11]을 공식 발표하고 주교를 추방했다. 서약운동이 스코틀랜드 전역으로 확산되었다. 서명 참가자들은 스스로를 서약파Covenanter라 부르며 탁상회의The Tables라는 임시정부를 세우고 군대를 모집했다. 당시 스코틀랜드 장정들은 동군연합으로 국경이 무의미해지자 스웨덴과 오스트리아 등으로 진출하여 용병으로 맹활약하던 중이어서 전투 집중도가 의외로 높았다.

찰스는 고집불통 스코틀랜드의 버르장머리를 고쳐주고 싶었다. 그러나 잉글랜드 의회와 사이가 좋지 않았다. 에스파냐와의 전쟁을 위해 권리청원[12]에 사인(1628)한 뒤 의회의 손을 빌려 세금을 징수하고는 청원 무효를 선언하고 의회를 해산·방치한 게 벌써 11년째였다. 당시 잉글랜드는 서북부 지주 귀족들이 왕에게 호의적이었고, 런던 등 상인이 많은 동남부 도시 지역은 의회 편이었다. 찰스는 서북부 귀족들을 중심으로 2만의 군대를 모아 스코틀랜드로 향한다. 결과는 싱거웠다. 스코틀랜드는 5주 만에 뉴캐슬과 더럼까지 점령하고 리폰 조약을 맺는다. 찰스는 전쟁배상금 때문에 하는 수 없이 의회를 소집(1640)했는데 의회는 패전의 책임을 물어 왕의 측근 왕당파 귀족들을 처형하고, 왕의 독단적인 통치를 통박하며 대간의서大諫議書[13]를 채택했다. 이에 위협을 느낀 찰스가 근위병 400명을 거느리고 의회에 진입, 폭력을 행사한다. 그리하여 마침내 의회파와 왕당파가 제각기 병력을 소집함으로써 10년 내전이 발발한다(1642).

그런데 잉글랜드 내전의 불똥이 엉뚱하게 스코틀랜드로 번진다. 의회파와 왕당파가 동시에 스코틀랜드에 SOS를 쳤기 때문이다. 스코틀랜드는 장로교의 자율성을 보장받을 절호의 기회라 보고 의회파와 엄숙동맹Solemn League and Covenant을 맺은 뒤 잉글랜드에 대규모 군대를 파견한다(1644). 그런데 내전에서 승리하자(1646) 의회파는 협정을 무시한다. 피가 거꾸로 솟는 상황에 찰스 1세가 엄숙동맹의 내용을 대신 약속함으로써 스코틀랜드와 손을 잡는다. 그러나 2차 내전은 무기력했다. 올리버 크롬웰의 신형군新型軍이 아주 강력해졌던 것이다. 잉글랜드 서남부와 웨일스·아일랜드의 왕당파가 전부 신형군의 발굽 아래 추풍낙엽처럼 쓰러졌고, 스코틀랜드군도 2000여 명이 전사하는 참패를 당한다.

내전을 끝내고 의회 내의 갈등마저 진압해버린 크롬웰은 찰스 1세를 처형한 뒤(1649) 공화국을 선포한다. 그러자 스코틀랜드가 다시 격렬한 항의에 휩싸인다. 찰스는 잉글랜드의 왕인 동시에 스코틀랜드의 왕이기도 했다. 그런데 잉글랜드가 마음대로 스코틀랜드 왕의 머리를 자를 권한이 있는가? 게다가 스코틀랜드는 공화국이라는 국가 형태에 관심이 없었다. 국왕의 독단적 통치는 거부하지만 왕정이라는 구심점 자체가 싫은 건 아니었다. 그래서 스코틀랜드는 18세 왕자 찰스 2세를 옹립하여 스코틀랜드의 왕으로 선언했다.

이번에는 크롬웰이 분노했다. 감히 공화국을 부정하다니? 감히 처형한 폭군의 아들을 옹립하다니? 이에 크롬웰이 엄벌을 명한다. 신형군은 북진하여 던바에서 스코틀랜드군을 격퇴했고, 찰스 2세는 거꾸로 중부의 왕당파를 결집하기 위해 런던을 향해 남하했다. 그러나 중부 왕당파의 세력은 찰스의 기대에 한참 못 미쳤다. 찰스는 추격해오는 크롬웰과 우스터에서 최후의 일전을 벌였다. 이를 3차 내전이라 부른다. 결과는 또 참패였다. 찰스 2세는 간신히 탈출하여 프랑스로 망명했고, 스코틀랜드는 1651년 12월부터 크롬웰의 군정 통치를 받게 된다.

1658년 9월 호국경 크롬웰이 말라리아로 눈을 감자, 스코틀랜드의 군정사 령관 조지 몽크 장군이 묘한 역할을 한다. 권력 공백의 위기 상황을 직감한 몽크 장군은 스코틀랜드 군정 병력 7000명을 이끌고 남하하여 런던에 입성한 뒤, 군 통제권 인수를 주장하는 의회로 하여금 '스튜어트 왕가 복권 후 자진 해산'을 의결케 한다. 시시비비를 떠나서, 혹여 몽크가 아니었더라면 영국에서 국왕제가 영원히 과거 속으로 사라졌을지도 모를 일이다.

4.

1660년 5월 찰스 2세가 망명에서 돌아와 왕위에 오르고, 후임 제임스 2세가 가톨릭을 고집하다가 1688년 명예혁명으로 쫓겨난 이야기는 앞에서 다루었다. 그러나 그건 어디까지나 잉글랜드의 눈으로 본 역사이고, 스코틀랜드의 시각은 조금 달랐다. 1649년에 진작 찰스 2세를 옹립했던 스코틀랜드는 스튜어트 왕가의 복권을 자신들의 승리라 여겼다. 그런데 왕이 다시 쫓겨난다. 이에 스코틀랜드는 또다시 어안이 벙벙해진다. 잉글랜드 왕인 동시에 스코틀랜드 왕인데 왜 또 자기들 맘대로인가? 이로부터 60년 가까이 스코틀랜드의 뜨거운 피가 다시 불타오른다.

특히 북부 하일랜드의 씨족clan들이 적극적이었고, 잉글랜드 토리당 일부, 웨일스와 아일랜드 그리고 잉글랜드의 가톨릭들도 몰래 뜻을 모았다.

건축의
표정

1689~1745년 스튜어트 왕가의 부활을 위한 봉기가 다섯 차례 피어올랐다. 이를 통틀어 '재커바이트의 반란'이라 부른다. 재커바이트Jacobite는 (명예혁명으로 축출된) '제임스를 지지하는 사람들'을 일컫는 말로, 라틴어명 Jacobus에서 유래했다. 그중 1715년과 1745년의 봉기가 가장 강렬했다.

1702년 윌리엄 3세가 죽고 앤 여왕이 즉위하자, 왕위 계승 후유증으로 고생해온 잉글랜드 의회는 임시 왕위계승법을 새로 제정했다. 앤 여왕의 후사가 없을 경우 유력한 혈통인 독일 하노버가의 소피아 공주가 왕위를 잇도록 법으로 못을 박아버린 것이었다. 실제로 앤 여왕의 핏줄이 끊기자 '재커바이트'에 신경이 쓰인 잉글랜드 의회는 안전장치를 하나 더 추가한다. 잉글랜드와 스코틀랜드 의회를 합침으로써 두 왕국을 완전히 합병하려는 계획이었다.

1707년 연합법Act of Union이 발효되었다. 통합 왕국의 새 이름은 그레이트 브리튼 왕국Kingdom of Great Britain이고 수도는 런던, 연합 의회는 잉글랜드 의회가 열리던 웨스트민스터 궁전으로 했다. 기실 왕국 이름만 새것일 뿐, 스코틀랜드 의원들이 런던으로 등정登政해야 할 정도로 다분히 일방적인 흡수 합병의 양상이었다. 이로써 향후 300년 동안 스코틀랜드는 자기 의회를 잃고 자율 없는 역사를 써야 했다.

1713년 앤 여왕이 후사 없이 눈을 감으면서 하노버 왕조가 새로 시작된다. 소피아 공주는 진작 세상을 뜬 터여서 54세의 아들이 1714년 조지 1세로 즉위한다. 그런데 임시 왕위계승법은 아직 왕국이 연합하기 전 잉글랜드 의회가 자기들끼리 제정한 것이었고, 게다가 조지 1세는 영어 한마디 못 하는 독일계였다. 재커바이트는 새 왕을 받들 수 없었다. 이에 존 어스킨 백작의 주도 아래 첫 봉화가 올랐다. 1715년 9월 9일 제임스 에드워드 왕자를 제임스 3세로 옹립한 재커바이트는 스코틀랜드 퍼스 성을 점령했다. 그러나 랭커스터와 프레스턴 진투의 패배로 봉기는 실패로 돌아갔다.

1745년의 봉기는 한 편의 드라마였다. 주인공은 '보니 프린스 찰리'라는 애칭으로 유명한 제임스 3세의 아들 찰스 에드워드 왕자였다. 당시는 오스트리아 왕위계승 전쟁[14]이 한창일 때여서 영국의 주력군 대부분이 대륙 전선에 투입된 상태였다. 그해 8월 절호의 기회임을 확신한 스물네 살의 보니 프린스는 측근 7명만을 대동하고 하일랜드로 건너간다. 외모와 용기, 결단력과 친화력을 겸비한 젊은 왕자는 단번에 하일랜드 씨족들을 매료시킨다.

800여 명의 재커바이트는 백파이프 소리를 울리며 에든버러 성을 접수한 뒤 런던을 향해 남하한다. 솔선수범하고 동고동락하는 끈끈한 리더십이 입소문을 타면서 환영 인파가 수천 명으로 불어난다. 찰리의 재커바이트군은 순식간에 칼라일을 함락시키고 리버풀과 맨체스터를 점령하며 중부 더비 지역에 이른다.

영국군에 초비상이 걸린다. 대륙의 전쟁을 전격 포기하고 전군에 귀국 명령을 내리는 한편, 런던 인근의 귀족들로 긴급 수비대를 결성해 찰리의 진로를 막는다. 중과부적, 안타깝지만 재커바이트의 꿈은 거기까지였다. 비상대책회의 끝에 찰리는 야간 철수 명령을 내렸고 "차라리 싸우다 죽게 해달라"는 재커바이트들의 절규가 전설처럼 전해 내려온다. 찰리는 후퇴하면서 몇 차례 혁혁한 승리를 거두지만 대세는 이미 기울어 있었다. 이듬해 4월 하일랜드 북방의 네스 호수 인근에서 컬로든 전투를 끝으로 짧은 봉기는 끝났다. 왕의 차남

건축의
표정

인 진압군 사령관 컴벌랜드 공작은 재커바이트를 쫓는 길에 마주친 민간인들까지 무차별하게 참살·고문하는 만행으로 '도살자'라는 별명을 얻었다. 의회가 하일랜드 족장들에게 무장 해제·전통 의상 금지법을 제정함으로써 킬트의 폭발적인 유행을 불러일으킨 것도 바로 이때였다. 재커바이트를 끝으로 스코틀랜드의 무력시위는 과거 속으로 영원히 사라진다.

그러나 스코틀랜드의 가슴은 여전히 뜨거웠다. '힘'을 빼앗긴 공백을 대신 메워준 것이 바로 '자유정신'이었다. 스코틀랜드 사람들은 장로교의 순수 칼뱅주의[15]로 모여서 청년 교육에 스코틀랜드의 미래를 걸었다. 대학 교육이 수적·질적으로 큰 발전을 이루었고, 지식인의 활동이 활발해지며 눈부신 문화 중심주의를 꽃피운다. 1764년 에든버러 대학 캠퍼스에서 한잔 술을 곁들이며 전통과 문화, 자유와 사상을 이야기하는 토론 모임이 사변협회Speculative Society로 발전하여 향후 100여 년 동안 사회 전반에 지대한 영향을 끼친다. 백과사전의 대명사로 꼽히는 『브리태니커 백과사전』이 스코틀랜드에서 태어난 연유도 다양한 분야의 전문 지식인인 사변협회 멤버들이 자발적으로 달려든 데 있었다.

이들이 주요 문필가로 활동한 『에든버러 리뷰Edinburgh Review』는 최고의 교양지로 급부상하면서 19세기 영국의 지적·문화적 경향을 주도하게 된다. 철학자 데이비드 흄, 소설가 월터 스코트, 시인 로버트 번스, 경제학자 애덤 스미스, 사회학의 아버지 애덤 퍼거슨, 문명사가 윌리엄 로버트슨 등 스코틀랜드 계몽주의라 불리는 자유주의의 거센 물결이 바야흐로 18~19세기 유럽 지성사를 뒤흔들게 되는 것이다. 이를 두고 프랑스의 사상가 볼테르는 에든버러를 고대 아테네의 철학 부흥기에 비유하여 '북방의 아테네'라는 애칭을 바쳤다. 훗날 스코틀랜드 출신의 강철왕 카네기가 전 세계에 3000여 개의 도서관을 세운 것도 스코틀랜드 문화의 저력을 보여주는 사례다.

전쟁이 빚은 기적의 도시 에든버러

에든버러는 '흔적'의 도시다. 전쟁과 파괴, 재건과 확장이 반복되면서 오늘날의 에든버러를 만들었다. 에든버러는 16~17세기와 18~19세기, 두 차례에 걸쳐 엄청난 탈태환골을 한다. 16세기까지 에든버러는 대략 지금의 100분의 1 규모, 에든버러 성과 홀리루드 궁전 사이의 구시가지 정도에 머물렀다. 잉글랜드와의 전쟁 때문이었다.

에든버러는 고대 화산이 분출하여 만들어진 지형으로, 수만 년 전 거대한 빙하들이 포스만 쪽으로 녹아내리면서 대지를 깎아내는 바람에 캐슬 록, 칼턴 힐, 아서스 시트 같은 구릉을 남겼다. 638년 고도딘 족이 캐슬 록 위에 처음 요새를 세운 이래 여러 부족의 쟁탈을 거친 뒤 1018년 맬컴 2세 때 스코틀랜드 차지가 되었고, 12세기 데이비드 1세 때 왕궁을 겸한 성채가 정식으로 세워진다. 그로부터 150년의 황금시대를 보내고 수백 년간 기약 없는 독립전쟁을 거치면서, 캐슬 록 북쪽의 빙하 계곡을 노르 호수로 만들어 거대한 해자壕字로 삼았고, 남쪽에는 여러 차례에 걸쳐 플로든 장벽을 쌓았다.

'난폭한 구혼' 전쟁이 끝나고 전후 복구를 논의하는 자리에서 처음으로 에든버러의 도시 개선 문제가 제기되었다. 제임스 4세 때 수도가 되면서 인구는 증가한 반면, 전쟁의 굴레에 갇혀 에든버러는 폭발 임계치를 넘어선 지 오래였다. 그러나 북쪽은 호수로 막혀 있고, 남쪽으로 확장하기에는 전쟁 때마다 약탈과 파괴 위험이 너무 컸다. 그래서 나온 방안이 당시로서는 경이로운 초고층 건축이었다. 하이 라이즈High Rise라 부르는 처절한 초고층 주거 빌딩이, 우리로 치면 임진왜란 무렵 에든버러에 세워지고 있었다. 졸지에 마천루 건축의 선구자가 되어버린 에든버러, 지긋지긋한 전쟁이 준 선물이었다.

몇 차례의 전화戰禍를 더 겪고 재커바이트의 마지막 불꽃마저 연소된 뒤에 거짓말처럼 에든버러에 평화가 찾아왔다. 마침내 도시를 옥죄던 결계도 풀렸다. 잉글랜드로부터 번져온 인클로저 열풍으로 런던처럼 에든버러에도 인구 폭발의 비명이 울려 퍼지고 있었다. 조지 3세 때 대대적인 신도시 계획이 확정되었다. 1766년 신도시 설계를 공모한 결과 스물일곱 살의 새파란

하이 라이즈

무명 건축가 제임스 크레이그^{James Craig}의 설계안이 당선되었다. 크레이그는 노르 호수를 메운 부지에 조지 스트리트를 중심으로 퀸 스트리트, 프린세스 스트리트, 로즈 스트리트, 시스틀 스트리트 등의 가로가 정연하게 교차하고, 가로의 동서쪽 끝에 광장을 하나씩 배치한 바둑판 모양의 단정한 신시가지를 제안했다.

특히 청년 건축가의 천재성이 돋보이는 지점은 구시가지와의 경계에 운하를 남기는 아이디어였다. 운하 위로는 '마운드^{The Mound}'라 명명한, 두 시가지를 연결하는 작은 둔덕을 만들 계획이었다. 크레이그의 설계는 운하를 공원으로 바꾼 형태로 채택되었다. 선견지명이었을까. 신도시가 완공되고 얼마 지나지 않아 1842년 에든버러에 철도가 가설되었다. 운하 부지는 두 시가지 사이에서 마치 철도를 기다리듯 미리 자리를 잡고 있었다. 설계 당시는 기차와 철도라는 존재 자체가 생기기 전이었다. 증기 기관차가 처음 발명된 것이 1804년, 처음 운행된 것이 1825년이었으니, 대단한 선견지명이었던 셈이다.

구시가지의 번화가인 하이스트리트 북쪽에 웨이벌리 역이 들어섰고, 역 앞에 노스 브리지가 생기면서 하이스트리트는 자연스럽게 신시가지의 프린세스 스트리트로 이어졌다. 철길은 캐슬록 아래로 바짝 붙어서 지나가고, 남은 공간은 공원(프린세스 스트리트 가든)이 되었다. 공원의 동쪽 끝자락, 웨이벌리 역의 11시 방향 코앞에는 하늘로 날렵하게 치솟은 높이 61.11미터의 탑이 있다. 스코틀랜드를 대표하는 문호 월터 스콧 경을 기념하기 위해 세운 스콧 기념탑이다. 기차역 이름은 스콧의 소설 『웨이벌리』에서 빌려온 것으로, 소설은 재커바이트의 반란을 배경 삼아 세태를 따르는 하노버 지지자와 골수 재커바이트인 하일랜드 씨족의 세계를 오가며 스코틀랜드의 정체성에 대해 묵직한 질문을 던진다. 기차역 이름 하나에서도 스코틀랜드의 기질이 물씬 풍겨난다.

탑의 형태도 예사롭지 않다. 스콧 기념탑은 흔히 빅토리안 고

스콧 기념탑

딕 양식으로 분류되는데, 그게 좀 묘하다. 책 중간 부분에서도 설명했듯이 빅토리안 고딕은 영국, 구체적으로는 잉글랜드의 문화적 정체성을 선양하기 위해 국가 차원에서 부흥시킨 건축 양식이다. 쉽게 말해 가장 잉글랜드적인 고딕 스타일을 18~19세기의 테크닉으로 발현한 건축이다. 잉글랜드의 고딕은 수직보다 수평 지향이고, 실내의 장식성을 특징으로 한다. 반면 스콧 기념탑은 노골적으로 수직적이다. 특히 잉글랜드 고딕에 거의 등장하지 않는, 수직 고딕의 하이테크 기법인 플라잉 버트레스를 자유롭게 구사하여 탑의 중층부를 화려하게 수놓는다.

저것은 의도다. 다분히 의지를 가지고 구현한 형식이다. 1832년 월터 스콧 경이 눈을 감자 기념탑 현상 공모전이 열렸고, 1838년 조지 켐프George Kemp의 설계안이 우승을 한다. 평생 스코틀랜드의 정신에 천착한 작가에게 바치는 '가장 잉글랜드적이지 않은 빅토리안 고딕'. 기념탑은 1841년 착공하여 1844년 완공되는데, 설계자는 6개월 전 사고로 죽는 바람에 칼칼하게 숨은 뜻을 새긴 자신의 작품을 보지 못한다. 기념탑은 아주 거무튀튀한 색이다. 기름기가 있어 먼지가 유난히 잘 탄다는 에클스마찬 인근 채석장의 돌을 쓴 까닭이다. 검게 그을린 듯한 돌의 색깔에서도 캐슬 록의 칙칙한 비장미가 느껴지는 것은 설계자의 의도에 과하게 빠져든 선입견 때문인지도 모르겠다.

기념탑에서 서쪽으로 200~300미터 떨어진 곳에는 마운드가 있다. 마운드 위에는 스코틀랜드 국립미술관과 왕립 아카데미가 들어서 있다. 앞서 미술관·박물관 건물의 유력한 양식으로 소개했던, 그리스 신전 스타일의 장중한 신고전주의 건축이다. 프린세스 스트리트의 대로변에 접한 것이 아카데미, 캐슬 록 방향의 것이 국립미술관으로, 두 건물 다 스코틀랜드 건축의 거장 윌리엄 플레이페어William Playfair의 설계로 1850년 착공하여 1859년에 문을 열었다. 1970년에 지하 갤러리가 추가되었고, 1999~2004년 원설계자의 이름을 딴 '플레이페어 프로젝트'를 통해 두 건물이 서쪽 지하 통로인 웨스턴 링크Weston Link로 연결되었다. 프로젝트 설계는 존 밀러John Miller의 작품으로, 극장과 전시장, 교육장, 레스토랑 등이 추가되었다.

두 건물은 처음부터 짝으로 기획된, 스코틀랜드 미술의 쌍두마차였다. 미술관은 렘브란트, 모네, 고갱, 고흐, 쇠라 등 인상주의 이후의 현대 미술과 함께 앨런 램지, 헨리 레이번, 데이비드 윌키 등 스코틀랜드 화가들의 작품을 집중적으로 소장·전시한다. 재커바이트의 반란 이후 18세기 스코틀랜드 화가들은 런던으로 유학하는 대신 스코틀랜드의 정체성을 그림에 담기 시작했는데, 그들의 작품은 이내 국민의 자부심으로 떠오른다. 젊은 예술가들을 위해 1826년 왕립 아카데미의 전신인 스코티시 아카데미 Scottish Academy가 발족했다(1838년 왕립 아카데미로 승격). 이후 아카데미는 2005년 조각과 건축 분야로 영역을 확장했고, 지금은 떠

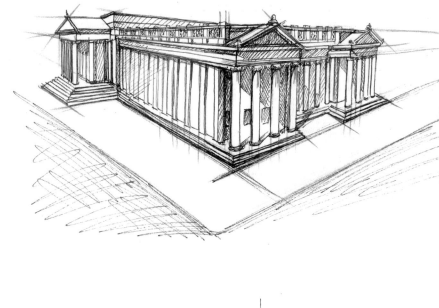

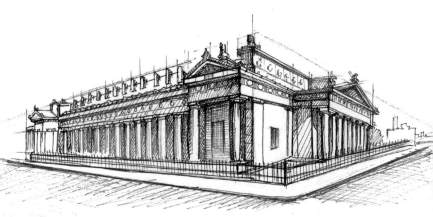

스코틀랜드 국립미술관(위)과 왕립 아카데미(아래)

오르는 작가 및 건축가를 전격 지원하는 데 힘을 쏟고 있다.

웨이벌리 역의 동북쪽에는 걸어서 10분쯤 되는 거리에 칼턴 힐이 있다. 에든버러 최고의 포토 포인트로 꼽히는 언덕이다. 해발 107미터로 그리 높지도 않은데 여기서 바라보는 에든버러의 풍광이 장관이다. 짙푸른 북방의 하늘빛과 햇살에 반사된 대리석 건물들의 황금빛이 강렬한 콘트라스트로 어울린다. 동북쪽으로는 도시 너머로 포스 만의 짙은 코발트 빛이 아득하게 펼쳐진다. 칼턴 힐 최초의 기록은 활쏘기 연습장이다. 1456년 제임스 2세가 "골프와 축구를 금하고, 일요일마다 활쏘기 훈련"을 명한 것이다. 이후 칼턴 힐은 수도원(1518)과 나병원(1591), 공동묘지(1718), 천문대(1776), 감옥(1791), 빨래터(1825) 등 변신을 거듭하다가 마침내 기념탑의 언덕으로 자리를 잡는다.

3300제곱미터쯤 되는 정상의 둔덕에는 다양한 기념탑이 서 있다. 남쪽 6시 방향에서 가장 큰 키를 자랑하는 원형 건축물은 건축가 로버트 번Robert Burn이 건립한 넬슨 기념탑(1816)이다. 트래펄가의 승전을 기린 탑으로, 승전 한 달 만(넬슨의 유해가 미처 귀국하기도 전)에 건립 계획이 확정된 프로젝트로 유명하다. 8시 방향의 서남쪽 모서리 끝에는 9개의 코린트식 열주가 받치는 예쁘장한 원형 파빌리온이 있다. 에든버러 관광엽서에 감초처럼 등장하는 이 신고전주의 건축은 스코틀랜드 계몽주의 철학자를 기린 두갈드 스튜어트 기념탑으로, 거장 윌리엄 플레이페어가

넬슨 기념탑

두갈드 스튜어트 기념탑

그리스 아테네의 리시크라테스 기념탑에서 영감을 얻은 것이다. 맞은편 4시 방향에는 폐허 같은 그리스 신전이 서 있다. 사실은 부서진 게 아니라 짓다 만 국립 기념탑이다. 나폴레옹 전쟁에서 순국한 스코틀랜드 전사를 달래는 위령탑으로, 역시 윌리엄 헨리 플레이페어가 그리스 파르테논 신전을 오마주한 것이다. 그러나 1826년 착공한 공사가 3년 만에 자금난으로 중지되어 "스코틀랜드의 수치"로 원성이 자자했는데, 이제는 오히려 그 사연이 이야깃거리가 되고 있다.

중앙에는 정방형 담장에 둘러싸인 천문대가 있다. 1776년 설립해 2009년 문을 닫았는데, 자금난에 시달리면서 오랜 세월을 경영해온 열정이 비장하면서도 애잔하다. 최초의 천문대는 8시 방향, 두갈드 스튜어트 기념탑 근처에 있는 것으로 제임스 크레이그가 설계한 'Old Observatory'다. 노르만 양식과 고딕을 혼합한 3층 건물인데, 검은 돌과 흰색 강석회의 조합이 앙증맞다. 특히 서남쪽 모서리의 원형탑이 재미있는데, 노르만식 요새형 탑의 네 귀퉁이에 장식용으로 고딕 버트레스를 붙였다. 그러나 시의 자금이 바닥나면서 천문대는 지금 보이는 오두막집 형태로 수습되어 'Observatory House' 혹은 'James Craig House'로 불린다.

1818년 에든버러천문협회가 천문대를 인수하면서 새 건물을 짓는다. 설계자는 윌리엄 플레이페어였다. 언덕 한가운데에 보

구 천문대(위)와 새 천문대(아래)

건축의
표정

이는 팔라디오풍의 그리크 크로스 건물로 날개마다 6개의 도리아식 열주로 파사드를 삼았다. 그러나 건축비로 기금이 소진되는 바람에 정작 중요한 천문용 장비들은 1831년에야 들여올 수 있었다. 19세기 말 2시 방향에 팔각형 몸통에 돔 지붕을 인 'City Observatory'가 신축되었다. 에든버러 성과 구시가지, 제임스 크레이그의 신시가지, 그리고 마운드와 칼턴 힐은 1995년 나란히 유네스코 세계문화유산 부지로 선정되었으며, 일대의 4500채 이상의 건물이 유네스코 문화유산에 등재되었다.

거리 전체가 박물관이다, 로열마일

에든버러 성에서부터 홀리루드 궁전에 이르는 1.5킬로미터 남짓한 길은 '로열마일Royal Mile'이라 불린다. 거리 자체가 박물관이라 할 정도로 볼거리가 많아서 '세계에서 가장 긴 1마일'이란 별명도 붙여졌다. 에든버러 성은 수백 년간의 전투와 포격으로 본래 모습은 확인할 길이 없고, 성채 건립에 관한 자세한 기록도 전하지 않는다. 오늘날의 당당한 풍모는 모두 19세기 이후 대대적으로 중건한 결과다. 데이비드 1세 때 초기의 왕궁과 성채를 지었을 것으로 짐작되며, 1501년 제임스 4세가 홀리루드 궁전을 지어 주거를 옮긴 이후로 에든버러 성은 군사기지로 성격이 바뀐다. 그래서 성에는 국립 전쟁박물관과 군대박물관, 스코틀랜드 국립 전쟁기념관처럼 유난히 전쟁 관련 전시장이 많다. 1757년

스코틀랜드 국립 전쟁기념관

에는 전쟁교도소가 생겨 유럽 전역에서 잡혀온 전쟁포로들이 수
감되었다. 포로 중에는 다섯 살배기 북치기 소년도 있었고, 유명
한 캐리비언 해적들도 있었다.

　성채 안에 현존하는 가장 오래된 건물은 세인트 마거릿 예배
당이다. 로마네스크 양식으로 지은 맞배지붕의 단랑식單廊式 석
조건물로, 소박하고 단정한 이미지가 일품이다. 맬컴 3세의 아
내 마거릿 왕비는 독실한 신앙으로 많은 선행을 베풀며 살다가
1093년 성에서 눈을 감았다. 데이비드 1세는 1130년 예배당을
지어 어머니에게 헌정한다. 마거릿은 1250년 교황 인노켄티우스

4세에 의해 성인에 추서되었다. 특히 내부의 스테인드글라스가 아름다운데 이는 583년 스코틀랜드에 처음으로 복음을 전파한 아일랜드의 성자 콜룸바를 표현한 것으로, 1851~1891년의 보수 작업 때 새로 만들어졌다.

예배당 바로 남쪽에 있는 스코틀랜드 국립 전쟁기념관은 건축적으로 묘한 뉘앙스를 풍긴다. 제1, 2차 세계대전에서 순국한 군인을 기리는 기념관으로, 원래는 E자 형 평면을 가진 석조 왕궁이었다. 그런데 E자 형 평면의 5랑廊 구조는 프랑스의 전통 왕궁 양식으로서, 프랑스와의 오랜 '고대 동맹'이 건축에 영향을 남긴 흔적이라 볼 수 있다. 동시에 거칠고 단단한 석조 기술은 노르만의 정통 양식으로 12세기 잉글랜드 건축의 핵심 하이테크였으니, 에든버러의 옛 왕궁에서 잉글랜드와 프랑스의 건축 기법이 이룬 신기한 사례라 하겠다.

에든버러에는 프랑스로부터 영향을 받은 건축물이 적지 않다. 특히 도시 스카이라인을 찔러대는 많은 수의 뾰족한 첨탑 건물이 좋은 예다. 성 밖의 첫 교차로 정면에 서 있는 '허브The Hub'가 대표적인 본보기다. '허브'는 1842~1845년 스코틀랜드 교회의 교구 교회 겸 총회용 강당으로 지어진 건물로 당시 이름은 빅토리아 홀이었다. 그러다가 교회 통폐합으로 한동안 정체성을 잃었는데 지금은 에든버러 국제 페스티벌의 본부로 쓰이고 있다.

디자인은 건축가 제임스 그레이엄James Graham과 어거스터스

건축의
표정

푸진^{Augustus Pugin}의 합작품으로, 19세기 고딕 리바이벌의 절창을 보여준다. 건축 양식은 고딕 전성기와 후기의 특장들을 매끈하게 합성한 절충주의 스타일로, 특히 극한의 하이테크를 보여주는 버트레스 기법이 눈부시다. '허브'의 첨탑은 에든버러의 최고점을 기록하는데, 오히려 피라미드의 밑변은 극도로 좁혔다. 버트레스는 '높게'와 '좁게'라는 상충하는 두 의지를 융합시켜 날렵한 예각을 완성한다. '허브'의 버트레스는 부벽^{扶壁}이 아니라 주벽^{主壁}, 아니 기둥에 가깝다. 뼈대로서 버트레스만 남기고 그 외 공간은 모두 스테인드글라스 유리창이다. 날렵한 수직은 하이 라이즈^{High Rise}가 밀집한 인접 가로의 처절한 문맥을 계승하

더 허브

는 동시에, '수평 고딕'이라는 잉글랜드 스타일에 극단적으로 맞서는 스코틀랜드 건축의 정체성을 상징한다.

'허브'에서 동쪽으로 100미터쯤 가면 로열마일의 가장 번화가인 하이스트리트가 시작된다. 전설의 마천루 하이 라이즈에서 연유한 이름이다. 이 일대의 고층 건물들은 19세기에 대대적으로 재건축되었다 하니, 옛 모습이 어떠했을지 더욱 궁금해진다. 하이스트리트에는 의회 광장이 있다. 맞은편의 고등법원 건물이 옛 스코틀랜드 국회의사당이어서 생긴 이름이다. 1707년 연합법으로 스코틀랜드 의회가 런던으로 합병되면서 국회의사당은 문을 닫았다.

광장 바로 동쪽에 인접한 건물이 세인트 자일스 대성당이다. 세인트 자일스는 에든버러의 수호성인으로, 이 성당은 에든버러 하이 커크High Kirk of Edinburgh라고도 불린다. 커크Kirk는 게일어로 교회church를 뜻한다. 대성당cathedral은 주교가 관장하는 성당을 말하는데, 1560년 존 녹스의 종교개혁으로 교황청과 단절한 뒤 스코틀랜드 교회는 대성당 대신 '하이 커크'란 명칭을 쓴다. 하이 커크는 장로교의 모母교회로 스코틀랜드 교회의 심장부에 해당된다. 녹스가 종교개혁의 불길을 지핀 곳도, '국민서약'의 거센 물결이 몰아친 곳도 바로 여기였다.

854년경부터 교회가 있었다는 기록이 있는데, 1120년대에 데이비드 1세가 노르만 스타일의 로마네스크 양식으로 고쳐 지

세인트 자일스 대성당

은 뒤 1385년 화재 이후 개축에 증축을 거듭하면서 교회는 점점 더 커지고 화려해졌다. 16세기 종교개혁 이후에는 건물 일부를 경찰서, 소방서, 학교, 단두대, 감옥 등으로 사용했다. 19세기 초 건물이 급격히 쇠락하자 1829년 건축가 윌리엄 번William Burn의 감독 하에 1차 복구 작업을 했고, 1872~1883년 윌리엄 체임버스 시장의 주도 하에 추가 복원 및 리모델링으로 오늘날의 모습을 갖추게 된다.

북쪽 하이스트리트를 향해 앉은 5랑廊의 고딕 파사드는 품위가 넘친다. 19세기 절충주의의 손길이 느껴지는데, 단정하게 쌓아울린 버트레스는 13세기 전성기 고딕의 안정감을, 벽마다 최대로 펼쳐낸 스테인드글라스 유리창은 15세기의 후기 고딕이 자랑하는 오지 아치의 화려함을 발산하고 있다. 정면 꼭대기에는 플라잉 버트레스를 장식으로 활용한 왕관 모양의 첨탑을 얹었는데, 역시 스콧 기념탑처럼 잉글랜드 건축과의 변별을 의식한 스코틀랜드 특유의 의지로 읽힌다.

특히 세인트 자일스의 스테인드글라스는 에드워드 번존스, 더글러스 스트래찬 등 19~20세기의 대표적인 유리공예가의 작품으로 유명하다. 원래 장로교에는 화려한 장식을 금기로 여기는 전통이 있어, 세인트 자일스의 크고 밋밋한 창문에 스테인드글라스를 넣는 것은 상당히 과격한 시도였다. 처음 복원할 때는 몇몇 창문에 예수의 일생 등 교육적 삽화를 넣는 것으로 시작했는데, 20세기 중반 들어 스테인드글라스 전체가 연속적인 흐름을 갖도록 대대적인 작업을 펼친다. 이 무렵부터 에든버러는 스테인드글라스의 성지로 명성을 떨치게 되었다.

로열마일의 동쪽 끝에는 스코틀랜드 근대사의 산증인 홀리루드 궁전이 국회의사당을 마주 보고 서 있다. 제임스 4세와 5세, 메리 스튜어트 여왕이 주로 이 궁전에서 생활했는데, 제임스 6세가 잉글랜드 왕관을 접수하면서 궁전을 탈탈 털어 이사 가는 바람에 한 차례 공황을 겪었고, 1707년 의회가 런던에 합병되면서 궁전은 방치 상태가 된다. 20세기 들어 조지 5세가 복원과 개축

건축의
표정

홀리루드하우스 궁전

을 거듭한 끝에 영국 왕실의 북쪽 공식 궁전이 되었다. 스코틀랜드 내 작위 수여나 임관·서임식, 그 밖에 정부의 공식 행사와 연회 등을 이곳에서 거행한다.

　왕궁의 정식 이름은 홀리루드하우스 궁전Palace of Holyroodhouse 이다. 홀리루드는 예수 그리스도가 처형당한 십자가를 일컫는다. 건축은 단정한 프랑스식 바로크풍이 가미되어 여성적 우아함과 화려한 분위기를 내뿜는다. ㅁ자 형 왕궁의 안뜰은 팔라디오 스타일의 단정한 르네상스 양식으로 조성되었다.

　1128년 데이비드 1세가 지금의 터에 사원을 겸한 궁전을 지었고, 1501년 제임스 4세가 마거릿 튜더(헨리 7세의 딸이자 헨리 8세의 누나)와의 결혼에 즈음하여 사원 서쪽 옆에 정식 왕궁을 짓는다. 아들 제임스 5세 때는 북쪽(1528~1532)과 남쪽(1535~1536) 파사드에 연결된 탑을 주가한나. 1544년과 1650년 두 차례의 화재를 겪고, 올리버 크롬웰의 침공 때는 군 막사로 사용되어 적지 않은 손상을 입지만, 1671년 찰스 2세의 명을 따라 건축가 윌리엄 브루스 경Sir William Bruce이 오늘날의 모습으로 개축한다.

오로지 자유를 위해,
스코틀랜드 국회의사당

1997년 9월 11일 스코틀랜드는 주민투표 74.3퍼센트의 찬성으로 영국 정부로부터 자치권을 얻어낸다. 1297년 윌리엄 월리스가 에드워드 1세의 대군을 격파한 스털링 대첩 700주년이 되는 해이자 1707년 연합법으로 의회를 상실한 지 거의 300년 만의 감격이었다. 1999년 스코틀랜드 의회가 부활했고, 2000년 마침내 외교와 국방을 제외한 대부분의 국정 운영권을 넘겨받는다.

300년 만의 의회 부활이었다. 우선 터전을 마련하는 일이 시급했다. 초대 국회의장 도널드 듀어는 홀리루드 공원 끝자락에 부지를 정하고 현상설계를 실시했다. 원래는 칼턴 힐의 동쪽 마루에 자리한 옛 왕립고등학교 건물이 미래의 국회의사당으로 배정되어 있었다. 그리스 파르테논 신전을 오마주한 전형적인 신고전주의 건축으로, 언덕을 굽어보는 풍채가 당당한 건물이었다. 게다가 칼턴 힐은 스코틀랜드의 변혁기마다 사람들이 모여서 농성하고 기도하던 상징적인 장소였다. 그러나 도널드 듀어 의장은 오히려 그 점을 '국수주의자의 입버릇nationalist shibboleth'이라고 비판했다. 새 국회의사당은 더 열리고, 더 포용하는 장소이기를 바라는 마음에서였다.

새 부지는 남쪽으로 장중한 솔즈베리 바위산이 병풍처럼 둘러서 있고, 동쪽으로 홀리루드 궁전을 마주 보는 위치다. 홀리루드 궁전은 수백 년 동안 스코틀랜드 왕과 왕비의 거처였을 뿐 아니라, 오늘날 엘리자베스 여왕이 에든버러를 방문할 때 묵는 공식 숙소이니, 국가의 수장과 의회라는 권력 분립의 상징이 제대로 반영된 부지였다.

현상은 세계적인 건축가 70여 팀이 각축을 벌인 가운데 스페인 건축가 엔리크 미라예스Enric Miralles가 당선되었다. 엔리크의 작품은 난해하고 파격적이었다. 그리스 신전의 거룩함과 웅장함을 일절 배제하고 대신 한없이 넉넉하며 변화무쌍한 분위기를 발산한다. 혹은 나뭇잎 같고 혹은 나룻배 같은 평면들을 자유분방하게 배치했는데, 유려한 곡선들이 만나고 어긋나면서 생명체처럼 탱글탱글한 기운을 내뿜는다. 강철과 화강암, 오크 등의 재료를 자유롭게 활용한 디테일은 흡사 중세의 장인정신이 부활한 듯했다. 미라예스 자신은 의사당 디자인을 두고 "대지에서 피어

오르는 건축"이라는 표현을 썼다.

이 난해와 파격의 이면에는 몇 가지 간단치 않은 강박이 깔려 있었다. 먼저 300년 만의 부활에 매겨진 자긍과 환희, 민주주의의 상징이라는 사회적 코드와 국민의 기대, 잉글랜드 국회의사당인 웨스트민스터 궁전과의 경쟁 심리, 에든버러 관광 일번지인 로열마일과 홀리루드 궁전을 연결하는 랜드스케이프로서의 미학, 역사적 건축물들 사이에 들어서는 최첨단 현대 건축의 조화 등 숙제가 겹겹이 쌓인 프로젝트였다.

시작부터 관심도 많고 말도 많았다. 스트레스 때문이었을까.

스코틀랜드 국회의사당 조감도

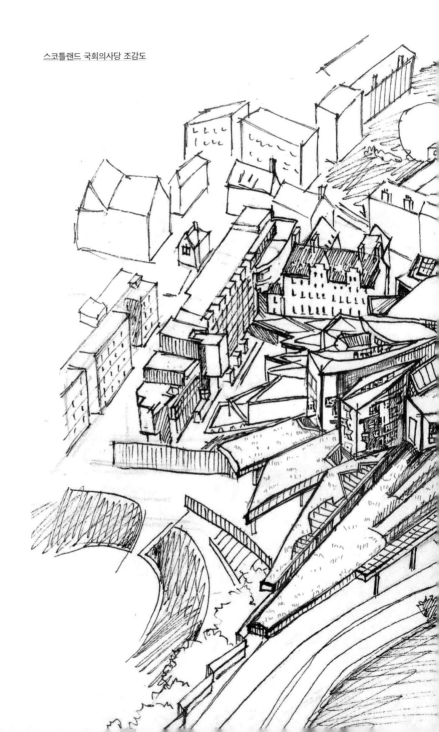

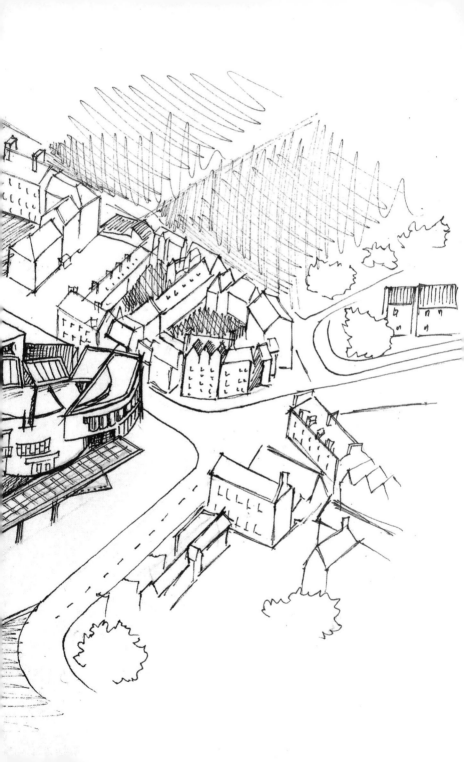

2000년 7월, 착공 한 달 만에 설계자 미라예스가 뇌종양으로 45세의 젊은 나이에 눈을 감았다. 단호한 신념으로 의사당 건축의 버팀목 역할을 하던 듀어 국회의장까지 뇌출혈로 쓰러졌다. 가뜩이나 미라예스의 디자인은 상상을 초월하여, 시공팀이 도면을 이해하기 힘들어하고 기술적으로 불가능한 문제들도 제기되던 터였다. 이때 건축가인 아내 베네데타 태글리아부에[Benedetta Tagliabue]가 남편의 숙원을 풀고자 나섰다. 여러 차례 설계를 변경하기도 했고, 난해한 부분은 현장에서 실험을 통해 해결하기도 했다.

그러는 사이 예산이 계속 늘어나 초기 예산의 아홉 배가 소요되었다. 2003년 국회의사당 건립과정에 대한 조사가 이루어졌고, 시작 단계에서 의욕 과잉으로 인한 문제가 있었다는 결론이 내려졌다. 예산 낭비라는 비판과 국가의 자존심이라는 옹호론이 팽팽하게 맞서는 우여곡절 끝에 국회의사당은 2004년 7월 완공되었다. 완공 이후 건축계의 평이 다시 찬반으로 뜨겁게 엇갈렸다. '상상의 승리'라는 찬사와 '과도한 디테일'이란 혹평이 교차하는 와중에 2005년 스털링상이 "지난 100년 동안 영국 건축이 꿈꾸지 못한 예술과 공예의 힘을 보여준 역작"이란 평과 함께 '건축의 오스카'를 안겨주었다. 300년 만의 의회 독립을 상징하는 자유정신의 기념비로서, 스코틀랜드의 오랜 한이 풀리는 순간이었다.

건축의
표정

이제 국회의사당 건물은 하루 평균 2500명의 관람객이 다녀가는 유명 관광지가 되었다. 건물은 넓은 대지에 낮고 넉넉하게 자리를 잡고서 사람들을 한껏 품는다. 내부의 사진 촬영도 가능하며, 국회 본회의장도 완전히 공개하고 있다. 가이드가 안내하는 의사당 견학 프로그램은 한 달 전에 티켓이 매진될 정도로 인기라고 한다. 현관 로비에는 레스토랑, 카페, 기념품 가게 등이 손님을 맞는다. 국회의사당이라기엔 너무 친근하고 편안해서 오히려 낯설다. 권위 제로인 진정한 자유정신의 옆모습을 보는 듯한 느낌이다.

국회의사당의 안팎을 거닐며 거의 한나절을 보내다가 문득 『도덕경』의 '상선약수上善若水' 한 토막이 떠올랐다. 물은 만물을 이롭게 하면서 공을 다투지 않고, 낮은 곳에 처하며, 마침내 바다에 이르러 모든 것을 품는다.

휴머니즘,
미래를 디자인하다

에든버러의 땅콩집, 모스맨 하우스

마지막 취재는 에든버러의 모스맨 하우스^{Mossman House}였다. 건축가의 스케줄에 맞추느라 뒤로 늦춰진 주제인데, 어쩌다보니 에필로그에 걸맞은 이야기가 되었다. 모스맨 하우스는 우리나라 땅콩집에 비견될 정도로 작은 주택인데, 스코틀랜드 건축상과 최우수 작은집 건축상, 공익 – 주택 건축상 등을 수상했다.

에든버러 성의 서남쪽 인근에 '머치스턴 뮤스^{Merchiston Mews}'라는 지역이 있다. 말이 주요 교통수단이던 시절, 마구간이 줄지어서 있던 거리다. 자동차가 말을 대신하면서 마구간은 차고^{garages}로 바뀌었고, 본문에서 설명했듯이 다시 '마구간 집^{Mews House}'으로 바뀌게 된다. 은퇴를 앞둔 공무원 모스맨 씨는 머치스턴에 나

모스맨 하우스

란히 붙은 세 개의 차고를 갖고 있었다. 노후를 위해 모스맨 부부는 이곳에 주거용과 임대용, 두 채의 주택을 짓기로 한다.

도시계획상의 고도 제한으로 층고는 2층을 넘을 수 없었다. 대지 면적은 8×14미터가량, 양끝은 남북이 각각 도로와 접해 있다. 양옆은 옆집과 벽을 맞대는 줄줄이 집 양상이어서 균열의 위험 때문에 지하 공간은 애시당초 금기인 상태였다. 건축가 앨리슨 블라미어Alison Blamire는 이 숨 막히는 부지에 각각 욕실·화장실이 딸린 2개의 방과 거실·주방·주차장을 갖춘 살림집 두 채를 거뜬히 빚어냈다. 물론 각기 독립된 내부 계단을 포함해서. 그렇다고 공간들이 옹색한 편도 아니었다. 침실에는 킹사이즈 침대가 있었고, 거실도 직선으로 열 걸음은 족히 나올 넓이였다. 그밖에 각각 3개의 다용도실과 하나의 독립된 화장실이 자투리 공간을 활용하고 있었다.

앨리슨은 모스맨 하우스의 양쪽에 면한 도로의 고저 차이에서 실마리를 찾았다. 현관이 있는 남쪽 도로가 북쪽 도로보다 1.5미터가량 높았는데, 이 차이를 활용해 전체 공간을 두 차원의 레벨로 나누는 아이디어였다. 집 중간에 계단을 배치하고 반 층의 레벨 차이를 두어, 대지가 낮은 북쪽을 3개 층으로, 그리고 남쪽을 2개 층으로 만들었다.

남쪽 1층에 층고가 조금 낮아도 되는 주차장을 두고, 빛이 좋은 남향 2층에 거실을 앉힌 뒤 정면 위쪽으로 고개를 든 뻐꾸기창을 내어 층고를 높여줌으로써 빛과 공간감을 풍성하게 해준다. 이 돌출한 뻐꾸기창이 바깥에서 보면 이웃집의 것과 나란히 고개를 들고 있어 '쌍둥이 창'이라는 별명을 얻게 되었다. 침실에는 굳이 높은 공간감이 요구되지 않으므로 북쪽 1층과 2층에 배치했고, 3층으로 주방을 올렸다. 그러고는 주방과 거실 사이의 벽을 없앰으로써 시야를 열어주고, 주부가 요리를 하는 동안 거실에서 기다리는 가족이나 친구들과 담소를 즐길 수 있게 했다.

동시에 좁은 공간의 협소함이 느껴지지 않도록 특단의 디자인을 강구했다. 계단의 부피를 줄이기 위해 철제 강판을 계단 형태로 접어서, 난간을 겸하는 철제 기둥에 얹는다. 철제 기둥도 가는 강관을 사용해 두께를 최소화했다. 수상 당시 화제가 되었던 '공중에 걸린 계단'이 그렇게 탄생했다. 침실 이외에는 문도 가능한 한 생략했다. 시야가 막히지 않으면 공간은 훨씬 더 열려 보인다. 모스맨 하우스는 실제보다 두 배 가까이 크게 느껴진다.

Saltire Society Housing Design Award 수상 기념 오픈 하우스 날, 이 '작은 집의 기적'을 보기 위해 무려 250여 명의 방문객이 찾아와 장사진을 이뤘다고 한다. 심사위원의 심사평 한 토막을 첨부한다. "모스맨 하우스는 키 작은 건축에 바치는 모더니티의 우아하고도 모범적인 실증이다."

휴머니즘을 향한 영국의 교통 문화

앨리슨과의 악수를 끝으로 공식 일정이 모두 끝났다. 짙푸른 코발트 빛 스코틀랜드의 하늘을 뒤로하고 런던으로 돌아가기 위해 고속도로에 오른다. 영국은 고속도로도 우리나라와 다르다. 영국에는 고속도로 통행료가 없다. 따라서 요금을 받기 위한 톨게이트 구조물 자체가 없고, 톨게이트 앞의 병목·정체 현상도 없다. 톨게이트 제작에 들어가는 세금과 정체로 인해 낭비되는 국민의 비용을 생각하면, 통행료 제도가 빚어내는 국가적 손실이 막대하다는 사실을 깨닫게 된다.

계제에 영국의 교통 문화 이야기로 답사의 피날레를 삼고자

건축의
표정

한다. 영국은 세계에서 교통 시스템에 관한 연구를 가장 많이 하는 나라다. 우리가 흔히 '횡단보도'라 부르는, 흰색과 검은색이 교차하는 도로표지 디자인부터가 영국의 아이디어다. 표시가 눈에 확 띄도록 하여 보행자의 위험을 줄이려는 발상으로, 영국에서는 이를 '얼룩말 보도Zebra Crossing' 또는 '얼룩말 존Zebra Zone'이라 부른다. 처음에는 파란색과 노란색의 교차 무늬였는데, 1949년 1000곳에서 시범 운영을 해본 뒤 효과가 좋아 1951년 오늘날처럼 흑백 무늬로 바꿔 정식으로 채택했다.

횡단보도의 효과가 입증되면서 다양한 보도 방식이 개발되었다. '펠리컨 보도Pelican Crossing'[1]는 보행자가 횡단보도에 설치된 컨트롤 스위치를 누르면, 신호등이 보행자 횡단용 초록등으로 바뀌도록 고안한 것이다. 시각장애인을 위해 안내음 서비스도 함께 설치했다. 보행자가 없을 때는 차량이 불필요한 신호등의 방해를 받지 않고, 보행자는 신호등을 기다릴 필요가 없도록 고안한 아이디어가 돋보인다. '퍼핀 보도Puffin Crossing'[2]는 펠리컨 보도의 진화형이다. 보행자가 컨트롤 스위치를 누르면 자동인식 장치가 차량의 흐름을 인식하여 적절한 타이밍에 보행자가 횡단보도를 건널 수 있도록 파란불을 켜주는 방식이다. 보행자가 보도를 다 건넌 것을 확인한 후에는 차량 쪽에 파란불을 켜준다. 이 밖에도 '투칸 보도Toucan Crossing'[3] '페가수스 보도Pegasus Crossing'[4] 등 다양한 횡단보도가 실험되고 있다.

넓은 도로의 한가운데에 인공 '안전섬'을 제일 먼저 만든 나라도 영국이다. 영국의 '횡단보도 설계 기준'은 도로 폭이 11미터가 넘을 경우 의무적으로 안전섬을 설치하도록 했고, 도로 폭이 15미터 이상일 때는 도로 가운데에 마련한 안전섬에서 쉬었다가 건너가도록 하는 '시간차 횡단보도Staggered Crossing'를 의무화했다.

이제 우리나라에서도 흔히 보이는 도로 표지인데, 답사 당시에는 도입되지 않았던 '지그재그 차선zig-zag area'도 영국의 아이디어다. 아이들이 낙서라도 한 듯 획획 지그재그로 이어지는 차선은 앞에 횡단보도나 어린이 보호구역이 있으니 속도를 줄이라는 경고 표시다. 사고가 잦은 지역이나 운전자의 주의가 필요한 곳에도 폭넓게 사용되고 있다. 지그재그가 주는 신경질적인 압박감도 감속 경고 효과와 궁합을 이룬다. 지그재그 구간 안에서는 주·정차도 할 수 없다. 차량이 도로 표지를 가릴 우려마저도 없애려는 취지로, 강력한 보행자 보호 의지를 읽을 수 있다. 지그재그 마크를 차선이 점점 더 좁아지도록 그린 아이디어도 기발하다. 자연스럽게 도로 폭을 좁혀서 보행자가 건너야 할 횡단보도의 거리를 줄이고, 아울러 보행자의 대기 공간을 확보하는 방식이다.

영국의 교통 문화는 일단 '사람 우선'이다. 그동안 격차를 많이 좁혀가고는 있지만, 한국의 교통 문화와의 격세지감도 부정

건축의
표정

할 수 없다. 영국과 한국의 의식 차이는 먼저 우리나라에 자동차가 도입된 시기부터 살펴보면 이해하기 쉽다. 우리나라에 자동차가 처음 들어온 것은 1901년 미국인 버튼 홈즈 교수에 의해서였다. 이어서 1903년 고종 임금이 자동차를 시승했고, 1911년 두 번째 자동차를 구입했다. 1912년 왕족들 사이에 자동차 바람이 불었고, 이듬해에 자동차가 사람을 치는 첫 대인 사고가 발생한다. 우리나라에서는 그렇게 지배자의 문화, 가해자의 문화로 자동차의 역사가 시작되었다. 이어지는 식민 지배와 미군정, 그리고 연이은 군사독재를 거치는 동안 불도저 같은 개발 논리로 자동차들이 도로의 지배자가 되었고, 사람들은 횡단보도마저 빼앗기고 육교로, 지하도로 밀려나야 했다. 자동차의 가치가 사람의 가치보다 우위에 서는 기형적인 문화가 탄생한 것이다.

영국(혹은 유럽)에서는 사람이 차보다 우선이다. 사람들에게 자동차는 발명 초기의 시행착오와 겹치면서, 조금 어설픈 신출내기 이미지로 비쳤다. 조심스럽게 진화를 거듭하던 자동차의 초기 이미지는 애물단지에 가까웠다. 도로를 달릴 때도 자동차는 거친 마차의 눈치를 보며 조심스럽게 다녀야 했다. 그리고 유럽의 근대사와 맞물리면서, 자동차의 발달과 민주화의 진전은 함께 나이를 먹었다. '사람 우선'의 교통 문화는 그렇게 자연스럽게 자리를 잡은 것이었다.

이와 관련해 나라별 횡단보도 운용 기준이 유의미한 비교 자료를 보여준다. 영국은 횡단보도로부터 90미터 이상, 프랑스는 50미터 이상, 독일은 30미터 이상 떨어진 도로에서의 무단횡단을 허용하고 있다. 대인 사고가 나면 차량의 책임이 크다. 그만큼 주의해서 운전해야 하고, 교통 법규도 사람 보호를 우선으로 한다. 한국은 육교·지하도 및 다른 횡단보도로부터 200미터 이내에는 횡단보도를 설치하지 못하도록 정하고 있으며, 무단횡단은 처벌 대상이 된다. 자동차 주행 편의를 위한 마인드인 것이다.

각설하고, 마지막으로 영국이 자랑하는 교차로 시스템의 종결자 '라운드어바웃Roundabout'을 살펴보자. 영국은 전국의 거의 모든 교차로를 라운드어바웃 시스템으로 해결한다. 원래는 20세기 초 파리와 뉴욕에서 시작된 방식인데, 정작 탄생지에서는 환영을 받지 못하고 영국에 도입되어서 활짝 꽃을 피웠다. 작게는 시골 동네 골목의 미니 삼거리에도 도로 위에 지름 1미터도 안 되는 작은 원 표지를 그려 라운드어바웃으로 활용하며, 크게는 10차로 이상의 교차로에도 커다란 원형 로터리를 만들어 라운드어바웃으로 해결한다. 테니스 코트만 한 크기의 공원형 라운드어바웃도 있고, 분수대를 겸한 바로크식 기념비 라운드어바웃도 있다. 삼거리·사거리·오거리·육거리 모두 라운드어바웃이다.

원리는 아주 간단하다. 라운드어바웃을 따라 빙빙 돌다가 자기가 나가고 싶은 길로 나가면 된다. 단 먼저 도착한 차가 먼저 진입하는 게 원칙이다. 새치기해봤자 어차피 빙빙 도는 곳이니

건축의
표정

빨리 갈 수 있는 것도 아니다. 신호등도 필요 없다. 그냥 흐름을 따라 돌면 된다. 끼어들기를 방해하는 사람도 없다. 모두가 자연스럽게 흐름을 타서 끼어들고, 또 끼워준다. 차량의 전조등을 깜박이는 것도 우리나라와 정반대의 뜻이다. 우리는 비키라거나 모종의 항의 내지는 불쾌감의 표시로 전조등을 깜박이지만, 영국에서는 양보의 뜻이 된다. 먼저 지나가라는 의미에서 전조등을 깜박이는 것이다.

라운드어바웃은 비용 상의 효율성도 높다. 영국의 도로에는 'U턴' 차선이 없다. 라운드어바웃을 반 바퀴 돌면 그냥 U턴이 된다. 좁은 도로에 U턴용 차선을 따로 만들 필요도 없고, 불법 U턴 방지용 시설물을 설치할 필요도 없다. 복잡한 신호등을 세울 필요도 없고, 신호 대기하느라 시간을 낭비할 필요도 없다. 그냥 라운드어바웃으로 진입하여 빙빙 돌면 되는 것이다.

한때 선진국의 기준으로 과학·기술·경제 수준을 절대시한 적이 있었다. 물론 지금도 기술력과 경제력 등은 선진국이 되기 위한 필요조건으로 꼽힌다. 문제는 충분조건이다. 선진국 스스로가 사람 우선의 문화, 사람을 존중하는 기술, 사람의 행복을 담보하는 시스템을 추구하고 있다. 교통은 물론이거니와, 특히 건축이 그렇다. 건축은 도시를 디자인하고, 미래를 디자인한다. 지구 반대편, 영국에서 살펴본 행복 건축은 휴먼 스케일의 건축 휴머니즘이었다. 휴머니즘이 미래를 디자인한다.

402

건축의
표정

1527	헨리 8세와 캐서린 왕후의 이혼 분쟁 시작
1528	에스파냐와 전쟁
1529	종교특별법, 로마 교황청과 분리
1533	헨리 8세, 앤 불린과 결혼, 엘리자베스 공주 탄생
1534	영국국교회 개창
1535	수도원 철폐
1536	웨일스 통합
1544	난폭한 구혼 전쟁
1547	헨리 8세 사망, 에드워드 6세 즉위
1553	메리 1세 즉위, 가톨릭 회귀, 피바람 숙청
1558	엘리자베스 1세 즉위
1568	스코틀랜드의 메리 스튜어트 여왕, 잉글랜드로 망명
1571	레판토 해전, 스페인 무적함대 탄생
1585	'잃어버린 식민지 로어노크' 개척
1587	스코틀랜드 전 여왕 메리 스튜어트 처형
1588	칼레 해전, 에스파냐 무적함대 격파
1590~1613	셰익스피어 활동
1600	동인도회사 설립
1603	스코틀랜드 제임스 6세가 잉글랜드 제임스 1세로 즉위
	스튜어트 왕가 개창

• 이후 연대는 스코틀랜드 연표와 합쳐짐

| 영국-스코틀랜드 약사 연표 | 스코틀랜드 |

| 기원전 1만6000 | 빙하기, 얼음 대륙 |

건축의
표정

1328 스코틀랜드 왕국의 자유를 인정한 노샘프턴 평화조약
     체결
     로버트의 아들 데이비드 2세와 에드워드 3세의 여동생
     결혼

1333 데이비드 2세(9세), 처남 에드워드 3세에 참패, 프랑스
     망명

1346 귀국 후 네빌스 크로스 전투에서 데이비드 2세 포로, 11
     년간 감옥생활

1371 로버트 2세 즉위, 스튜어트 왕가 개창
     왕과 섭정 살해의 반복 혼란기, 어린 왕 즉위 빈번

1406 거듭된 왕위 계승자 살해로 제임스 1세 프랑스 피신 중
     잉글랜드에 포로
     잉글랜드 궁정에서 성장, 헨리 4세 왕실과 돈독한 유대

1424 잉글랜드 왕의 조카와 결혼, 18년 만의 금의환향 귀국,
     대관식

1431 반역 가문 척결, 하일랜드 씨족들 분란 진압, 법령 제정
     국가 기강 수립

1437 퍼스에서 제임스 1세 암살, 곧바로 암살 귀족들 진압 처형
     여섯 살 제임스 2세 즉위, 성장 후 왕권 강화, 연방정부
     회복

1469 제임스 3세와 덴마크 마거릿 공주 결혼
     노르웨이 지배하의 오크니 제도와 셰틀랜드 제도를 지참
     금으로 가져옴

1503 제임스 4세, 헨리 7세의 장녀 마거릿 튜더 공주와 결혼

1507 스코틀랜드 최초 인쇄소 건립

1513 플로든 전투 참패, 제임스 4세와 귀족들 대부분 전사

408

17개월 된 제임스 5세 즉위

1538   제임스 5세, 프랑스 귀족 마리 드 기즈와 결혼

1542   딸 메리 스튜어트 탄생

헨리 8세의 침략으로 제임스 5세 전사, 핏덩이 메리 여왕 즉위

1544   헨리 8세의 '난폭한 구혼 전쟁'

1558   메리 스튜어트, 프랑스 프랑수아 도팽 왕자와 결혼

1559   프랑수아 2세 즉위, 메리도 여왕 즉위

1560   프랑수아 2세 급사, 모후 마리 드 기즈 사망

1561   메리 스튜어트 스코틀랜드 귀국, 복잡한 암투와 내전 진행

1566   제임스 6세 탄생

1567   귀족 반란군, 메리 여왕 로클레벤 성에 감금, 제임스 6세 에 양위 강요

1568   메리 여왕 탈출, 반란군과 전투에 패한 뒤 잉글랜드로 망명

1569   망명자 메리, 18년 동안 잉글랜드 셰필드 성에 구금

1587   메리 스튜어트, 반란 주동 혐의로 단두대

1603   엘리자베스 1세 사망, 제임스 6세가 잉글랜드 제임스 1세로 즉위

스튜어트 왕가 개창

1606~1607   스코틀랜드와 잉글랜드 통합 계획 무산

1607   북미 버지니아에 최초의 식민지 '제임스타운' 건설

1609   북아일랜드 얼스터에 신교도 주민 식민 시작

1619   이니고 존스, 뱅퀴팅 하우스 설계

1620   메이플라워호 버지니아 정착

순례 시조들의 뉴잉글랜드 개척

1625   찰스 1세 즉위, 프랑스 루이 13세의 여동생 앙리에타 마

건축의
표정

건축의
표정

1장 | 꿈꾸는 런던, 상생의 건축

1 워터프론트 Waterfront　바다·호수·하천 등 한 면이 물과 접한 수변水邊 공간을 말하며, 내륙의 도시 개발과 다르게 항만·운송·수산·레저 등 다양한 용도로 개발할 수 있다.

2 런던탑 Tower of London　정복자 윌리엄이 1078년에 돌로 쌓은 난공불락의 성채. 해자와 방어벽 그리고 두 개의 다중원형 안에 화이트 타워, 블러디 타워, 주얼리 하우스 등 여러 채의 건물을 두었다. 왕궁 겸 요새로 만들어졌으나, 한때 고위 관료와 왕족, 포로를 가두는 교도소 기능을 했다. 에드워드 5세, 앤 불린, 토머스 모어 등이 여기 갇혔다가 처형당했다.

3 볼트 Vault　궁륭穹隆(반달 혹은 활등 모양의 형상)을 말한다. 유럽 석조 건축에서 천장을 받치는 핵심 기술이다. 석재를 무지개처럼 쌓는 아치 기술을 원용한 것으로, 4분 혹은 6분 볼트가 교차하면서 아치의 힘을 강화시켜 천장을 덮는 힘을 얻는다. 이 볼트의 힘을 배가시키기 위해 볼트 아래에 갈비뼈 모양으로 돌출한 볼트를 한 겹 더 만들었는데, 이를 리브 볼트라 한다. 리브 볼트 기술의 탄생으로 인해 하늘을 찌르는 유럽의 고딕 건축이 꽃을 피울 수 있었다. 그 외 단순한 반원형 barrel vault, 십자로 교차하는 groin vaul 등의 공법이 있다.

4 로마식 빌라 Villa　석재로 지어진 반영구적 구조에 장작이나 석탄을 때는 공기난방식의 중앙난방 체제를 갖췄고, 모자이크 마루와 유리로 세공된 창도 있었다. 집마다 한 개 이상의 목욕탕을 두었으며, 수도 시설도 갖추고 있었다.

5 옵트 아웃 Opt-out　'손을 떼다'라는 뜻으로, 조약이나 협약, 단체 등에서 불참, 기피, 탈퇴의 권한을 행사하는 것.

6 타워 브리지 Tower Bridge　1886년 착공해 1894년 완공한 다리. 현수교懸垂橋에 도개교跳開橋 기능을 결합한 구조를 하고 있다. 도개교는 배가 통행할 수 있도록 교량을 들어올리게 만든 다리를 말한다. 템스 강은 유속이 매우 빨라서 다리가 자주 떠내려갔다. 지금의 타워 브리지 자리에 최초의 다리를 놓은 것은 1209년이고, 이후 거듭해서 다리를 놓으면서 영국의 토목 기술이 발전했다.

7 노먼 포스터 Norman Foster　1935년 영국이 낳은 세계적인 건축가. 맨체스터 대학에서 건축학과 도시계획을 공부하고 미국 예일대학에서 석사학위를 받았다. 작품으로 그레이트 코트, 밀레니엄 브리지, 보스턴 미술관, 빌바오 지하철역 등이 있다. 1983년 영국 왕립건축가협회RIBA로부터 로열 골드메달을 수상했고 1994년 미국건축가협회AIA의 골드메달을 받았다. 1999년 '건축의 노벨상'이라 불리는 프리츠커상을, 2004년 '건축의 오스카'라 불리는 스털링상을 수상했다. 1990년 기사 작위를, 1999년 남작 작위를 받았다.

8 먼로효과 Monroe effect　고층빌딩으로 인해 발생한 난기류 때문에 바람이 없는 날에도 도심의 거리에서 여성의 스커트가 갑자기 뒤집히는 현상. 영화 「7년 만의 외출」에서 메릴린 먼로가 지하철 환기통에서 올라온 바람에 스커트가 휘날리자 황급히 손으로 옷자락을 누르는 장면에서 유래한 이름이다.

9 오픈 스페이스open space　공원·운동장·유원지·농지·하천 등 건축물로 건폐되어 있지 않은 비건폐지를 의미하는 광의의 녹지 공간 개념. 도시의 오픈 스페이스는 쾌적한 시각 요소·옥외 레크레이션·공기 정화·용수 공급·야생동물 보호 등 삶의 질 향상에 있어 중요한 역할을 한다.

10 윌리엄 알솝 William Alsop　1947년 노샘프턴 출생. 1981년 독립해 아방가르드 취

향의 독자적인 건축세계를 펼쳐왔다. 런던의 블리자드 빌딩과 런던개발청 청 사인 '팔레스트라Palestra, 197' 등의 작품이 있다. 페컴 도서관으로 2000년 스 털링상을, 'Sharp Centre for Design'으로 2004년 영국 왕립건축가협회 월 드와이드 어워드를, 블리자드 빌딩과 '팔레스트라, 197'로 2006년과 2007년 RIBA Regional Award을 수상했다.

11 캔틸레버cantilever 외팔보. 한쪽 끝은 고정되었으나 다른 끝은 허공에 뜬 상태로 있는 보.

12 활주 사찰이나 궁궐에서 추녀가 처지지 않게 받쳐주는 가는 기둥.

13 주빌리 라인 Jubliee Line 1979년 서북쪽의 스탠모어에서 웨스트민스터까지 일차 개통했던 지하철로, 1999년 웨스트민스터에서 스트랫퍼드까지 11개 역을 연장했다.

14 반원형 궁륭穹窿 가운데는 높고 둘레는 차차 낮아지는 하늘 형상. 무지개처럼 높고 길게 굽은 형상. 반달이나 활의 등처럼 곡선면을 이룬 형상.

15 PC 콘크리트 프리캐스트 콘크리트Pre-cast Concrete. 어디선가 미리 성형한 콘크리트 조형물을 만든 뒤 옮겨다가 조립하는 고가의 최첨단 하이테크 공법으로, 조형 부재 자체가 구조물인 동시에 마감재이므로 정교함이 생명이다.

16 에이틴 휠러18 Wheeler 컨테이너 운반용 초대형 트럭. 바퀴가 18개 달렸다.

17 튜브 Tube 런던의 지하철. 언더그라운드Underground라고도 부른다.

2장 | 영국식 리노베이션과 '오래된 미래'

1 파사드facade 건축물의 주 출입구가 있는 전면부를 일컫는다. 건축의 얼굴로서 건물 전체의 인상에 강한 영향을 미친다.

2 박공博栱 지붕 모서리의 합각머리나 마루머리에 八자 모양으로 마감한 널이나 벽돌 면.

3 테라스트 하우스terraced house 영국식 테라스트 하우스와 일반적으로 말하는 테라스식 전원주택terraced cottage은 전혀 다르다. 테라스는 프랑스어 terrasse에서

416

건축의
표정

유래한 것으로, 건물에 딸린 옥상이나 계단 위의 발코니처럼 '실내에서 직접 밖으로 나갈 수 있도록 건물에 잇대어 바깥쪽으로 연결한 외부 공간'을 말한다. 테라스식 주택은 그런 테라스가 부착된 집을 일컫는다. 그러나 영국의 테라스트 하우스는 우리말로 옮기면 '줄줄이 집' '줄지어 선 집' 정도가 된다.

4 표준 주택 영국에서는 보통 침실 3개짜리 주택을 표준으로 여긴다. 부동산 광고를 할 때도 한국처럼 넓이를 말하지 않고 침실이 몇 개인지를 밝힌다. 특히 '옛날 집unmodernised home'이라는 표현이 붙은 집들이 신축 주택보다 더 비싸고 인기가 높다.

5 퍼걸러Pergola 마당이나 평평한 지붕 위에 등나무, 포도나무 같은 덩굴성 식물을 올릴 수 있도록 입체적으로 만든 시설.

6 크리스토퍼 렌Christopher Wren(1632~1723) 영국의 건축가, 수학자, 천문학자. 세인트 폴 대성당을 포함해 런던에만 53개의 교회 건축을 설계했다.

7 2차 인클로저 종획 사유화로 재미를 본 귀족·지주가 입법을 통해 밀어붙인 악명 높은 인클로저. 1720~1750년 100개, 1760~1790년 900개, 1793~1815년 약 2000개의 인클로저 법안이 제정되었다. 조지 3세 재위 시기(1760~1820)에만 모두 3554개의 법률이 제정되었다. 1750년 이후 영국 농민의 절반 이상이 땅을 잃고 도시로 밀려나거나, 아메리카·호주 등 식민지로 이민을 떠나는 신세가 되었다.

8 지하 하수도 간선 시스템 조지프 바자제트Joseph Bazargett는 템스 강과 평행하게 복수의 하수도 간선을 부설하여, 런던 브리지의 하류 19킬로미터 지점에서 방류하는 계획을 수립해 1875년 총연장 132킬로미터의 하수도 간선을 완성한다.

9 그린벨트 1580년 영국의 엘리자베스 여왕이 명한, "런던 시 외곽 3마일 이내에는 새로운 건물을 짓지 못하도록 금한다"는 포고령까지 거슬러 올라간다. 1657년에는 런던 시 외곽 10마일 이내의 건축을 제한하는 법이 제정되었다. 현대적 의미의 그린벨트는 1927년 레이먼드 언윈이 제안한 '도시 주거 밀도

에 따른 녹지계획'을 효시로 본다. 언윈의 제안으로 1938년 녹지대법^{Greenbelt} Act이 제정되면서 그린벨트 개념이 구체화되었다.

10 레이먼드 언윈^{Raymond Unwin}(1863~1940) 도시계획가. 현대적인 의미의 그린벨트를 제안했다. 언윈이 제안한 '도시의 주거 밀도에 따른 녹지계획'은 원래 저임금 노동자의 열악한 주거 환경을 개선하려는 발상에서 출발했다. 1931년 영국 왕립건축가협회 회장을 맡았고, 1932년 기사 작위를 수여받았으며, 1937년에는 건축에 기여한 공로로 RIBA 로열 골드메달을 받았다.

11 피터스 힐^{Peter's Hill} 로마 시대부터 도심에서 템스 강변으로 가기 위해 지나야 하는 주요 거리였다. 피터스 힐 아래의 강변지역에서 다양한 유적이 무더기로 출토되었다.

12 자일스 길버트 스코트 경^{Sir Giles Gilbert Scott}(1880~1960) 영국의 대표 건축가 중 한 명이다. 리버풀 성당, 케임브리지대학 도서관, 바터 시 화력발전소와 뱅크사이드 화력발전소 등 수백 채의 건물을 설계했고, 영국 왕립건축가협회 회장을 역임했다.

13 포르티코^{Portico} 대형 건물 입구 부분에 열주列柱를 받쳐 내밀도록 만든 현관의 지붕, 혹은 지붕이 있는 현관의 주랑.

14 브레다 선언^{Declaration of Breda} 청교도 혁명 중의 행동은 대사면을 베풀고, 혁명기간 중에 구입한 토지의 보유권을 인정하며, 신앙의 자유를 보장하고, 밀린 군대 월급을 지불한다는 약속 등으로 되어 있다. 그러나 찰스 2세가 즉위한 뒤 선언은 백지가 되어버렸다.

15 피의 메리^{Bloody Mary} 헨리 8세와 왕비 캐서린의 딸. 캐서린이 대를 이을 왕자를 낳지 못하자 집요하게 이혼을 밀어붙이던 헨리 8세는 교황청과 결별하며 신교로 개종하여 국교회(성공회)를 세우는데, 이 신구교 갈등으로 인해 향후 영국은 엄청난 피의 소용돌이에 휘말린다. 우여곡절 끝에 메리가 가톨릭 세력을 등에 업고 헨리 8세의 뒤를 이어 즉위하면서 영국을 가톨릭으로 개종, 엄청난 피바람을 불러일으킴으로써 이런 별명을 얻었다.

건축의
표정

16 자크 헤르초크와 피에르 드 뫼롱 스위스 바젤에 있는 건축사무소. 설립자이자 공동대표인 자크 헤르초크(스위스)와 피에르 드 뫼롱(프랑스)은 1950년 동갑내기로 스위스 바젤에서 태어나 취리히 연방공과대학교를 함께 다녔다. 2001년 테이트 모던으로 프리츠커상을 수상했고, 2003년에는 라반 댄스센터Laban Dance Centre로 스털링상을 받았다. 이외에 대표작으로 독일 뮌헨의 알리안츠 아레나 축구경기장, 베이징올림픽 주경기장 등이 있다.

17 밀레니엄 프로젝트 영국이 대대적인 도시 르네상스를 추진하기 위해 1995년에 가동한 거국적 프로젝트. 위원회 주도로 복권 사업을 통해 3조 원가량의 기금을 조성한 뒤 전국에 걸쳐 3000여 개의 도시 재생 프로젝트를 가동한다는 계획이다. 런던에서 진행된 프로젝트만 200여 개에 달한다.

18 Shibboleth 히브리어로 '강가, 시내'를 뜻함. 출전은 구약성서 「사사기」 12장. 요르단 강을 사이에 둔 두 부족 길르앗과 에브라임이 싸움을 벌였는데, 전투에 패한 에브라임 사람들이 강 건너 집으로 돌아가려면 나루터에서 배를 타야 했다. 나루터는 길르앗 사람들이 장악하고 있었다. 두 부족은 생김새만으로는 구분하기 어려웠는데, 누군가 에브라임 사람이 sh 발음을 잘 내지 못하는 특징을 이용해 '시볼렛'이란 단어를 발음하도록 시켜봤다. 발음이 부정확한 사람은 모두 죽임을 당했는데, 그 수가 무려 4만2000명에 달했다.

19 현수교懸垂橋 '수직으로 매달린 다리'라는 뜻으로, 계곡 사이를 잇는 구름다리의 원리를 이용한 것이다. 다리 중간에 2개 이상의 높은 타워를 세우고, 그 위에 강철 케이블을 얹어 팽팽하게 잡아당긴 뒤, 교량 상판을 케이블에 줄로 잡아매는 공법이다. 샌프란시스코의 금문교Golden Gate Bridge(타워 높이 해발 227미터)나 부산의 광안대교Diamond Bridge처럼 광대한 구간을 연결할 때 주로 쓰인다. 밀레니엄 브리지는 타워를 높이는 대신 Y자형으로 팔을 옆으로 벌리고, 강한 힘으로 케이블을 잡아당겨 교량을 매다는 케이블의 힘을 얻어낸 것이다.

1 찰스 배리 경 Sir Charles Barry(1795~1860) 영국의 건축가. 신고딕 양식과 낭만주의 양식의 작업을 다수 남겼다. 대표작은 웨스트민스터 궁전. 1852년 기사 작위를 받았다.

2 오지 아치ogee Arch 연꽃 아치라고도 한다. 첨두 아치에 반곡점을 가미한 S자형 곡선의 아치.

3 오토 대제 독일 국왕(재위 936~973). 962년 교황 요한 12세로부터 신성 로마 제국의 황제 제관帝冠을 받았다(재위 962~973). 이탈리아·비잔틴 관계를 안정시켜 문학·예술의 융성을 일으켰다. 이를 '오토의 문예부흥'이라 한다.

4 화이트홀 Whitehall 런던 중심가의 거리 이름. 의회 광장Parliament Square에서부터 트래펄가 광성에 이르는 가로를 지칭한다. 런던 관광 일번지이자 영국 정치 일번지로 꼽힌다.

5 르네상스 건축 15세기 초 봉건제와 가톨릭으로 경직되었던 중세가 붕괴되면서 새로 부각된 상공업 위주의 시민사회의 인본주의 문화 경향을 르네상스라 부르며, 그 시기에 이탈리아를 중심으로 유행한 건축 사조를 르네상스 건축이라 한다. 개선 아치를 원용한 현관 파사드와 연속 아치로 연출한 아케이드 등이 대표적인 기법이다.

6 팔라디오 양식 Palladianism 이탈리아 건축가 안드레아 팔라디오(1508~1580)의 건축 경향을 존중하고 따르는 일련의 건축 형식을 말한다. 영국에서 유난히 붐이 일었는데, 팔라디오주의 혹은 '팔라디오 리바이벌'이라고도 부른다. 팔라디오는 그리크 크로스를 주조로 대칭형 빌라를 많이 남겼으며, 저택 정면의 페디먼트와 원기둥 열주, 연속 아치를 즐겨 사용했다. 특히 연이은 세 개의 아치로 만든 창문은 균형감이 뛰어나서 팔라디오 창 혹은 베네치아 창이라는 별명을 얻었다.

7 이니고 존스 Inigo Jones(1573~1652) 영국 르네상스 건축의 거장으로 팔라디오와 함께 활동한 빈첸초 스카모치Vincenzo Scamozzi에게 사사했다. 대표작은 뱅퀴팅

하우스와 퀸즈 하우스, 코벤트 가든 등이다.

8 러스티케이션rustication 면을 일부러 거칠게 마감하는 수법이다. 몰탈 선을 두껍게 하여 돌을 쌓거나 평아치를 이용해 1층을 기단처럼 보이게 하려는 기법으로 많이 쓰인다.

9 오더order 신전의 원기둥이 처마를 받치는 자리에 쓰인 양식의 일정한 규칙, 또는 그 양식을 포함한 원기둥. 그리스 양식으로 도리스식·이오니아식·코린트식이 있고, 로마 시기에 토스카나식과 콤포지트식이 더해졌다. 콜로세움을 지으며 1층에는 남성적인 도리아식 오더를, 2~3층에는 정교하고 우아한 이오니아식과 코린트식을 사용함으로써 '오더 위계'라는 새로운 어휘가 생겼다.

10 조지 양식 Georgian Style 조지 1세에서 4세 시절에 유행한 영국의 대표적인 주택 양식의 하나다. 현관 포치를 강조하고, 현관을 중심으로 좌우 대칭을 엄격하게 지키는 특징을 보인다.

11 주작대로朱雀大路 궁궐 앞에서부터 앞으로 곧게 쭉 뻗은 대로. 동양에서 왕궁은 흔히 북쪽을 등지고 남향으로 지어지며, 이에 따라 대부분 궁궐 남문에서 외성外城 남문까지 대로가 곧게 뻗어 있다. 네 방위를 지키는 '사신四神' 중에서 남쪽 방위를 맡은 신령한 동물이 '주작朱雀'이므로, 대로 이름을 주작대로라 한다. 그러나 굳이 남향 대로가 아니어도 궁궐 앞 대로를 흔히 이렇게 일컫는다.

12 채링 크로스 Charing Cross 에드워드 1세는 왕비 카스티야의 엘리노어가 죽자(1290) 관이 웨스트민스터 사원에 도착하기까지 중간에 머물렀던 곳마다 커다란 돌 십자가를 만들어 세웠다. 모두 12개가 있었으나 현재 남아 있는 것 가운데 가장 유명한 게 채링 크로스다.

13 오발 베이슨 '계란 모양Oval의 대야Basin'라는 뜻으로, 웨일스의 수도 카디프 항구의 정남향 부두에 마련된 계란형 광장의 별칭이다.

14 목업 Mock-Up 모델 시제품을 만들기 전에 목재로 만들어보는 모형.

15 페디먼트pediment 그리스·로마 신전 건축에서 흔히 보이는 정면 장식. 지붕 정면의 이마 부분을 장식한 삼각형 박공으로 흔히 부조나 도안으로 꾸민다.

16 날개 달린 인두人頭 황소상 아시리아의 이름은 라마수Lamassu다. 메소포타미아의 상상의 동물로, 아시리아 왕궁과 신전의 문지기 상으로 많이 세워졌다. 황소는 힘을, 날개는 빠름을, 사람 머리는 지성을, 모자는 창조자의 신성함을 상징한다고 한다.

17 메토프metope 그리스 도리아식 건축에서, 기둥 위를 가로지르는 수평부에 타일처럼 잇달아 붙인 독립된 직사각형 부조 장식을 말한다.

18 프리즈 건물의 윗부분에 띠 모양으로 장식한 그림이나 조각.

19 팔라디오 리바이벌Palladianism 이탈리아 건축가 안드레아 팔라디오의 스타일이 200년 뒤 영국에서 크게 유행한 사조를 일컬음.

20 풍경식 정원 영국식 정원은 목가적 이상향을 표현한 자연주의 정원으로, 풍경식 정원Picturesque Garden 또는 아르카디안 가든Arcadian Garden이라고도 한다. 구석에 미니 신전을 세워두거나 그리스·로마풍의 건물을 일부러 폐허로 만들어 배치하는 낭만주의 스타일이 유행했다.

21 에드워드 바로크Edwardian Baroque 에드워드 7세 때 유행한 절충주의 스타일의 장엄 석조 건축. 일제강점기에 일본이 한국에 지은 석조 건축 상당수가 에드워드 바로크 스타일을 빌린 것이다.

22 아케이드arcade 아치 혹은 열주에 의해 지탱되는 개방된 통로 공간. 현대에 들어 양측에 상점이 연속으로 이어지는 지붕이 있는 통로 공간을 의미한다. 인간의 욕망과 소비 문제를 천착한 철학자 발터 벤야민의 『아케이드 프로젝트』가 바로 파리의 백화점과 아케이드를 분석한 것이다.

23 휴먼 스케일 건축·토목·가구·인테리어 등을 설계할 때 인간을 중심으로 한 척도.

24 내닫이창oriel window 건물의 벽 바깥으로 볼록하게 튀어나오도록 만든 창문. 내민창·출창·퇴장bay window이라고도 부른다.

25 안드레아 팔라디오Andrea Palladio(1508~1580) 이탈리아 건축가. 그리크 크로스를 주조로 대칭형 빌라를 많이 남겼다. 저택 정면의 페디먼트와 원기둥 열주, 연

건축의
표정

속 아치를 즐겨 사용했다. 특히 연이은 세 개의 아치로 균형감을 살린 팔라디오 창은 영국에서 주요 건축 모티프로 부활한다. 18세기 신고전주의가 시작되기 전 영국에서 유행했던 '팔라디오 리바이벌'은 영국 주택의 바탕으로 자리잡아 오늘날에도 영향을 주고 있다.

26 휘그당과 토리당 휘그^{Whig}는 '가축 도둑'을 비하한 스코틀랜드어로 신교도를 의미했고, 토리^{Tory}는 가톨릭 국가인 아일랜드의 'toraidhe(불량, 산적)'이란 단어에서 유래한 말이다. 전자는 가톨릭 왕의 즉위를 반대하는 입장이었고, 후자는 제임스가 합법적인 왕위 계승자이니 어쩔 수 없다는 입장이었는데, 이로부터 영국에 양당제가 자리잡았다.

27 명예혁명 제임스 2세는 노골적으로 친가톨릭 정책을 펼쳤고, 이에 위기를 느낀 의회 지도자들은 신교국 네덜란드에 은밀히 지원을 요청했다. 루이 14세의 침공을 막아낸 네덜란드의 맹장 '오라녜 공작, 빌렘 3세'(영국명 윌리엄 3세)는 53척의 군함과 400척의 수송선, 6만의 군인과 정책 전문가를 대동하여 런던에 입성했고, 겁먹은 제임스 2세는 프랑스로 도망쳤다(1688). 신교도 사위(제임스 2세의 딸 메리가 오라녜 공작부인)가 가톨릭 장인을 몰아낸 이 사건을 두고, 피를 흘리지 않고 정권을 교체했다 하여 '명예혁명$^{the\ Glorious\ Revolution}$'이라 부른다.

28 하노버 왕조 왕위 계승 노이로제에 걸린 영국 의회는 앤 여왕이 사산을 거듭하자 왕위 계승에 관한 임시특별법을 제정한다. 앤 여왕의 후사가 없을 경우 당시 가장 유력한 혈통인 프러시아 하노버 가의 소피아 공주가 왕위를 잇도록 못을 박아버린 것이다. 소피아 공주가 타계한 뒤 1714년 아들이 조지 1세로 즉위한다.

29 포치^{porch} 비바람을 막을 수 있도록 건물 본체 앞으로 돌출하여 지붕을 씌운 현관. 차를 대는 곳이자 집주인이 나올 때까지 방문객이 기다리는 공간이다.

30 오더 위계 오더^{order}에 위계질서를 부여하는 상징 기법. 로마 콜로세움이 1층에 도리아식 오더, 2~3층에는 이오니아식과 코린트식을 사용해 만들었다. 후

에 도나토 브라만테^{Donato Bramante}가 원형 기둥 - 원형 벽기둥 - 사각 벽기둥으로 '오더 위계'를 차용한 뒤로 다양한 위계 상징이 생겨났다. 이니고 존스가 뱅쿼팅 하우스에서 브라만테의 '기둥 오더 위계'를 깔끔하게 인용했다. 영국 건축은 1~4층의 창문에 위계질서를 매기는 창틀 장식 기법을 즐긴다.

31 로지아^{loggia} 지중해 연안에서 발달한, 1면 이상 벽 없이 트인 방 또는 홀·회랑·현관. 탁 트이면서도 햇빛을 가릴 수 있는 방을 만들고자 생겨난 공간이다.

32 레네상스^{Wrenaissance} 크리스토퍼 렌 경의 이름 렌^{Wren}과 르네상스^{Renaissance}를 합친 조어.

33 영국식 주택 악명 높은 '백투백 주택'은 17세기 초 제임스 1세 시절부터 서울의 달동네처럼 난립하기 시작해 찰스 2세 때 런던 대화재(1666)로 상당수 정리되었고, 레이먼드 언윈이 미니 후정을 갖춘 근대식 저밀도 주택을 추진(1901)한 것은 에드워드 7세 때부터다.

34 에로스상 1893년 유명 정치인이자 자선사업가 섀프츠베리 경을 기념하여 만든 동상. 제작자 앨프리드 길버트는 에로스의 쌍둥이 동생 안테로스^{Anteros}를 모델로 삼았다. 동생 안테로스는 '사랑에 대해 사랑으로 보답하지 않는 자를 벌하는 신'이라 한다.

35 젠트리^{gentry} 젠틀맨^{gentleman}의 복수형으로 프랑스어 '장티용^{Gentilhomme}(귀족)'에서 온 말인데, 실상 젠트리를 귀족으로 보지는 않는다. 귀족 작위는 장자에게만 세습되므로 나머지 자녀들은 귀족 아래 신분인 향사^{Esquire}에 속하게 된다. 젠트리는 그렇게 세습되지 않은 아들의 아들, 준남작의 자식들, 작위 없는 대토지 영주까지를 아우르는 호칭으로서, 사실상 '지주 계급'을 지칭했다. 20세기 이후 젠틀맨은 귀족까지 포함한 넓은 의미에서 '가문이 좋은 사람'을 가리킨다.

36 플랑드르^{Flandre} 벨기에 북쪽, 네덜란드와의 접경에 있는 지방. 소설 『플랜더스의 개』의 배경이 된 곳이다. 백년전쟁 당시 유럽 최대의 모직물 공업지대였다. 원료인 양모의 최대 공급국이 바로 잉글랜드여서, 플랑드르는 자연히 경제

권을 쥔 잉글랜드 진영에 섰다. 종전 후 탄압을 두려워한 플랑드르 기술자들이 대거 영국으로 이주해 영국 산업혁명의 핵심인 방직공업의 밑거름이 된다.

37 신사紳士 '신紳'은 '띠'란 뜻으로, 중국에서 의관속대衣冠束帶의 예장에 사용한 허리띠를 가리킨다. 신사紳士는 '띠를 두른 선비'란 의미로, 중국 명·청대의 지배계층 관료 명칭이었다.

4장 │ 풍경의 탄생, 영국식 정원과 공원

1 왕실 공원 1851년 도입된 군주토지법에 의거해 모두 시민에게 개방되었다. 왕실이 공원을 소유하기는 하지만 판매할 수 없도록 정한 까닭에 거의 영구 녹지 성격을 띤다.

2 서펜타인 호수The Serpentine serpentine은 '구불구불한 (강줄기)'라는 뜻을 가진 형용사이며, 영국식 정원의 '구불구불한 물줄기'를 표현할 때도 쓴다.

3 스페인의 중정식 정원 아케이드나 발코니에 둘러싸인 중정中庭에 분수나 샘물을 중심으로 정원을 조성하고, 바닥은 다채로운 타일로 장식한 대칭 구조의 사각형 정원이 일반적인 모습이다.

4 이탈리아의 르네상스 정원 르네상스 건축 붐과 맞물려 로마 제국의 정원을 확장·발전시킨 스타일. 중정에 3~4층의 정방형 계단식 테라스를 만들고 열주회랑과 샘·분수·연못 등으로 단정한 풍경을 조성하며, 건물 바깥의 너른 마당으로 정원을 확장하면서 대칭과 균형을 강조했다.

5 프랑스의 바로크식 정원 주요 건물을 중심축으로 드넓은 평지에 웅대한 축선과 무한원·삼각형 등 기하학적 설계가 돋보이는 스타일이다.

6 런던의 왕실 공원Royal Park 런던에는 모두 8개의 왕실 공원이 있다. 리치먼드 파크, 부시 파크, 하이드 파크, 리젠트 파크, 그리니치 파크, 켄싱턴 가든, 그린 파크, 세인트제임스 파크(크기 순)다.

7 퀸즈 하우스Queen's House 비유하자면 '겸손한 궁전'이다. 이니고 존스의 대표적인 르네상스 양식으로, 화려하지 않고 단정한 이미지, 대칭을 이루는 곡선 계

단, 여섯 개의 이오니아식 오더로 세워진 2층 로지아와 1층 러스티케이션의 대비 등이 돋보인다.

8 제임스 1세_ 엘리자베스 1세가 처녀 여왕이었으므로 당연히 후손이 없었고, 후계를 놓고 스코틀랜드의 메리 스튜어트 여왕과 세기의 라이벌로서 잠시 신경전을 벌였으나 메리 스튜어트는 반역죄로 목이 잘리고 그 아들인 스코틀랜드 왕 제임스 6세에게 잉글랜드의 왕관이 바쳐진다. 제임스 6세는 런던으로 와서 제임스 1세로 잉글랜드 왕위에 오른다. 그렇다고 두 나라가 통합된 것은 아니었고, 한 왕이 정체^{政體}가 다른 두 나라의 왕을 겸한 '동군연합^{同君聯合}'의 형태였다.

9 공중정원^{Hanging Garden}_ 기원전 605년경에 바빌로니아의 네부카드네자르 2세가 왕비 아미티스를 위해 만든 신비의 정원이나. 고대 7대 불가사의의 하나로 꼽힌다. 수풀 우거진 고향 메디아 왕국을 그리워하는 아내의 향수병을 달래주기 위해, 건조지역인 바빌로니아 왕궁에 계단식 테라스를 연속으로 조성하고, 유프라테스 강의 물을 수차 펌프로 퍼올려 초목 울창한 정원을 만들었다고 한다. 궁궐 꼭대기 높직한 곳에 산처럼 우거진 정원이 마치 높이 떠 있는 것처럼 보여 '공중정원'이란 이름을 얻었다.

10 스토 가든^{Stowe Garden}_ 영국 최대의 풍경식 정원. 1680년 바로크식으로 조성되었다가, 1711년 찰스 브리지먼^{Charles Bridgeman}이 풍경식 정원으로 바꾸었고, 1731년부터 윌리엄 켄트^{William Kent}, 1751년부터 랜슬럿 브라운^{Lancelot Brown}이 다시 리모델링하여 미니 신전과 탑, 고딕 교회, 팔라디오 다리 등 낭만주의 건축으로 현재 모습의 영국식 정원을 완성한다.

11 큐 왕립식물원^{Royal Botanic Gardens Kew}_ 흔히 큐 가든^{Kew Gardens}으로 불린다. 큐 가든은 3만 종 이상 세계 최다의 식물종을 전시하고 있으며, 650여 명의 과학자가 식물 연구에 종사하고 있다. 도서관에는 75만 권 이상의 식물 및 정원 관련 장서를 보관하고 있다.

12 키친 가든^{Kitchen Garden}_ 빅토리아 시대에 유행한 정원 기법으로, 허브나 채소류

위주로 정원을 세팅하는 방식이다. 작물의 생김새도 다양할뿐더러 잎과 꽃, 열매를 모두 즐길 수 있고, 채마의 성장 속도가 서로 다른 데서 느끼는 재미도 색다른 즐거움을 준다.

13 랜드셰어 운동 Landshare Movement　유휴지를 이용해 작물과 화훼를 재배할 수 있도록 연결해주는 땅 공유 프로그램. 유휴지를 가진 사람, 혼자 경작하기 어려운 농부, 농사를 배우고 싶은 도시인 등을 연결해주는 상생의 모델로 개발되었다. http://www.landshare.net

14 얼로트먼트와 여가 정원사협회 National Society of Allotment & Leisure Gardeners Limited　1901년 협동조합 형태로 설립한 단체로, 자체 법률 자문단을 두고 개발·철거 등 얼로트먼트의 처분과 관련한 사태 해결에 공식 주체로 참여한다.

15 메도 정원 meadow garden　정원사의 손길을 거의 필요로 하지 않는, 야생으로 세팅된 정원.

16 알코브 alcove　서양 건축에서 벽의 한 부분을 쏙 들어가게 오목하게 만든 부분. 침대나 의자를 들여 쉬는 공간을 삼거나, 장식장·금고를 설치해 귀중품을 두기도 하고, 문을 달아 은밀한 장소로 쓰기도 했다. 정원에 알코브를 설치해 분수와 샘, 혹은 벤치가 있는 쉼터로 응용하기도 한다.

5장 | 도시의 대안 '미래형 공동주택'

1 에버니저 하워드　전원도시의 창시자. 자본주의의 '풍요 속의 빈곤'을 해결하기 위해 사회 개혁을 모색하던 중, 1898년 『내일의 전원도시』를 출간하고 이듬해 전원도시협회를 결성, 레치워스와 웰린에 차례로 전원도시를 성공적으로 구현한다. 제2차 세계대전 후 영국 신도시 개발 정책의 기초를 다진 하워드는 1923년 기사 작위를 수여받고, 이듬해 자신이 만든 전원도시 웰린에서 눈을 감는다.

2 패시브 하우스 passive house　'수동적인 passive 집'이란 뜻으로, 능동적으로 전기·석유·가스 같은 에너지를 외부에서 끌어다 사용하는 액티브 하우스 active house에

대응되는 개념이다. 채광·환기·단열 등 기초 건축 요소를 활용해 친환경 건축을 구현하는 방식을 말한다. 1991년 독일의 다름슈타트에 첫 패시브 하우스가 등장한 이후 독일·영국을 중심으로 빠르게 확산되고 있다. 특히 독일 프랑크푸르트는 2009년부터 패시브 하우스 설계에 한해서만 건축 허가를 내준다.

3 피바디 트러스트 Peabody Trust 미국인 자선사업가 조지 피바디가 1862년 설립한 재단으로, 런던에서 가장 크고 오래된 주택 관련 기구다. 지난 150년 동안 '도시 재생' 프로젝트를 중심으로 중산층 및 저소득층 대상 주택 공급 사업을 해왔으며, 현재 5만 명가량이 피바디가 소유하거나 관리하는 주택에 살고 있다.

4 잉글리시 파트너십 English Partnerships 국가 재생 사업 담당 기구. 공동화된 건물과 토지를 환경친화적으로 재생시키는 일을 총괄한다. 지금은 이름이 '홈즈 앤드 커뮤니티 에이전시'로 바뀌었다.

5 랠프 어스킨 영국 출신의 세계적인 건축가이자 도시계획가. 1914년 북런던 밀힐에서 태어나 스웨덴에서 주로 활동하다가 말년에 영국에 작품을 많이 남겼다. 뉴캐슬의 바이커 재개발 계획과 런던 해머스미스의 아크Ark 오피스로 세계적인 명성을 얻었으며, 그리니치 밀레니엄 빌리지를 최후의 유작으로 남겼다. 건물과 지역 커뮤니티의 관계, 보행자와 어린이의 안전, 거주자의 참여 등을 화두로 '휴머니즘 건축'을 열었다. 1987년 RIBA의 로열 골드메달을 받았다.

6 발터 그로피우스(1883~1969) 독일의 건축가이자 디자이너. 베를린에서 태어나 세계대전의 와중에 미국으로 귀화했다가 보스턴에서 타계했다. 1919년 바이마르 미술학교 교장을 맡으면서 바우하우스를 설립, 유럽 근대 예술에 새로운 화두를 던진 '바우하우스 운동'을 펼친다.

7 적정 주택 중산층이 무리를 하지 않고도 구입할 수 있는 적당한 주택.

8 퀴드삭 Cul-de-Sac '막다른 골목'이라는 뜻의 프랑스어. 집단 주거단지 조성의 한 기법으로, 포도송이 모양이 좋은 예다. 포도 줄기는 진입도로, 포도 알이 각각의 주택에 해당된다. 퀴드삭이 여럿 모여서 형성하는 커다란 단지를 슈퍼

건축의
표정

블록super block이라 한다.

9 기네스 트러스트 Guinness Trust 기네스 맥주 창업자의 손자 에드워드 기네스가 1890년 기부한 기금을 기초로 조성·운영하는 재단으로, 영국과 아일랜드의 저소득층 주거 지원활동을 한다.

10 근린주구 Neighborhood Unit 어린이들이 도로를 가로지르지 않고 안전하게 통학할 수 있도록 설정한 주거 단위. 구역 내에 학교와 공공시설, 광장·공원·상업시설이 충분히 갖춰져야 한다.

11 스프롤 현상sprawl phenomenon 도시가 급격히 팽창함에 따라 교외지역이 무질서하게 침식되는 현상을 말한다. sprawl은 큰 대자로 아무렇게나 벌러덩 누운 모습을 의미하는 형용사다.

12 로버트 오언 Robert Owen 영국의 사회개혁가. 프랑스의 샤를 푸리에, 생시몽과 함께 '3대 유토피아 사회주의자'로 꼽힌다. 농업과 공업을 결합한 '뉴 하모니 공동체New Harmony Association'를 실험했다.

13 샤를 푸리에 François Marie Charles Fourier 프랑스 사회개혁가. 노동자의 협동·자치 집단주거 커뮤니티인 '팔랑스테르Phalanstère'를 구상했다.

14 티투스 솔트 경 Sir Titus Salt 영국 요크셔의 양모 제조업자. 브래드퍼드의 공장을 새로 옮기면서 도서관·음악당·교회·병원·목욕탕·노인주택 등 노동자의 편익시설을 제공하고 노동 환경을 개선함으로써 '직주근접職住近接'의 모범 사례를 보였다.

15 소리아 이 마타 Arturo Soria Y Mata 스페인의 도시계획가. 1882년 선상도시Linear City 이론을 발표해 세계 건축계의 관심을 끌었다. 모도시와 신도시들이 도로망을 따라 연속적으로 확장하는 아이디어로, 이후 가르니에와 르코르뷔지에의 도시 이론에 이론적 토대를 제공한다.

16 토니 가르니에 Tony Garnier 프랑스 건축가. 1917년 공업이 도시 경제를 견인하는 핵심이라 보고, 공업을 중심으로 한 공업도시를 제안했다. 도시를 공업지구·시가지·주거지로 구분했다.

17 르코르뷔지에 Le Corbusier 스위스 태생의 프랑스 건축가. 프랭크 로이드 라이트, 루트비히 미스 반데어로에와 함께 '근대 건축의 3대 거장'으로 꼽힌다. 이들의 활약으로 서양 건축은 전통 건축의 절충주의를 극복하고, 근·현대 건축의 새 장을 연다. 특히 철근 콘크리트와 철골·유리를 이용한 초고층 마천루 건축도 이들로부터 본격화된다.

18 파리 개조사업 19세기 파리는 좁아터진 골목으로 인한 만성적인 교통 체증에 상·하수도 체계도 없고, 녹지도 턱없이 부족한 문제 도시였다. 황제로 즉위한 나폴레옹 3세는 1853년 오스만 남작에게 전면적인 파리 재건을 명했다. 오스만은 파리 전체가 하나의 유기체로서 작동하도록 체계적으로 재건했다. 개선문을 중심으로 한 방사선 도로망을 짜고, 기차역과 광장들을 연결하는 대로를 놓았다. 상하수도망 등 도시기반시설을 건설하고, 크고 작은 녹지를 조성했으며, 박물관·도서관·오페라 극장 등 각종 공공시설과 문화 시설을 세웠다. 이전까지 유럽에서 도시 재건은 주로 지배자의 영광을 과시하기 위한 '장엄화 사업'에 머물고 있었다. 도시 재건의 새 역사는 파리로부터 시작되었다. 새로운 도시 개조사업이 세계 각지로 퍼져나갔고, 100여 년이 지난 오늘도 파리는 세련된 기능을 과시하며 눈부신 발전을 거듭하고 있다.

19 근대건축국제회의CIAM 프랑스어로 Congrès Internationaux d'Architecture Moderne. 영어로는 International Congress for Modern Architecture.

20 「브룬트란트 보고서」 1987년 노르웨이의 수상 할렘 브룬트란트가 주도해 『우리 공동의 미래』라는 보고서를 출간했다. 이 보고서는 인구·식량·생물 종 보전·에너지 문제 등을 다루면서, 지구의 자원 기반을 지속시킬 새로운 경제 발전 형태를 요구했다. "지속 가능한 발전은 미래 세대의 필요를 충족시킬 가능성을 손상시키지 않는 범위 안에서 현재 세대의 욕구를 충족시키는 개발"이다. '지속가능성Sustainability'이란 단어는 1972년 로마클럽의 연구 보고서에서 처음 사용되었다. 로마클럽은 지구의 지속적 존재 가능성을 연구하는 30인의 과학자와 전문가 그룹이다.

건축의
표정

1 바이옴^{Biome} 1916년 미국의 식물 생태학자 F. E. 클레멘츠가 만든 용어로 '기후 조건에 따라 구분된 생물군계生物群系'를 이른다. 이를테면 툰드라·사바나처럼 나뉜 범위에 존재하는 생물의 군집 단위를 일컫는 추상명사인데, 에덴 프로젝트가 '바이오 돔 온실'의 이름으로 빌려 쓴 것이다.

2 지오데식 돔^{Geodesic Dome} 정삼각형으로 이뤄진 정20면체를 구면으로 구부린 형식의 돔. 내부에 기둥 없이 최대의 원형 공간을 만드는 기법으로, 반면 외부 표면적은 최소가 되므로 냉난방 효율 면에서도 가장 경제적인 형태로 꼽힌다.

3 니콜라스 그림쇼^{Nicholas Grimshaw} 영국이 낳은 세계적인 친환경 하이테크 건축가. 1939년 영국 호브 출생. 에딘버러 건축예술대학과 AA건축학교를 나와 런던 사우스뱅크 대학에서 박사학위를 취득했다. 1993년 작위를 받았다. 1994년에는 AA 부학장이 되었고, 로열 아카데미 회원이 되었다. 대표작으로 런던 워털루 튜브 스테이션, 레스터 국립우주센터, 에덴 프로젝트 등이 있다.

4 그레이트 서클 돔^{Great Circle Dome} 기초의 여러 지점으로부터 부채꼴 모양으로 거대 원 형태의 가느다란 고탄성 골조를 교차시켜 돔의 지지력을 얻는 기법이다.

5 트러스^{truss} **구조** 여러 직선 부재를 삼각형 형태로 배열해, 각 부재를 교차 연결하여 구성한 뼈대 구조. 철교와 에펠탑이 트러스 공법의 대표적인 예다.

6 ETFE 에틸렌 테트라-플루오로-에틸렌^{Ethylene Tetra-Fluoro-Ethylene}. 일종의 불소 합성수지 필름이다. 클링 필름^{Cling Film}이라고도 불린다.

7 앵글로색슨 7왕국 Heptarchy, 즉 '7두頭 정치'쯤으로 번역될 수 있다. 잉글랜드를 접수한 앵글로색슨은 하나의 왕국을 세우지 않고, 마치 고대 한반도의 가야 왕국처럼 각기 다른 지역에 부족 단위로 정착해 7개의 왕국을 건설한다. 동쪽에 건설한 색슨 족의 나라는 이름의 뜻 그대로 에식스^{Essex}(East+Saxon), 서쪽은 웨식스, 남쪽은 서식스이고, 동쪽에 건설한 앵글 족의 나라는 이스트 앵글리아, 중부는 머시아, 북부는 노섬브리아다. 주트 족은 섬의 동남쪽 끝, 대륙 바로 맞은편에 켄트 왕국을 세웠다. 처음에는 대륙과의 교류가 빈번한 켄

트가 번성했고, 600년대에는 노섬브리아가, 700년대에는 머시아가, 800년대에는 웨식스가 부상하여 통일 왕가를 이루었다.

8 오파의 제방 Offa's Dyke 8세기 후반 머시아 왕국의 오파왕의 명령으로 쌓은 270킬로미터의 제방. 방어용이라기보다 잉글랜드와 웨일스의 경계선 개념으로 만들어졌다. 제방은 지금도 상당 부분 옛 형태를 유지하고 있으며, 하이킹 코스로 인기가 높다.

9 웰시 Welsh '웨일스어' '웨일스인'을 의미하는 영어. 웨일스어 고유의 스펠링은 Cymraeg[kəm'rɑːig]다. 나라 이름 웨일스도 웨일스어로는 Cymru[kəmɹi]라 쓰는데 '친구'라는 뜻이다. 여기서는 편의상 영어 '웰시'라 표기한다. 17세기 후반부터 산업혁명의 여파로 웨일스 고유의 문화가 많이 훼손되고 웨일스어를 말하는 사람도 급격히 줄었으나, 최근 웨일스어 진흥운동이 일며 웰시 사용 인구가 증가세를 보인다고 한다.

10 매헌세스 Machynlleth 영어로는 '매친레스'라 읽고, 웰시로는 '매힌스레스'로 읽는다. 여기서는 웰시에 가까운 외래어 표기법에 따라 '매헌세스'라 쓴다.

11 B&B 영국의 일반적인 민박집. Bed&Breakfast의 약자로, 방과 아침이 제공된다.

12 내셔널 트러스트 National Trust 정식 명칭은 '명승과 유적지를 지키기 위한 국민신탁National Trust for Places of Historic Interest or Natural Beauty'이다. 자연 파괴가 극심했던 19세기, 생태 환경과 문화유산을 보호하기 위해 1895년 창립했고, 1907년 특별법이 제정되어 내셔널 트러스트가 확보한 자연·문화유산은 어떤 경우에도 담보 및 양도가 불가능해졌다. 정부라 하더라도 NT의 특정 지역이 필요하다면 국회의원 3분의 2의 동의를 얻어야 한다. 내셔널 트러스트는 오늘날 430만 회원을 자랑하는 막강한 시민단체로 성장했다. 2000년에는 한국내셔널트러스트가 발족했고, 2007년 12월에는 세계 30여 개국이 '세계내셔널트러스트기구INTO'를 창립했다.

13 옥타비아 힐(1838~1912) 사회사업가·환경운동가. 1864년 스승 존 러스킨의

권유로 런던의 빈민가 메릴본 지역에서 주거개선운동을 벌인다. 마을은 평화
로운 지역 공동체로 바뀌었고, 옥타비아의 주거운동은 차츰 네덜란드·러시아·
미국 등으로 확산된다. 오늘날에도 '옥타비아 주거&돌봄Octavia Housing&Care' 프
로그램은 널리 활용되고 있다. 1874년부터 보존 가치가 있는 자연·건물 보호
운동을 시작, 1877년에 『우리의 공동 땅』이란 책을 출간한다. 1895년 내셔널
트러스트를 창립, 생태 환경과 문화유산을 매입·보호하는 운동을 벌인다.

14 로버트 헌터 Robert Hunter(1844~1913)   변호사. 1866년 '공유지 보존의 최적 방
안' 논문 현상 공모에서 입상한 뒤 1868년 '공유지보존협회' 명예변호사가 된
다. 당시 영국에서는 인클로저의 폐해로부터 공유지를 보호하는 것이 매우 중
요한 이슈였다. 헌터의 활약으로 Queen's Wood, Vauxhall Park 등이 개발의
위협을 벗어났고, Epping Forest는 빅토리아 여왕의 손에 의해 공원으로 정식
오픈한다. 1895년 내셔널 트러스트를 창립, 초대 회장을 역임한다.

15 존 러스킨 John Ruskin(1819~1900)   예술비평가·사회사상가. 20대부터 천재적인
예술비평으로 명성을 날렸으며, 불혹을 전후해 비판적 사회사상가로 변신하여
맹활약을 벌인다. 아동의 노동 착취가 만연한 현실에 분개하여 '인도주의 경제
학'을 주창했고, 당시의 주류 경제학을 '악마의 경제학'이라 질타했다. 사회개
혁을 실천하기 위해 '성 조지 조합'Guild of St. George'을 설립하고 부친의 유산을
희사했다. '성 조지 조합'은 나중에 '내셔널 트러스트'로 발전한다. 예술평론집
『근대 화가론』(전5권, 1843~1860)과 건축비평집 『건축의 일곱 등불』(1849) 『베
니스의 돌』(1851~1853)을 썼고, 그 밖에 『예술의 경제학』(1857) 『참깨와 백합』
(1865) 『티끌의 윤리학』(1866) 등의 저서를 남겼다.

16 오픈 스페이스 Open Space   건축물에 점유되지 않은 모든 토지를 이른다. 공원·
놀이터·주차장·정원·도로와 보도 등이 여기 해당된다. '대중을 위한 공간Space
for the People'으로서 의미심장한 가치를 지닌다.

7장 | 영원한 자유정신, 스코틀랜드

1 성 안드레아의 십자가 Saint Andrew's Cross 파란 바탕에 흰 X자형 십자가를 그린 스코틀랜드의 국기. 안드레아는 스코틀랜드의 수호성인이다. X자형 십자가에 매달려 순교했다는 이야기에 따라 X자형 십자가를 '안드레아의 십자가'라고 부른다.

2 청야전술淸野戰術 쓸 만한 군수품과 식량, 숙소 등을 없애고 후퇴함으로써 적을 지치게 만드는 게릴라전의 일종. 러시아가 나폴레옹과 히틀러의 침입을 물리칠 때 사용한 전술이다.

3 헨리 2세의 프랑스 영지 헨리 1세의 딸 마틸다가 프랑스의 막강 실세 플랜태저넷 앙주 백작과 결혼하여 헨리 2세를 낳았고, 헨리 2세는 프랑스 루이 7세의 왕비였던 대귀족 엘레아노르와 결혼한다. 두 번의 결혼으로 헨리 2세는 노르망디·앙주·아키텐·가스코뉴·푸아티에 등 프랑스 영토의 절반이 넘는 거대한 영지를 갖게 된다. 그 영지를 빼앗으려는 프랑스 왕과 이에 반발하는 잉글랜드 왕의 엎치락뒤치락이 훗날 백년전쟁으로 발화한다.

4 고대 동맹 Auld Alliance 1295년 스코틀랜드와 프랑스가 맺은 동맹으로 '옛 동맹'이라 번역하기도 한다. 프랑스는 스코틀랜드를 지원해주고, 대신 유사시에 스코틀랜드가 잉글랜드의 배후를 침으로써 프랑스의 유럽 전략을 돕는 내용으로, 이 동맹이 스코틀랜드 문화에 깊은 영향을 끼치게 된다.

5 스콘의 돌 Stone of Scone 66×41×28센티미터의 직육면체 돌로, '운명의 돌Stone of Destiny'이라고도 한다. 9세기 초 픽트 족을 통합한 케네스 1세가 왕국의 수도를 스콘으로 옮기면서 처음 사용한 이래 수백 년 동안 왕의 즉위식 때마다 사용된, 스코틀랜드 왕권의 상징이었다. 1296년 에드워드 1세가 런던으로 가져가 웨스트민스터의 대관식 의자 아래 깔아둠으로써 두고두고 스코틀랜드의 공분을 샀다. 1996년 반환되어 지금은 에든버러 성에 보관되어 있다.

6 스코틀랜드의 망치 Hammer of Scots 에드워드 1세의 묘비명이다.

7 아브로스 선언 Declaration of Arbroath 세계 독립선언문의 시조始祖 격에 해당되는 문

서다. 스코틀랜드의 귀족과 영주, 농민들이 합심하여 작성한 것으로, 스코트족의 유구한 역사와 정통성을 밝히고 "우리는 부와 명예를 위해서가 아니라 오직 자유를 위해서 싸운다"라며 교황에게 독립을 인정해달라고 호소하고 있다. 지금도 근대사에서 '민족주의'를 상징하는 희귀 문서로 꼽힌다.

8 존 녹스(1514~1572) 성직자·종교개혁가·역사가. 장 칼뱅과 조지 위셔트를 계승하여 스코틀랜드에 칼뱅파를 열었다. 스코틀랜드 칼뱅파가 곧 장로교Presbyterian Church다. 녹스의 '저항권 신수론抵抗權神授論'은 개혁파의 이론적 지주가 되었다.

9 동군연합同君聯合 Personal Union/Union of the Crowns. 두 나라가 통합되는 것이 아니라, 서로 독립된 두 나라가 동일한 군주를 받드는 일종의 정치 결합 형태를 말한다. 제임스 1세 즉위와 함께 두 나라의 통합 움직임이 있었으나 1606~1607년 통합 계획이 무산되어 서로 독립된 국가로 남았다. 100년 뒤인 1707년 5월 1일 '연합법'을 체결, 두 나라 의회를 합침으로써 통합이 되었으나 오늘날까지 두 나라의 동상이몽 계산법이 서로 다르다.

10 대헌장大憲章 1215년 체결된 세계 최초의 헌법. 왕권과 의회가 대립할 때마다 백성의 권리를 옹호하기 위한 '기본 전거典據'로 쓰이면서 시나브로 헌법적 지위를 획득해간다. '의회 승인 없이 과세할 수 없다'는 12조와 '재판이나 국법에 의하지 않고는 누구도 체포·감금·추방할 수 없다'는 39조가 마그나카르타의 정신을 잘 보여준다.

11 국민서약 National Covenant 1638년 2월 28일 스코틀랜드 교회가 잉글랜드 국교회의 예배 절차와 교회 행정 조직을 따르지 않겠다고 선포한 선언문으로, 거의 모든 스코틀랜드인이 서명했다.

12 권리청원 Petition for Right 찰스 1세는 즉위 후 강제 공채, 군대의 민가 강제 숙박, 군법의 일반인 적용 등 독단적인 전제정치를 강행했다. 그러자 의회가 1628년 '청원' 형식으로 권리 선언을 한다. 주요 내용은 의회 동의 없이는 어떤 과세나 공채도 강제할 수 없다는 것, 법에 의하지 않고는 누구도 체포·구금되지

않는다는 것, 육군·해군은 인민의 의사에 반하여 민가에 숙박할 수 없다는 것, 군법에 의해 민간인을 재판할 수 없다는 것, 각종 자유권을 보장한다는 것 등이 있다.

13 대간의서Grand Remonstrance 대간주大諫奏라고도 한다. 1641년 장기 의회가 204개 조항의 악정惡政을 비판하고 성직자 임명권과 반란진압군 통수권을 의회에 두는 등 개선안을 주창, 격론 끝에 159 대 148로 채택했다.

14 오스트리아 왕위계승전쟁(1740~1748) 합스부르크 왕가의 수장이자 신성 로마 황제 카를 6세가 죽은 뒤 딸 마리아 테레지아가 영토를 상속하자 프로이센이 이의를 제기하면서 벌어진 전쟁. 프랑스·에스파냐가 프로이센과 연합했고, 영국·네덜란드가 합스부르크 편에 섰다. 그런데 거짓말처럼 '프린스 찰리'의 기습이 영국의 주력군을 런던으로 되돌림으로써 중부 유럽 전체를 불태웠던 대전쟁을 끝내게 된다.

15 칼뱅주의Calvinism 장 칼뱅의 사상을 따르는 진보적인 프로테스탄티즘. 권력에 대한 저항권을 인정하고, 국가에 대한 교회의 자유를 설파했다.

에필로그 | 휴머니즘, 미래를 디자인하다

1 펠리컨 보도Pelican Crossing '보행자 작동식 횡단보도Pedestrian LightControlledCrossing'의 이니셜을 조합해 만든 조어. '얼룩말 보도'처럼 동물 이름을 아이콘화하는 취지에서 마지막 이니셜 스펠링을 —con에서 —can으로 바꾸었다

2 퍼핀 보도Puffin Crossing 'Pedestrian User-FriendlyIntelligentCrossings'의 이니셜을 약간 변형한 조어로, 번역하면 '보행자 친화형 센서감지 보도'쯤 된다. 퍼핀은 북아일랜드와 스코틀랜드 지역에 사는 귀엽게 생긴 새로 우리말로 옮기면 '바다쇠오리'다. 역시 얼룩말·펠리컨 등 동물 아이콘을 의식한 작명이다.

3 투칸 보도Toucan Crossing 자전거 이용자가 자전거에서 내리지 않고 보행자와 함께 횡단보도를 이용할 수 있도록 고안한 자전거 겸용 횡단보도. 'Two-Can Cross'가 원래의 의미인데, 발음이 비슷한 아프리카의 큰부리새Toucan의 이름

을 빌렸다.

4 페가수스 보도^{Pegasus Crossing} 승마자를 배려한 횡단보도 장치다. 펠리컨 보도나 퍼핀 보도의 컨트롤 스위치를 보행자 손 높이와 승마자 손 높이에 각각 설치한 것이다. 하늘을 나는 천마 페가수스의 이름을 빌렸다.

| 참고문헌 |

『거의 모든 사생활의 역사』빌 브라이슨 지음, 박중서 옮김, 까치

『건축사학사』데이비드 와트킨 지음, 우동선 옮김, 시공사

『건축의 유혹』힐러리 프렌치 지음, 최윤아 옮김, 예담

『광장』프랑코 만쿠조 지음, 장택수 옮김, 생각의나무

『교양으로 읽는 건축』임석재 지음, 인물과사상사

『교황의 역사』P. G. 맥스웰 스튜어트 지음, 박기영 옮김, 갑인공방

『교회 건축의 이해』정시춘 지음, 발언

『나중에 온 이 사람에게도』존 러스킨 지음, 김석희 옮김, 느린걸음

『낯선 정원에서 엄마를 만나다』오경아 지음, 샘터

『내일의 전원도시』에버니저 하워드 지음, 조재성 외 옮김, 한울아카데미

『네덜란드』주경철 지음, 산처럼

『뉴어바니즘』피터 카츠 지음, 임희지 외 옮김, 아이씽크커뮤니케이션즈

『대항해시대』주경철 지음, 서울대출판문화원

『도시 계획의 신조류』마쓰나가 야스미쓰 지음, 진영환 외 옮김, 한울아카데미

『런던, 숨어 있는 보석을 찾아서』, 전원경 지음, 리수

『레판토 해전』시오노 나나미 지음, 최은석 옮김, 한길사

『로마 멸망 이후의 지중해세계』 시오노 나나미 지음, 김석희 옮김, 한길사

『마음으로 읽는 도시, 삶의 공간을 가꾸는 도시계획』 원제무 지음, 조경

『물건의 세계사』 지바현역사교육자협의회 엮음, 김은주 옮김, 가람기획

『바다의 도시 이야기』 시오노 나나미 지음, 정도영 옮김, 한길사

『부의 역사』 권홍우 지음, 인물과사상사

『분노의 지리학』 하름 데 블레이 지음, 유나영 옮김, 천지인

『사랑과 사치와 자본주의』 베르너 좀바르트 지음, 이필우 옮김, 까치

『살롱·카페·아카데미』 루이스 A. 코저 지음, 이광주 옮김, 지평문화사

『서양건축사』 정성현·최성원 지음, 동방미디어

『서양 건축 이야기』 빌 리제베로 지음, 오덕성 옮김, 한길아트

『서양 문화의 역사 Ⅲ』 로버트 램 지음, 이희재 옮김, 사군자

『설탕의 세계사』 가와기타 미노루 지음, 장미화 옮김, 좋은책만들기

『설탕, 커피 그리고 폭력』 케네스 포메란츠 외 지음, 박광식 옮김, 심산

『세계 건축의 이해』 마르코 부살리 지음, 우영선 옮김, 마로니에북스

『세계사의 9가지 오해와 편견』 이영재 지음, 웅진출판

『세계에서 가장 위대한 건축 50』 닐 스티븐슨 지음, 이영아 옮김, 동녘

『세계의 환경도시를 가다』 이노우에 토시히코 외 지음, 유영초 옮김, 사계절

『수상으로 읽는 영국이야기』 김현수 지음, 청아출판사

『스페인 은의 세계사』 카를로 M. 치폴라 지음, 장문석 옮김, 미지북스

『슬픈 아일랜드』 박지향 지음, 새물결

『시장의 유혹, 광기의 덫』 로버트 멘셜 지음, 강수정 옮김, 에코리브르

『식민주의 흑서』 마르크 페로 지음, 고선일 옮김, 소나무

『십자군 이야기』 시오노 나나미 지음, 송태욱 옮김, 문학동네

『아일랜드의 역사』 테오 W 무디 외 엮음, 박일우 옮김, 한울

『여왕의 시대』 바이하이진 지음, 김문주 옮김, 미래의창

『영국사』 박지향 지음, 까치

『영국 이야기』 정준희 지음, 아이세움

『영국 정원 산책』 오경아 지음, 디자인하우스

『50일간의 유럽 미술관 체험』 이주헌 지음, 학고재

『우체국 이야기』 이종탁 지음, 황소자리

『윌리엄 모리스, 세상의 모든 것을 디자인하다』 이광주 지음, 한길아트

『유럽 건축 뒤집어보기』 김정후 지음, 효형출판

『유럽사 속의 전쟁』 마이클 하워드 지음, 안두환 옮김, 글항아리

『유럽 사회·풍속 산책』 이광주 지음, 까치

『유럽의 발견』 김정후 지음, 동녘

『유럽의 발견 ─ 인류학적 유럽사』 엠마뉘엘 토드 지음, 김경근 옮김, 까치

『유럽의 산업화와 노동계급』 안병직 외 지음, 까치

『유럽, 정원을 거닐다』 정기호 외 지음, 글항아리

『유럽의 책마을을 가다』 정진국 지음, 생각의나무

『음모와 집착의 역사』 콜린 에번스 지음, 이종인 옮김, 이마고

『자동차의 역사』 주세페 구차르디 외 지음, 하유숙 옮김, 예담

『작가정신이 빛나는 건축을 만나다』 김정후 지음, 서울포럼

『제국과 다중의 역사적 기원─히드라』 피터 라인보우 외 지음, 정남영 외 옮
김, 갈무리

『지도로 보는 세계사』 조르주 뒤비 지음, 채인택 옮김, 생각의나무

『지도로 보는 타임스 세계 역사』 리처드 오버리 총편집, 이종경 옮김, 생각의
나무

『지도로 본 세계 종교의 역사』 프랭크 웨일링 외 지음, 김한영 옮김, 갑인공방

『지도와 권력』 아서 제이 클링호퍼 지음, 이용주 옮김, 알마

『최초의 것들』 이안 해리슨 엮음, 김한영 외 옮김, 갑인공방

『카페하우스의 문화사』 볼프강 융거 지음, 채운정 옮김, 에디터

『케임브리지 프랑스사』 콜린 존스 지음, 방문숙 외 옮김, 시공사

건축의
표정

『클릭, 서양건축사』 캐롤 스트릭랜드 지음, 양상현 외 옮김, 예경

『텃밭정원 도시미학』 김문환 외 지음, 서울대출판문화원

『팔라디오와 팔라디아니즘』 로버트 태버너 지음, 임석재 옮김, 시공사

『행복의 건축』 알랭 드 보통 지음, 정영목 옮김, 이레

『향료전쟁』 가일스 밀턴 지음, 손원재 옮김, 생각의나무

『화폐, 마법의 사중주』 고병권 지음, 그린비

『황금의 지배』 피터 L. 번스타인 지음, 김승욱 옮김, 경영정신

건축의 표정

영국의 우아한 도시 풍경은 어떻게 탄생했는가

1판 1쇄   2017년 4월 24일
1판 3쇄   2018년 5월 29일

지은이   송준
일러스트   김수진
펴낸이   강성민
편집장   이은혜
편집   박은아 곽우정 김지수 이은경
마케팅   정민호 이숙재 정현민 김도윤 안남영
홍보   김희숙 김상만 이천희

펴낸곳   (주)글항아리 | 출판등록 2009년 1월 19일 제406-2009-000002호

주소   10881 경기도 파주시 회동길 210
전자우편   bookpot@hanmail.net
전화번호   031-955-1936(편집부) 031-955-8891(마케팅)
팩스   031-955-2557

ISBN   978-89-6735-423-7 03610

글항아리는 (주)문학동네의 계열사입니다.

이 도서의 국립중앙도서관 출판예정도서목록(CIP)은
서지정보유통지원시스템 홈페이지(http://seoji.nl.go.kr)와
국가자료공동목록시스템(http://www.nl.go.kr/kolisnet)에서 이용하실 수 있습니다.
(CIP제어번호: CIP2017008781)